柳宗悦

「無対辞」の思想

松竹洸哉
Matsutake Kouya

弦書房

装丁＝毛利一枝
〈カバー写真〉
布目陶板（松竹洸哉・作）から

目次

Ⅱ　此岸の浄土

思想家・柳宗悦——序にかえて

民藝運動のカリスマ的存在だった柳宗悦《むねよし》は周辺の人々にとって恐い存在だったようだが、家庭人としては間違いなくものすごく怖い夫であり父親だった。クラフトデザイナーとして知られた長男の宗理によれば、父宗悦はいつも何か考え事をしている風で気難しく、しかも非常に神経質だった。子供たちはちょっとした悪戯をしても尻をひっぱたかれたり戸棚へ入れられたりして、いつもピリピリしていたという。「子供に機嫌がいいのは朝ぐらい」(「柳宗悦の実像と民芸の課題〈座談会〉」『柳宗悦と共に』寿岳文章著所収)だった。宗悦が晩年になって研究した浄土教系の在俗の篤信者である妙好人に比すれば、「父はちょっとその反対の人間だった」と宗理は述懐していた。

声楽家だった妻兼子もまた、結婚前はニコニコ笑って温和そうに見えたのでそれが宗悦の地なのかとおもっていたら、結婚早々「頭から叱られ」て、「こんなにこわい人じゃないと思ってお嫁に行ったのに、ほんとにこわい人」(「柳兼子夫人に聞く」『評伝　柳宗悦』水尾比呂志著所収)だったと夫の没後に往時を振り返っていた。東京市本所区の下町育ちの、陽性で「始終明るくしてなきゃ気がすまないたち」の兼子に対して、宗悦は短気なうえに不機嫌なことが多く、夫婦喧嘩をしてもけっして自分のほうから折れることはなく、悪くもない兼子が謝らないかぎり機嫌を直さなかった。

しかし宗悦は家父長的な、単に男子たるものの面子を引きずる暴君だったわけではなかった。すくなくとも妻には家庭人としてではなく、一個の芸術家としての自立に期待するところが大で、婚約中のことであったが宗悦は兼子に、「私は貴嬢の芸術に対する態度のい、批評家になりたい」（大正二年十一月二十二日書簡）と書き送るような価値観の持ち主だった。のみならず、「私にとって貴嬢が芸術に対して、まだ明瞭な積極的態度に出ていない事を知ることは、堪えられない程寂しい」（同年同月二十九日書簡）として兼子の奮起を促すようなところがあった。当時宗悦は「個人主義」に拠るなかで自己や個性の主張をしていたが、これを思想的に内省してからも兼子を一人の自立した存在としてみることにおいて変わるものはなかった。宗悦は自らの文学や思想的活動を兼子と共にすることがあったが、そこに近代文明を批判しながらも近代思想をよく通過した彼の姿があった。

ところで先の兼子宛の書簡で宗悦は、「堪えられない程寂しい」ことをもう一つ挙げていた。そこで宗悦は、「私は前にも度々云った様に、若し私を怒らし、私に寂しみを興へる事があるなら、それは、愛に関する事」と書いていた。宗悦の身辺で何ごとか「愛」に関する不愉快な出来事が起こったなかで書かれたものだったが、宗悦はそこでの怒りをあろうことか家の女中にまで当たってしまったと告白していた。当時二十四歳の宗悦にしては子供じみた振る舞いではあった。しかしこれを一歩引いて見れば、宗悦の内面において曇りのない愛への渇望はことほどに切実なものがあったということだった。

家庭内において神経質で気難しくあった宗悦の性格は、生来の気質的なものの露呈だったことは疑いがなかった。しかし同時に、その感受性をもって捉えられた時代的な境涯としての近代個の煩悶もまた、そこに内在していたとみることができる。社会的なアイデンティティーにかかわる苦しみと悲しみを宗悦は思想的に俎上し、より普遍的な愛の問題としてこれと向き合っていった。そこで依りどころとしたのが、美のイデアへの愛（エロス）をもってする「一《いつ》」なる思想であった。すなわち、万物は「一者」（対辞なき「一」なるもの）から「流出」したものとするプロティノスに発する新プラトン主義（ネオプラトニズム）であった。宗悦はその思想が宿る文学や芸術、キリスト教神秘主義や西洋哲学を渉猟しながら、さらにこれを仏教思想において観ていった。そして同時に民衆的工芸（民藝）という文字なき美の世界を、天性の直観を働かせながらコトバにしていった。そこに結晶したのが西洋美学を対象化した未聞の美の思想であった。

宗悦はその美の思想をもって、世界を分節・差別化して二元的にとらえる近代思想を超克しようとした。それは近代知の土俵で反主知の思想を語るという逆説的な方法をもってするものだったが、しかし多くはそれ故に、その異端の近代思想の受け止めにおいて噛み合わない議論が起った。とりわけ戦後民主主義や進歩思想に依拠した論において、柳宗悦は近代の恩恵を見ることがないとか、個我意識を有する人間主体より先に「神」や「物」を置いた人間不在の思想を講じているなどと断じられてきたのだった。しかしここで「一」なる思想の何たるかをみておけば、そこに人間より神や物を先に置くといった二元の論理はないのである。根幹にあったのは世界には意味を有しないものはないという全肯定の思想であった。

人間存在は小宇宙（ミクロコスモス）であり、大宇宙（マクロコスモス）と照応しているとするヨーロッパの宇宙観は、新プラトン主義の「流出説」に由来しているといわれるが、そうであればその照応関係において、人間は崇高にして「一」なる神を裡に潜ませた存在とみることができる。その神の住居である美のイデアは芸術作品に見つめられるものであり、その契機において人間は善にして「根源的美」が所在する「一」なる世界に「帰還」するを得るのだった。それは人間を中心にして自己完結する近代思想とは相いれない反時代的思想であったが、宗悦はその思想の道程で無心のうちに営まれる芸術行為の見極めにおいて、人間身体に「一」なるもの＝神（仏）が宿ることを明らかにしていったのである。

人間は何人たりとも出自や生育環境、そして時代を自ら選び得ないのであるが、これを対象化し実感的に世界に着地し定めきるのが真に自立した思想ということであれば、柳宗悦はたしかにその本道を歩いていた。その道で宗悦は近代空間で個々に引き裂かれた人間存在に、尚も本源的な出会いの場所が在ることを探し当てていた。はたしてその思想は宗悦が没して二十数年後、熊本水俣の地で吐かれた畏るべきコトバと響き合うものがあった。すなわち水俣病認定申請運動の先頭に立ちながら突然身を引き、認定申請までも取り下げて「チッソは私だった」と言い放った漁師の緒方正人さん。そして同じく水俣病被害者であるそのことにおいて理不尽な差別にさらされながらも、これを天からの授かりものを意味する「のさり」として受け止めた故杉本栄子さん。

いずれも全肯定にして全否定、またその逆ともとれる古代思想の深淵な泉から汲まれたとみるほかないコトバだった。そこに観てとれるのは絶対矛盾の自己同一、すなわち一切の対立項を包み込んで、「一」なる世界で出会い直そうとする無辺の思想であった。そこで想起されるのは、世阿弥が能楽論において「新羅夜半日頭明」、すなわち古代新羅の国では深夜に日の出して闇夜を明らかに照らしたという禅語を引いていたことだった。闇夜に日照を観るとは自らの裡にチッソを見つめていった緒方正人さんや、この世の受苦を天からの授かりものと観念した杉本栄子さんの境そのものだった。世阿弥はその境を、「無心の感、無位の位風の離見こそ、妙花にやあるべき」（「九位」『世阿弥集』）として、能楽師の身体的所作に結晶する無心・無位の芸を「妙花」と観ていた。

能をも工芸の範疇に入れていた宗悦もまた、「妙花」なる能楽師と同じ位相でとらえられる「妙好人」や無名の工人を「一」なる国の住人と観じていたが、その思想をもってすれば緒方正人さんも杉本栄子さんも、紛うことなくその世界の住人とみることができるのであった。十七、八世紀西欧に発する啓蒙主義に連なる近代思想においては捉えることができない、もう一つの世界を可視する思想がそこにあった。宗悦においてその世界は人間の故郷であり、彼はそこの所在を美の直観を概念化したコトバによって示していった。しかし先にもみたように、近代主義を自明とする柳宗悦論において、その思想の根幹にある思想が顧みられることはなく、そこで強調されたのは近代思想に無理解であったとする柳宗悦像でしかなかった。

確認されなければならないのは、柳宗悦は単に「民藝」の美の発見者に止まるものではなく、はるか文明論的な次元でその何たるかを根源的に問おうとした思想家であったということである。そのことは彼のテキストを素直にみていけば明らかなのであり、本稿はそこに焦点を合わせて予断なくの思想の根幹を明らかにすることに努めた。

昭和10年、バーナード・リーチを囲んで。前列右から柳兼子、リーチ、河井つね、後列右から河井寛次郎、富本憲吉、一人おいて柳宗悦（日本民藝館提供）

I

永遠相に生をみつめて

第一章

文学・芸術・哲学

一　ひがめる心

柳宗悦は明治二十二年（一八八九）三月、退役海軍少将だった父楢悦《ならよし》（五十六歳）と母勝子（三十三歳）の三男として東京麻布で生まれた。天保三年（一八三二）に津藩士として生を受けた楢悦は幼くして和算を学び、二十歳前にすでに和算家として認められていた。安政二年（一八五五）に幕府が海軍伝習所を長崎で開くにあたって諸藩から学生を募った際には、津藩士十二名中の一人として選抜された。そこでの三年間に楢悦は測量や航海術、そしてオランダ人からはじめて洋算（数学）を学んだ。明治三年（一八七〇）に海軍省に出仕すると水路部の創設にかかわった。以来水路部の長として北海から台湾近海まで航路の通線を明らかにして、日本初の海図水路誌編纂を仕上げた。長く軍籍に身をおいた楢悦だったが、大日本水産会が創立されると幹事に選任され、水産および漁業にも貢献した。また数学、とりわけ和算において一家をなし、天文学、水産学、博物学の学者としても認められた。楢悦は一面で花卉や園芸植物の蒐集に凝ったり、歌道に親しんだりした趣味人だったが、特に料理についてはうるさく、家に二人いた料理番の調理が気に入らないと辺りかまわず癇癪を起こしたという。実践家で凝り性、美食家で癇癪もちであった楢悦の遺風は、たしかに宗悦に受け継がれていた。楢悦は明治二十三年（一八九〇）に貴族院議員になったが、翌明治二十四年、宗悦がまだ満の二歳にも達しないうちに亡くなった。

母勝子は旧姓嘉納氏で明治十三年（一八八〇）に、二十五歳にして先妻と死別していた楢悦の後妻となった。結婚は海軍省で楢悦の上司だった勝海舟の仲介によるものだったが、勝子の父次郎作も海舟とは古くからの縁があり、幕府の廻船御用をつとめるなかで江戸から大阪・神戸間の定期航路を拓いたりしていた。勝子という名前は勝安芳の苗字から一字を貰ったものという。次郎作は明治になってからは海軍省の官吏となっていて、そこからも楢悦との縁が窺われるのである。また勝子の弟は講道館柔道を起こし、第五高等学校や第一高等学校の校長として柔道教育につとめた嘉納治五郎だった。千葉の我孫子には嘉納治五郎の別荘があったが、後年、宗悦ら『白樺』の連中が我孫子に芸術家村を営んだのはその縁によるものだった。

五千二百坪に及ぶ広大な敷地内にあった宗悦の生家には、十人ほどの家族のほかに書生や女中が住んでいた。兼子が「ばあや」から聞いたところによると、幼年時の宗悦は普段はおとなしかったが、いったん駄々をこね始めたらもう金輪際言うことを聞かない性格で、女中たちを大いに怖がらせたという。しかし宗悦が十七歳のときに書いた「吾が身の歴史」（『柳宗悦全集』第一巻所収　以降『全集』とのみ表記）によれば、当の本人は子守唄を聞くときなどは、「その調の物哀れに悲愴に打ち響きて、え知らぬ愁に入る」ような感性の持ち主だった。

学齢期に達した宗悦は明治二十八年（一八九五）に学習院初等学科に入学した。学業は優秀だったが負けず嫌いで、「往々にして荒暴なる所為も多く師の君に責を受けし事」があった。しかし涙多い少年で、日清戦争勝利の凱旋光景を目の当たりにしては、戦死した兵士に重ねて「我父の君など、胸に浮かびて、心安からず」落涙するのだった。「父を持たざるにも、はた身の余り健ならざりしにも因る」のか、「賑わしき事」が苦手で、部屋にこもっているほうが楽な少年だった。明治三十四年（一九〇一）に初等学科六年を終了した宗悦少年は中等学科に入学したが、いっそう「ひがめる心も多くして怨怒交々《こもごも》ありて常に安からざる」思いに苦しめられた。しかし二年次から宗悦たちのクラスを担任した服部他之助の薫陶を受けるなかで、宗悦は「過去数年に亙りて外界の塵埃に触れて心安からざりし我れは、こゝに大なる力」（「恩師服部先生」『全集』第一巻所収、以下同）を得ることになる。服部は柳宗悦にとって「浄いもの、尊さを私の心に知らせて下さった」最初の恩師だった。

服部他之助は新島襄の許で同志社に学んだクリスチャンだった。植物学が専攻だったが中学二年次から卒業までの四年間、宗悦たちのクラス主任になり英語を教えた。初任早々、腕白盛りの中学生を相手にしながらも、「いつも静に慇懃」に生徒に接し、一度として激しく怒るようなことはなかったという。教え方も丁寧で無理がなく、「文法で英語を築くより耳で慣らす」というのが持論で、そのやりかたを実践し、生徒には熟語の暗記を課した。生徒はこれを紙に書いて暗誦したが、宗悦は昭和十五年（一九四〇）になって、「お陰で今も其の通り口から出るので、実にありがたいことだった」と書き記していた。宗悦の英語力は高等学科進級後に、神田乃武によってさらに磨かれることになる。

服部の薫陶は教室外にも及んだ。宗悦たちは縷々服部宅を訪ねたが、遂には毎週日を定めて師を囲むようになった。この会は長く続いたというが、服部は師新島襄のことや信仰のことを語り、またミルトンやホイットマンを高く評価した超越主義のR・W・エマソン、そして米国遊学中に愛読した奴隷解放の物語であるH・B・ストーの「アンクル・トムの小屋」などを読んで聞かせた。読書が終わると服部夫人のもてなしがあって、その家庭的なくつろぎのなかで宗悦たちは「云い難い幸福」を覚えたのだった。

座のなかには後に『白樺』に結集することになる、学習院上級の志賀直哉や有島壬生馬、里見弴などがいた。クラスでは孤独だった宗悦はそこでようやく「誠の我が友の愛」に接し、そして「書籍の力」に目覚めた。今日ではほとんど聞くこともないエリー・メチニコフ等の科学書や、トルストイ、イプセン、ホイットマン、メーテルリンクなどの文学書に熱中した。そのなかで「ひがめる心」に悶々としながらも日清・日露の戦勝に沸く時代を呼吸して、無邪気な軍国少年だった宗悦少年は非戦主義者に変身すると同時に、「自然科学と精神科学との調和を求めよう」（「私の宗教」『全集』第十六巻）と志すようになった。

服部他之助は専門の植物学研究のために夏休みにはきまって旅行した。旅行といってももっぱら赤城山行だったが宗悦もこれに一緒し、大沼湖畔の宿に逗留しては自然観察に参加した。宗悦は赤城に来てはじめて白樺や楢の大木を見て感動し、また肉食植物の専門書まで著した服部の手引きで毛氈苔や虫取菫の存在を知り、またいろいろな高山植物や珍しい蝶に心奪われた。「赤城山には何処にどんな樹があり、石があり、小路があり、水があるかを殆ど暗記」（「恩師服部先生」以下同）するほどまでになったという。服部は、「私はいつも自然が人間に対して余りに浄すぎるようにさへ感じる。穢れた人間の行為の周囲に、こんなにも美しい自然があるとは、実に勿体ないではないか」とよく洩らしたという。宗悦は服部の神のことや自然についての色々不思議な真理の語りに触れるなかで、次第に宗教に心を傾けるようになっていった。無論、最初に親しんだ宗教はキリスト教で、彼は友人と連れ立って教会に説教を聞きにいったりした。しかし彼は特定の宗教を信仰するような気質ではなく、あくまで宗教哲学的にこれを捉えようとする傾向が強かった。

明治四十一年(一九〇七)、十八歳になった柳宗悦は学習院高等学科に進んだ。当時の高等学科には著名な学者が揃っていて、宗悦はそこでも英語の授業に恵まれた。教授は神田乃武だったが、教室は先生一人生徒一人の全くの個人授業であったという。教授陣には他に、宗悦が服部他之助と共に父とも慕うことになる西田幾多郎、そして鈴木大拙がいた。西田は『善の研究』を発表する前で、無口で真面目な先生であった。宗悦は当時それとは知らなかったが、彼が『学習院輔仁会雑誌』に「聖なる勇士」という一文を寄せて軍国主義を批判し問題視されたとき、日露戦役の英雄で学習院長だった乃木希典に対して弁護してくれたのは西田だった。鈴木大拙は米国から帰ったばかりで、宗悦はその最初の教え子の一人だった。禅に関する著作はまだなかったが、鈴木はどこか脱俗的で温和にして親しみやすく、宗悦に種々の宗教書を教えてくれた。鈴木は後年、自らの畢生の事業である松岡文庫の理事長を宗悦に依嘱することになる。

二　ホイットマン『草の葉』

少年期から青年期にかけての学習院における十五年間は、柳宗悦の自己形成において決定的なものがあった。二十八歳時の大正六年（一九一七）に宗悦が学習院輔仁會雑誌の求めに応じて寄せていた「諸先生に望む」（『全集』第一巻所収）によれば、柳宗悦の心に「自然の厳粛な命令」である「活きやうとする志」、すなわち「精神生活の第一期―懐疑時代」がおとずれたのは中学三年の頃だったという。志賀直哉などの先輩の勧めで読書に没頭するようになってから、「今迄何事もなかった四囲の事情が不可思議」に見えはじめ、様々な人生の問題に対する理解への抑えきれない欲求が彼の心を占めるようになった。学校で教える教科のみをしていては「精神的の死が来る」と考えた彼は、新学期が始まると二、三日間集中して新しい教科書を調べあげ、終わるとそれを学校の机にしまい込み、あとは文芸書を貪る様に読んだという。

「懐疑時代」に突入した宗悦は、「心の希願を起こして真面目一徹に私の道を進もう」と志した。しかし彼が「心の真面目」に帰り「心の奥に近づく」にしたがって、周囲はわずかな友人を除いて去っていった。そして変人、不良の学生という評までが立つなかで彼は「燃えるような反抗心」を懐いた。そんなときに十七歳にして宗悦がはじめて母親に頼んで買ってもらったのが、W・ホイットマン（一八一九〜九二）の詩集『草の葉』（Leaves of Grass）だった。「まだ思想も語学力も幼稚な時」（「ホヰットマンに就て」『全集』第五巻所収　以下同）ではあったが、ホイットマンの詩は「然し妙に私の心」を引きつけた。彼は「度々読み返し暗誦し朗読する」ほどにのめり込んだが、そこに湧いてきたのは、「晴れた晩に大空を眺め天体に見入る時」の感じにも似た、「小さな此自分にも亦他人にも凡ての周囲にも何か不思議な大きなものがある」感覚だった。

明治三十九年（一九〇六）三月、十七歳の柳宗悦は、「吾が疑い」（『全集』第一巻）という一文を学習院輔仁会雑誌に寄稿した。これは彼の文章がはじめて活字になったものだったが、その冒頭に自らが訳した『草の葉』のなかの「自分の歌」（岩波文庫版『草の葉　上』の「ぼく自身の歌」と同一）の一部を載せていた。彼は次のように翻訳していた。

一個の小児あり、草花を手にして吾れに問ふて曰ひけらく、草とは如何なるものぞと、あゝ吾れ如何なる答を是の小児に為し得しぞ、吾れの是を知らざるは、猶ほ是の小児の如きなり。

時代を反映して文語調であるが、同じ箇所の訳詩を岩波文庫の『草の葉』（上）は次のようにしていて、この方が柳の感動が今に伝わってくるように思われるので、あえて引いてみる。

両手にいっぱい草をつかんでぼくのところに見せに来ながら子供がきいた、「草ってなあに」、／どうしてぼくに答えられよう、子供と同様ぼくにだって草が何かは分かっていない。

（「ぼく自身の歌」6）

ついでだが同じ頃、柳はホイットマンの「君に」（To You）という詩にも「いたく心」を引かれていた。昭和六年（一九三六）の翻訳では口語調に苦心されて詩らしくなっていた。

見知らぬ人よ、若し行きちがいに私に逢って、わたしと話し合ひたかったら、なぜ私に話し掛けてはくれないのか。／又私もなぜ貴方に話し掛けてはいけないのか／私は矛盾しているか。／よろしい。それなら矛盾しよう。／私は大きいのだ。色々なものを包含する。／私はこうやって存在している。それで結構だ。／此世の誰もが私を認めなくても、私は満足なのだ。／そうしてみんなが認めてくれても、私は満足なのだ。（「ホイットマンの詩から」『全集』第五巻所収）

少年期から青年期にかけての、宗悦の関係性に対する震えるような感性が窺える詩であるが、彼は「心が荒れたり暗くなったり淋しかったりする時」（「ホイットマンに就て」以下同）にはホイットマンの詩を大きな声で朗読したという。彼はあらゆる存在を肯定的に謳いあげるホイットマンを知るなかで、視野が急に広まるのを感じた。そして「今迄悪として醜として無下に拒けられ嬌められていたものが、甦って新たな生命」を得るというホイットマンの思想は、「近代の幾多の人に驚きをあたえるもので、宗悦は自由が何であるかを考えさせられた。そして彼はホイットマンによって神秘思想に興味を持つようになっていった。因みに柳は、「ホイットマンに就て」のなかで、ホイットマンを知ったのは高山樗牛か内村鑑三のいずれかであったとしていた。

ホイットマンの詩を寄せた「吾が疑い」の本文で宗悦は、ヨハネ福音書の八章にある姦淫をした女の裁きをモーゼの律法によってイエスにせまる律法学者とパリサイ人の所業を、「自己の欠陥に省みずして石を手にせる」偽善として斥けていた。そして「外に麗しくして内に賤しく、表に澄みて裏に濁れる」偽り多きことに対する「吾が疑い」をぶつけていた。「神や啓」、「愛や美」といった真理は字句の末技によってではなく、ただ「赤裸々たる」ことにおいてしか成立せず、また「詩歌は人心最奥の響」であり「字句の調音に非ずして精霊の響」であると彼は主張していた。十七歳にしてその後の思想的営為の核心がすでに示されているような内容になっていた。

宗悦は大正三年（一九一四）の「肯定の二詩人」（『全集』第五巻所収）という一文で「叡智に深い」W・ブレイクに対してホイットマンは「本能の人」であり、「始めから終わり迄大きな容積（Mass）それ自身」であると述べていた。ホイットマンは宗悦に「真理の認識を精神作用から生理作用に迄」もたらした唯一の詩人であった。また「徹頭徹尾肯定の詩歌」である『草の葉』は「神の面影」と「愛の情熱」をもって「全宇宙を包摂」しているが、「先ず賛美せられる者は此自己」だったとしていた。そしてその自己肯定の思想は自己を高く掲げる為に他人を排斥し、真の愛もなく「自我を唱う」思想とは異質であることが強調されていた。肯定の世界には真の愛が存在し、そこに肉体と精神、美と醜、善と悪、そして自己と他者といった「対峙する二個の観念」がまるごと包摂されるのであった。ホイットマンの『草の葉』によって無対辟の思想の手がかりを得た宗悦だったが、いうまでもなくその思想とはプロティノスの新プラトン主義に他ならなかった。

プロティノスはプラトンの死後五百五十年ほど後の三世紀に、東ローマ帝国に登場したヘレネス（ギリシャ至上主義者）の代表的な神秘思想家であった。プロティノス自身は自らがプラトニストであることを疑っていなかったようだが、そのイデア論の解釈はプラトンとは異なっていた。プラトンにおいては「洞窟の比喩」にあるように、事物の背後にあるイデア界（実在界）は不可視であり、人間が現実界で眼にしているのは、その影に過ぎないものだった。しかしプロティノスはプラトンのイデア論を受け継ぎながらも、そこの可視・不可視の二元を取り払い、万物は一切の対辞を超越した「善なる一者」から「流出」したものとしていた。しかも万物の「流出」の過程を逆に辿ることで、人間は善なるイデア界に帰還できると考えた。そして「一者」との合一に他ならない帰還は、宗教的法悦（エロス）をともなう一者への愛（プラトニックラブ）によって果たされることになるのだった。

その流出説をもって宗悦が感受したホイットマンの『草の葉』に映る「神の面影」とは、「一者」＝「一」なるものの面影に他ならなかった。また「愛の情熱」とは宗教的法悦のことであり、「全宇宙を包摂」している相とは、「真の愛」をもって「一」なるものとの合一が果たされた位相からの世界の眺めというものであった。その法悦をもってする「一」なるものとの合一の経験を宗悦は、「直接経験」あるいは「実在経験」、「具像的経験」「具象的経験」などと言い表していた。当時の宗悦はこれをホイットマン等の「自己を高く掲げる」芸術作品に見出すことができるとしていたが、次なる展開では、いずれも新プラトン主義の影響を強くみせていたW・ジェイムズやA・ベルグソンの哲学、そしてW・ブレイクの芸術思想に見詰めていくことになる。宗教哲学の領野においては、「一」なる思想をもってキリスト教を解釈していたドイツ神秘主義のマイスター・エックハルト（一二六〇年頃〜一三二七年？）の神学が宗悦に強い影響を与えていたが、これは後でみることとして、順を追って彼の思想の軌跡に迫っていきたい。

三　「革命の画家」――後期印象派

宗悦は明治四十三年（一九一〇）に学習院高等学科を首席で卒業したあと、東京帝国大学文科大学哲学科に進み心理学を専攻した。しかし生老病死にかかわる「人生の問題」を、霊的、科学的にトータルに考究しようとしていた彼にとって、合理的で主知主義的なアカデミズムの世界は満足できるものではなかった。そこで彼は独自に心霊現象研究という死後の問題を解決する「新しき科学」や、生命現象の「解けざる永劫の謎」に迫るメチニコフなど当時の自然科学者の文献を漁った。そして明治四十四年（一九一一）に『科学と人生』を二十二歳にして籾山書店から初出版した。そこで主題にされていた心霊現象研究について彼はその後著すことはなかったが、心霊現象そのものについては後々まで「多大の興味」（「哲学的至上要求としての実在」『全集』第二巻所収）を懐いていたという。卒業論文は「心理学は純粋科学たり得るや」という「在来の心理学に対して反逆的」な論文を提出した。「通過するかどうか疑問」と婚約中だった中島兼子に書き送り危ぶんだりしたが卒業はできた。だが卒業するにあたり心理学は捨て、「もう二度と大学へは足を入れたくない気がしている、academy of　academyとは永遠の縁を切りたい」と兼子にしたためていた。

心理学を専攻して苦い思いをした大学三年間であったが、これ以前に宗悦は『白樺』に加わっており、拠りどころはもっぱらこの同人雑誌だった。彼は学習院時代に『桃園』という回覧雑誌を郡虎彦（萱野二十二）と発行していたが、学習院を卒業した翌月の明治四十三年四月に創刊された『白樺』には郡と共に最年少組メンバーとして参加していた。周知のように『白樺』は学習院の同窓生によって発刊され、文学的には武者小路実篤の「自己の為」、「自己を生かす」という個人主義思想を共有する同人雑誌であった。宗悦もまたそうした文学上の主題に大いに共鳴していた。しかし宗悦は「自己」や「個性」をめぐる『白樺』の主題を、いかにも彼らしく宗教哲学的な領野に引き寄せて捉えようとしていた。

『白樺』同人としては異質の志向を示した宗悦だったが、その彼に哲学上の示唆を与えたのがW・ジェイムズだった。大学を卒業した半年後の大正二年（一九一三）に宗悦は、「哲学に於けるテムペラメント」『全集』第二巻所収）という論文を『白樺』に寄稿し、「哲学上（若しくは一般思考上）の論理的立論と哲学者（若しくは一般思想家）の個人的テムペラメント」との関係を論じていた。「テムペラメント」（temperament）とは、ジェイムズがその著『プラグマティズム』で述べていた哲学上の立場であった。従来の形而上学・認知哲学の主知主義を批判するなかでジェイムズは、事物の真理はパーソナルな存在としての人間が有するテンペラメント、すなわち知識や概念によって曇る以前の個々の気質や気性、個性といった、意識の原初状態において見極められると捉えていた。

宗悦はジェイムズの哲学をそっくり援用して、「いつもその思考の結論が論理的に真であるか否であるかの問題」に終始し「愛」を忘れてしまった従来の哲学は、「哲学に恒久の生命」をあたえるものであろうかと疑問を呈していた。そして哲学者といえども、その哲学的思索をうながしているのは「個性の抑えがたい特質」、すなわち「個人的テムペラメント」であるはずであり、彼はこれをもって、「哲学の第一次的基礎」に置くべきであると考えた。

そしてその「多岐な個性に基づくテムペラメント」は、「具像的実有の経験」のなかで彩られるものであり、「具像的経験の事実を持たず、又は自己のテムペラメントと合一していない理論は一つとして人を動かす力を産まない」。「一切の哲学的確実性と権威とは、抑制する事の出来ないテムペラメントの本然の叫び」から湧き出るもので、事物の真性はその「個性の深い直接経験」によって見極められる。難しい言い回しだったが、具像的実有とは、天才的な芸術家の作品のことであり、直接経験とはその芸術が「一」なるものとの合一を果した状態だった。つまりそこで彼はジェイムズのプラグマティズムの哲学を、プロティノスの流出説をもって捉えていた。宗悦は後に東洋思想における「直観」の観念で「直接経験」を見ていくことになるが、そこの思想で同じことを云えば、「事物は自己を空しくした立場なき立場において直に観れば、その真性は自ずから顕われる」となるものだった。しかし当時の宗悦において思想の命題は、『白樺』同人と同じくして「自己」と「個性」にあった。

折しも、個性による事物の「直接経験」を掲げた宗悦の論が発揮されたのが、本多秋五によって「明治文学最後の大論争」（『「白樺」派の文学』）とされた、武者小路実篤と木下杢太郎の論争の渦中においてであった。これはもともと『白樺』同人で画家の山脇信徳の絵の評価をめぐる山脇と木下杢太郎の論争に端を発していた。そこに武者小路が割って入り、今度は武者小路の『自己の為の芸術』（『白樺』明治四十四年）の「自己の為」の是非をめぐる論争に飛び火したのだった。そのとき宗悦は武者小路を援護する意図をもって、明治四十五年（一九一二）一月、「革命の画家」を『白樺』（以降、同人を白樺派とする）に発表していた。

武者小路の「自己の為」とは白樺派の「公約数的見解」（本多、前同）であったが、宗悦は後期印象派（彼は「後印象派」と表記した）のセザンヌ、ゴッホ、ゴーギャン、マティスの芸術をして「旧套を無視し只自己の存在を知り、技巧よりも個性を先」（「革命の画家」『全集』第一巻所収、以下同）にして「汝が拠る可き唯一の王国を汝自身の裡に見出」すところの「自己の為」の芸術であるとしていた。その「一切の歴史をさえ無視したと目せられる彼等の作品」は「徒に新しきを欲し奇を衒って描いた」のではなく、「止み難い個性の必要と、抑へ難い内面の涙とを以て購けれた」ものであった。それは「自己の内生命に対する苦悶の反影」の芸術であり、山脇と武者小路は、その「革命の画家」と同一軌上にあるものだった。

そこで宗悦が「歴史をさえ無視した」と述べていたのは、無論「革命の画家」たる反アカデミズムの画家たちのことであったが、それは木下杢太郎に対する批判でもあった。その論争で木下が云わんとしたことは、山脇の画業において、後期印象派風の絵に取り組む前に、美術史的側面からみれば「伝習の調停者」といわれたマネの存在を理解しなければならないというものであった。医者であり、詩人であり、美術史家だった木下はロマン主義的な立場から反自然主義文学運動を起こしたりして、元来は白樺派に近い存在だった。しかし美術上の現象については歴史的・文明的な側面から見たいという視点を持っていて、日本の芸術家が西洋芸術を受け入れるに際してもそこの理解の上でなされるべきという認識を持っていた。

本多秋五は、「美術的思考の飛躍に対する木下の懸念」（本多、前同）を受けるかたちで、日本の文学や芸術における西洋受容の場面で生じる「跨ぎ」の問題を提起していた。そして美術史学者の高階秀爾もまた『日本近代の美意識』でこの問題を引き継ぎ、白樺派の「歴史的意味に対する理解」に欠けた点を指摘し、白樺派の後期印象派紹介をして「新しい美術を、ほとんど手当たり次第に紹介した」なかの一つのエピソードであるかのようにとらえた。もちろん近代日本における西洋文化の受容の場面でそのような疑問の提起の仕方はあり得るのであるが、しかし当時の白樺派による後期印象派や世紀末芸術の紹介が、単なる西洋文物に対する好奇心や教養主義によってなされたのではないことは明らかだった。

本多秋五が「跨ぎ」のことを『群像』で提起したのは昭和二十六年（一九五一）であるが、柳宗悦にはこれを意識したかのような一文がある。昭和三十年（一九五五）に日本経済新聞に寄稿した『「白樺」の仲間』（『全集』第一巻所収）というのがそれである。そこで宗悦は、今でこそ、セザンヌやルノアール、そしてゴッホやロダン等の名は広く知られているが、大正のはじめ頃にはほとんど知る人はなく、各国の美術館などでもそれらの作家達の作品を集める時期ではなかったことを挙げ、したがって世界的に評判だったから、それにかぶれて紹介したわけでなく、「もっとぢかにわれわれの眼で見、うぶな心で受取って感動を覚えたのである」と述べていた。そして、「しかもただ離れて鑑賞する立場にいたのではなく、いつもわれわれ自身の仕事に関連させて、身近に感動する事情にあった」と述べていた。

続けて彼は西洋美術について視野を広めることになったのは、日本橋の「丸善」で手に入る洋書を通じてだったと記していた。当時の宗悦は『白樺』のアート・ディレクター的存在であって、西洋の美術書や美術雑誌、複製画集などを渉猟しては同人と情報を分かち合い、『白樺』で特集号を組んだ。明治四十三年（一九一〇）のロダン特集号、翌年のフォーゲラー特集号などがそれであるが、これに先行して「廃頽的気分」を漂わせ「病理的」であったオーブリー・ビアズリーを取り上げていた。これはおそらく宗悦の強い意向の反映であって、その頃の『白樺』による西洋美術の紹介には一つの傾向性があった。それは高階秀爾が云うように「手当たり次第」の関心の持ちようではなかった。『白樺』が取りあげていたビアズリー、ロダン、フォーゲラーの芸術には少なくとも『白樺』同人の内面のことが明らかに投影していて、内発的な根拠があったのである。

周知のように白樺派の多くは、出自において超がつくほどのエリート層に属しており、そのことがまた有島武郎などのように帝政ロシア末期の青年貴族にも似た文学的苦悩をもたらしたのだったが、その有島をはじめとして外国に長く留学した同人も多かった。彼らは実地でセザンヌなどの絵画を目の当たりにしていたのであったし、宗悦の盟友だった郡虎彦などは、遂に渡英して、英語で創作した舞台劇を上演して成功をおさめたほどだった。彼らに共通するのは文学的な感性であって、鶴見俊輔が『柳宗悦』で指摘しているように、学者風の「知ったかぶり」や「意味ありげ」は『白樺』派がもっとも嫌ったところであった。白樺派の芸術鑑賞は知識を先にしたものではなく、まさに「ぢか」に見るという姿勢に本領があった。反主知主義、反時代的なメンタリティーにおいて白樺派ははるか国境を越えて、反近代の象徴ともいえるロマン主義を慕い、また後期印象派や世紀末芸術の思潮に共感していったとみるのが自然なのである。

その共感において宗悦は「革命の画家」たる後期印象派をして、「個性の裡に現はれたる人生の厳然たる存在が彼等の出発にして帰着である」ととらえていた。そして彼はジェイムズ哲学の「純粋経験」と同義の「実在経験」が、彼等の芸術において果たされているとみていた。その経験とは、「物象が吾に於て活き、吾を物象の裡に感じ、両者主体を没したる知情意合一の意識状態」のことだった。実在経験とは主客合一のことであり、その「韻律」のなかで残ったものが「具像的実在」、あるいは「具像的生命」としての芸術作品だったのである。そのように「革命の画家」の時代の宗悦は、「個性の権威」が表現された後期印象派の芸術に「永遠の生命」の相である「実在」、すなわち「一」なるものを見詰めていた。

「革命の画家」からブレイク、更には民藝論とその後に至る宗悦の美の思想は、事物に内在する「真性」を直覚していくなかで、自らの生を普遍的世界に繋いでいく志向性において一貫していた。しかしそのような思想で問題になってくるのは、直覚する主体の位相だった。彼は後年、「革命の画家」の時代を「個人主義の時代」と振り返っていたが、そのことのなかには当時の「自己」をもってする思想に対する反省が込められていた。世紀末芸術や「革命の画家」たちの「病理的」のことや「苦悶」のことは、ほかならぬ宗悦自らが抱懐していたものであった。その個人的テムペラメントをもって永遠の生命である「実在」の「経験」をなしうるかという疑問がそこにあった。しかし当時の宗悦には自らを内省する余裕はなく、あくまで最新の西欧哲学に依って思想の歩を進めようとしていた。その線上でなされていたのが、大学卒業後すぐの大正二年（一九一二）九月に『白樺』に寄せていた「生命の問題」（『全集』第一巻所収）だった。

「生命の問題」を宗悦は、ベルグソンの『時間と自由』における「純粋持続」（柳訳「純粋時間持続」）、そしてその哲学の次なる展開であった『創造的進化』に依拠して考えていた。「純粋持続」とは、彼が解りやすくしていたように、永遠相において捉えられる時間のことであった。人間はその日常の生活空間においても時間を意識してはいる。しかしその在りようは、今年何歳になったとか、何年何月にかれこれの出来事があったといったような、量的、空間的に意識されることが多いのである。しかしベルグソンによれば、その量的、空間的に分節化される時間の奥に、分節化が不可能な、「純粋」に「持続」して流れている時間があり、その永遠相の時間の流路において、生命は「生の躍動」（エラン・ビタール）をみせて創造的な進化を遂げているのであった。

宗悦は「純粋（時間）持続」を自らの言葉で、生命の本質は「無限に向かって進化」する「自律的運動又は自由活動」にあり、「生物の進化は実在の世界に吾々が触れるが為の自然の創造」であり、「開発」であると捉えていた。そして生命現象は機械的理化学的生命論を包摂して、「自然淘汰よりも、異相変化よりも心理的生成の事実」において捉えられると述べていた。「心理的生成の事実」とは解りにくいが、「創造的進化」の過程で起る出来事だった。心と物、精神と肉体、物質と生命等は、空間的世界においては静的にして交わる契機はないように見える。しかし、「純粋（時間）持続」において「生の躍動」を見せる「創造的進化」の流路においては、それらは「異種の二実在」ではなく、相互的、有機的関係の深さをみせて「一個の意味のある世界」に達するのであった。そのように「純粋（時間）持続」の生命哲学は二元的一元論において捉えられるものだった。

「生命の問題」で宗悦はジェイムズの名を挙げてはいなかったが、明らかにその影響下に「純粋（時間）持続」の「事実」は、「純粋経験」において経験されると考えていた。ジェイムズはベルグソンの哲学によって、実在（イデア）に触れるにおいて「知性主義の方法を採用し続けること自体が誤り」（『純粋経験の哲学』第七章）と気付いたなかで、知的言辞では捉えがたい恋愛感情にも似た宗教的な経験としての神秘的状態を、「純粋経験」という言葉で表わしていた。「純粋経験」とはベルグソンの「純粋（時間）持続」の経験にほかならなかったが、ジェイムズは「その贈物によって、すでに客観的に私たちの目の前にある事実が、新しい表現を与えられ、私たちの活動的生活との新しい関係を作り出す」（『宗教的経験の諸相（下）』）と述べていた。

宗悦は「生命の問題」の論考において、ベルグソンとジェイムズの哲学、そして同時並行で進めていたブレイクの芸術思想が、いずれもプロティノスの「流出説」に帰趨していく手ごたえを確かにしていった。その思想的な収穫をもって、翌大正三年（一九一四）十二月、宗悦は洛陽堂から大著『ヰリアム・ブレーク』（『全集』第四巻所収）を上梓したが、その一書をバーナード・リーチに捧げていた。

四　リーチ

宗悦は大正十二年（一九二三）七月、大阪毎日新聞社から「神に就て」という四冊目の宗教哲学論文集を刊行していたが、そのなかで自らの二十歳代前半から三十代半ばにかけての思索の遍歴を「肯定神学」、「否定神学」、「神秘神学」の三期にわけて振り返っていた。その「肯定神学」の時代に柳宗悦の思想形成に大きく影響したのがホイットマンでありブレイクだった。ホイットマンと同様、宗悦はブレイクについても早くからその名を知っていたが、その芸術思想により深く触れ得たのはバーナード・リーチとの交友を通じてだった。

明治四十四年（一九一一）、『白樺』派はルノアールやビアズリー、ロダンなどの作品を並べた第一回の版画展覧会を開催したが、会場に足しげく通ったなかのひとりがリーチだった。リーチは「日本人にこんなコレクションがあるとは予想外だった」（「リーチ」『全集』第十四巻所収、以下同）と感想を漏らし、また「文展よりも遥かにいい展覧会なのになぜもっと人が来ないのか」と宗悦に話しかけてきたという。二人はその二年ほど前から顔見知りであったが、リーチの展覧会に対する率直な驚きと共感は宗悦にとって嬉しいかぎりだった。リーチはホイットマンの愛読者であり、また故国の英国で異端の烙印が押されていたブレイクに深く傾倒していた。これを機にふたりは急速に親しくなっていった。

リーチは宗悦にとってはじめて親しくなった外国人であり、その親交は生涯続いた。彼はリーチをしてラフカディオ・ハーン以後、「日本の内面を理解し得た唯一の外国の芸術家」（「私の知れるリーチ」『全集』第十四巻所収）であると称えていた。リーチが日本で交友したのは宗悦をはじめとする白樺同人や色絵磁器作家の富本憲吉、民藝陶器作家の濱田庄司、河井寛治郎、そして無名の工人、市井の生活者にいたるまで広汎に及んだ。宗悦は先の一文で、リーチは「自らを優秀だと妄想する基督教徒」ではなく、また「多くの宣教師の如き偏見」を一つだに持たない「純な芸術家」であるとして心からの信頼を寄せていた。そのリーチによって宗悦たち白樺派はブレイクを深く知ったが、リーチもまた日本の友人との交友のなかで「東洋の精神に触れ得たばかりでなく、西洋に起こった偉大な最近の芸術上の運動を静かに意識的に理解する事が出来た」（「リーチ」前同）のだった。リーチは後期印象派の情報を白樺派から得たのであり、また来日以来二年ほど続いていた創作上のスランプから抜け出すことができたのも、武者小路実篤や柳宗悦などによってそれまで知ることのなかったゴッホの芸術に触れ得たからであった。

大正三年（一九一三）に宗悦は英文の「バーナード・リーチの藝術」（前同）という一文を『白樺』に寄せたが、そのなかでリーチの芸術は象徴的神秘的な傾向を示していて、「彼は彼の作品に生命を描く為に、此の近代の複雑性と仮面とを捨てて、原始の単純性と赤裸とに還ろうと試みている」（橋詰光春訳　以下同）としながら、リーチが求めているのは「暗示」であり「潜在するもの」であり、「幻想」であり、「解釈の藝術ではなく意味の藝術」であると述べていた。あるときリーチは宗悦に話しかけてきて、ビアズリーは天才ではあるけれども自分が愛慕する芸術の世界は「古代の支那の絵又は雪舟の山水」（「リーチ」前同）の世界であり、「そこにある木や川や石や家の中に実際住みたくなる」と言ったという。宗悦はリーチのこの考えに心から賛同した。

リーチについて宗悦は「もしも此の藝術家が将来果たすべき使命をもつものとすれば、それは彼の藝術に依る東洋と西洋の結婚である」（「バーナード・リーチの藝術」前同）と述べていた。リーチもまたそのような感性を共有する同世代の「若い日本を欧州に紹介する義務がある」（「リーチ」）と考えていた。リーチは西欧流に近代化していく日本の姿に次第に幻滅していったが、一方でこの「若い日本」に期待するところが大きかった。リーチの来日は明治四十二年（一九〇九）の四月のことだった。リーチは一八八七年（明治二十年）の生まれで宗悦より二歳年長であった。母親を幼くして失くし、香港で弁護士をしていた父親から日本在住の祖父母に預けられ、二歳から三歳まで京都、ついで彦根で幼少期を過ごしていた。リーチは来日前にロンドンの美術学校（London School of Art）で高村光太郎と知り合っていたが、あるとき高村がマンドリンを手にして日本の俗曲を弾いて聞かせると、リーチはノスタルジーに耐えられないような面持ちになり、その曲に聞き覚えがあると洩らしたという。そしてその頃から日本に行きたいというのがリーチの口癖になったと、高村は二十六年後の昭和八年に回想している。

来日を果たしたリーチはエッチングで生計を立てることにして東京上野桜木町に教室を開講した。九月に第一回の公開教室を開いたが、そこに現われたのは志賀直哉、武者小路実篤、児島喜久雄、里見弴、岸田劉生、柳宗悦等十五、六人の『白樺』の同人たちだった。そこでリーチはエッチングのレクチャーをするなかで、オーガスタス・ジョーンの名を連発した。リーチにとってそのジヨーンの先駆者こそがブレイクだったのである。白樺派のブレイク熱の発端だった。ブレイク熱は柳を一番にして白樺同人に伝染していくが、学習院から東京大学にかけて宗悦と一緒だった長与善郎なども これに感化されて、大学の卒業論文にブレイク論を書くことを抱懐するようになる。

一方リーチは同年代の『白樺』の連中に接してみて既に彼らに教えるようなことは何もないことを悟り、エッチングの教室は早々に畳んでしまった。そして雑誌『白樺』にブレイクの詩画に取材した表紙絵（大正二年―一九一三）を描いたり、また宗悦の「ヰリアム・ブレーク」を載せた大正三年の『白樺』のブレイク特集号に英文の「ブレイクについて」という一文を寄稿したりして、白樺派との親交を一層深めていった。そこにリーチは自らが接した「若い日本」の存在を海外の知人や友人に盛んに紹介していった。そのおかげもあって白樺派の存在は海を渡って知られるようになったのだった。

寿岳文章（一九〇〇～一九九二）は英文学者、和紙研究家、ウィリアム・ブレイクの研究家として知られるが、その寿岳によると日本でのブレイク紹介は『鉄道唱歌』や『故郷の空』の作詞者として知られる、大和田建樹訳の『欧米名家詩集』（明治二十七年―一八九四）が一番ふるく、以後いくたびかブレイクの抒情詩が紹介されているらしい。またハーンは明治三十二年（一八九九）に東大英文学科の卒業生にブレイクを講じていた。評論を書いたのは和辻哲郎が最初であった。しかし当時の日本のアカデミックな世界でのブレイクの評価は英国の事情をそっくり踏襲していて、その様子は次の長与が遭遇したエピソードがよく物語っていた。

長与善郎の自叙伝『わが心の遍歴』によれば長与は先述したように大学の卒業論文にホイットマ

ンかブレイクのいずれかをと考えていた。当時、卒業論文は文学部長である教授の検閲を経て「そのお目通りに叶ったものでなければならないこと」になっていたから、自叙伝のなかで「専吉」であるところの長与は、たまたま電車で乗り合わせた文学部長のローレンスにそれとなく「さぐり」を入れてみたのだった。最初はホイットマンについてどう思うかとたずねてみたところ、その「アカデミー学者」は、「彼の詩は詩とはいえない。あれは詩の異端だ」とすげなく一蹴した。そこで専吉は「では、ウィリアム・ブレークは？」と問うてみたのだったが、今度は前よりいっそうひどい排撃ぶりで、「あんなものは狂気の沙汰（インセーン）だ」と吐き出すように答えたという。これをもって専吉こと長与は「文学士、糞をくらえ！　と臍を固め」、遂には中途退学を決めたのだった。宗悦もまた、そのブレイクに対する熱い想いを著した一書において苦い思いをすることになる。

寿岳文章によればブレイク生誕二百年にちなんで新装本として刊行されたフォスター・デイモンの『ブレイク評伝』（一九五七）は、日本のブレイク研究熱が年若い詩人たちの集団である白樺派にはじまることを紹介しながら、その熱心のさまを「ブレイク・カルト」と表現しているそうである。寿岳はこれを一応「ブレイク研究熱」と訳してみたが、本来カルトとは宗教的なニュアンスが濃厚なことばであった。そうした意味で白樺派はブレイクにとどまらずロダンやセザンヌ、あるいはホイットマンなどに対して全人格的なオマージュをもってしたのであり、デイモンの記述は正しいと寿岳は述べていた。寿岳はそうした白樺派の傾向は批判精神が弱かったというよりも、むしろ批判精神そのものを軽蔑して対象と一枚になる信仰の道を選んだことにあると指摘していた。

民藝運動に参加しながらも柳宗悦のカリスマ性に圧倒されることなく是々非々の立場を貫いた寿岳文章の姿勢は、そのエッセー集『柳宗悦と共に』によく伺えるのであるが、寿岳が指摘していた白樺派の傾向性は、当事者的には柳宗悦に言われてこそもっともふさわしいものだった。

『評伝柳宗悦』を著した水尾比呂志は、宗悦は当時中島兼子と恋愛中であり、ブレイクへの傾倒は兼子への愛の昂揚と表裏をなしていたのではないかと推察していた。その恋愛感情にも擬せられる柳のブレイク崇拝と讃美は、確かにブレイク・カルトの様相を見せていた。柳宗悦において、真の「愛」に欠けた啓蒙主義や進歩主義、あるいは機械論や唯物主義などでもってしては人間内面の「精神的な飢え」は癒い得ないのであって、「一切の人間及び事物の存在に対する是認であり肯定である」(『キリアム・ブレーク』序)ところのブレイクの愛と「想像」(イマジネーション)の世界にこそ、人生の旅路の「新しい出発」は見出されるものだった。

第二章　神秘主義

一　ブレイク――「かの美」の眺め

ウィリアム・ブレイクはW・ワーズワスやS・T・コールリッジより年長の、幻視者の異名をとったイギリスのロマン派の画家、銅版画家、詩人であった。一七五七年にロンドン・ソフォーのブロード街で生を受け、一八二七年に没していた。その生涯は十九世紀産業革命期と重なっており、ブレイクの自己形成や芸術思想には、その時代の政治的、社会経済的な思潮が深く影を落としていた。代表作には『無垢と経験の歌』、『天国と地獄の結婚』、『ミルトン』、『エルサレム』などがあるが、ブレイクは詩のほかに、他の詩人や文学書、あるいは聖書から題材を採って作品にした。ブレイクの方法は、それらの言語テクストを、自らが発明した彩飾印刷（Illuminated Printing 柳宗悦はこれを光華印刷と訳した）というオリジナルなエッチングの技法で視覚化し、その独自の複合芸術によって象徴的神話体系を構築した。

ブレイクは十四歳にして版画家として知られたジェイムス・ベザイアの弟子となり、師の計らいでウェストミンスター寺院の古美術の模写を手がけるなかで、ゴシック芸術の強い影響を受けた。

ベザイアのもとで七年間修行したあと、ブレイクは二十一歳にして王立美術院に入ったが院長のジョシュア・レノルズの画論を嫌悪し、また指導教官とも意見が対立した。アンソニー・ブラントの『ウィリアム・ブレイクの芸術』によればレノルズとブレイクの対立の原因は物的世界の観察方法、つまり物象に対する画家の「見方」の相違にあった。ブラントによれば、レノルズはアリストテレス的な思想の持ち主で画家は自然を観察することからはじめ、そのさまざま形式を一般化することによって理想の美に到達できると信じていた。一方、ブレイクは、自然から出発する限り価値あるものは何も達成できないのであり、まず、夢想を求めて「天に昇り」、それから自然のなかにその夢想を表現する形式を探さなければならないとする表現者だった。

ブレイクの最初の作品は十六歳の画塾生時代に製作した『アルビオンの岩に立つアリマテアのヨセフ』という習作版画である。アルビオンとは太初の人間を体現している「原人」であり、また「ブレイク自身の心願の国」（『ブレイク詩集』解説　寿岳文章）であった。「アリマテアのヨセフ」とはイギリスでキリスト教の教会堂をはじめて建立した人物といわれ、寿岳文章によればブレイクの諸作のなかで登場する「直観天啓」を象徴する預言者「ロス」のことだった。とみればブレイクの象徴的神話体系はすでに十歳代なかばに萌芽していたことになるのである。

およそ三十年後、ブレイクはその作品を再び目にする機会があったが、「此絵は作者にとっても又凡ての眼識ある人にとっても、初期の製作と成熟期の製作とが、その要点に於て同一である事を証明している」（『ヰリアム・ブレーク』第三章）と認めたという。柳宗悦はこの作品をして早くもブレイク芸術における「ゴシックのテムペラメント」と、ミケランジェロの影響を見ることができると観相していた。ブレイクが本格的に作品作りに取りかかるのは愛弟ロバートを亡くした三十歳のころからであるが、彩飾印刷の着想はこの亡弟の霊の告げによるものだった。同じ頃ブレイクは神秘主義思想家スウェーデンボルグに傾倒したが、これより以前からパラケルススや、ヤコブ・ベーメの神秘思想に耽り、またネオプラトニズムやグノーシス思想などに精通していたといわれる。

そこにブレイクの神秘思想は、近代の方向性を決定付けた十七世紀以降の理性主義や科学的合理主義、あるいは進歩主義的な文明に対する批判を根底に置いていた。その著『ウィリアム・ブレイクの芸術』でアンソニー・ブラントは、ブレイクが生きた時代を、「理性と科学の戦車に繋がれ」、「唯物主義の勝利に支配されていた時代」だったと述べていた。またその著『大転換』にブレイクの詩句を引用したカール・ポラニーは、同じ時代に、「市場経済」という人類にとって前代未聞の経済システムが産業革命の申し子として生れ、十九世紀社会に「破局的混乱」をもたらしたと指摘していた。

市場経済とは「人類社会史上健全なるものとはみなされたことのほとんどなかった動機、しかも、以前には日常生活における活動や行動の正当化原理に高められたことなど絶対になかった動機、すなわち利得動機に基礎を置く」（『大転換』 吉沢英成、野口建彦、長尾史郎、杉村芳美訳）ものであった。そしてその市場経済のシステムが直撃したのは農村だった。その結果、生活基盤を奪われた農民は工業都市に群がり労働者となったが、彼らを待ち受けていたのは悲惨な現実だった。農村の共同体的な絆は断ち切られ一家離散、あるいは多くの人々が人間らしさを奪われスラムの住人と化した。それはまるで「悪魔のひき臼」によってひき砕かれ、「屑かすの山」に急速に埋もれていくありさまだったとポラニーは書いていた。「悪魔のひき臼」とはブレイクの預言書『ミルトン』からとられたものだった。

ブレイクはヘブライ的な「アジアの太祖」という「崇高なるもの」を理想としていたが、そのような観念はブレイクにとどまらずロマン派に共通するものだった。アンソニー・ブラントはこれを文学的に捉えようとしたのがコールリッジであり、視覚芸術的に見ようとしたのがブレイクであったとみていた。ブレイクは、「夢想の中で、アジアの古代共和国、君主国、家父長制社会に連れていかれ、聖典の中で天使と呼ばれているすばらしい原型群を見た」（『ウィリアム・ブレイクの芸術』）のだった。ブレイクは、その「夢想の中で見たそれらの原型の壮麗さを模写」したが、その模写が『エルサレム』に見られる崇高なるものの象徴であるストーンヘンジであり、神と抱擁するアルビオンであった。

アルビオンは先に見たブレイクの十六歳のときの処女作ですでに登場していたが、それから四十五年後の六十一歳にして完成させた最後の預言詩『エルサレム』（一八一八年　柳はジェルーサレムと表記）では「巨人アルビオンの流出」として謳われていた。ストーンヘンジやアルビオンが象徴している「崇高なるもの」の概念は、柳によれば「強と美と醜と聖」、またエドマンド・バークを参考にしたブラントによれば「恐怖、鮮明な輪郭、力、広大さ、無限、困難、荘厳、闇」といったものである。その「崇高なるもの」を備え太初の人間を体現しているのが原人アルビオンであった。

アルビオンは「四ゾア」という個性、知性、霊性、欲性の四性を内在させているが、ブレイクはそれぞれをさらに性格付けして、個性を人性（Humanity）、知性を幽魔（Specter）、霊性を流出

(Emanation)、欲性を幽陰（Shadow）と呼んだ。これらの四性が一つのものとしてアルビオンに体現され、その人格が人間に「流出」をもって働いたとき、「彼が表現し得た偉大な結果は自己表現」（『ヰリアム・ブレーク』第十六章）となり「個性の全的開放」となるのだった。そして「そこにはなんらの抑制がなく否定がなく、自由と肯定の旗は祝福の風」に翻り、「人は平和の霊気に呼吸して彼には無限な救済」が訪れる。

しかし四性のバランスが崩壊し「四性の分割」が行われるに至って人間は悲劇に襲われることになる。特に痛ましい結果をもたらしたのが知性（幽魔）と霊性（流出）の反目と争闘だった。そしてその戦いに知性（幽魔）が勝利するとアルビオンの流出は遮られ、人間は神の国の幻像を見る代わりに「法則の条文」、あるいは「一切の行為を善と悪に規定する」「人為的同義」に縛られることになった。そのアルビオンの流出を妨げている知性（幽魔）との闘いがブレイクの神話体系の中心テーマだった。

宗悦がはじめてブレイクの初期詩集である『無垢と経験の歌』を読んだのはホイットマンの『草の葉』と重なる中学生の頃だったようである。『ヰリアム・ブレーク』の「備考」で彼はそのときの感動のことを記しているが、それによれば、ホイットマンの詩に惹かれたのと同様、ブレイクの『無垢の歌』の「或個所を好んでは繰り返し読んだ」。そしてリーチとの交友において彼は、リーチがブレイクの『無垢と経験の歌』のなかの「虎」の最初の一節を誦読してくれたことや、またリーチから借りたブレイクの詩集のなかに『天国と地獄の結婚』を見出したときの驚きなどを回想していたが、これを契機にして彼は急速にブレイクにのめり込んでいった。

宗悦は当時手に入るかぎりのブレイクの詩集や評伝を買い求め、その思想と芸術の真髄に迫ろうと企てた。「象徴的であり神秘であり然もその辞句に彼独特の意味を持つブレークの思想」（『ヰリアム・ブレーク』序、以下同）は難解で容易に理解できるものではなかったが、「然し彼の偉大と彼に対する自分の愛とは遂に理解」を産み、「彼の荘厳は自分の驚愕の凡て」になった。そしてついに大正三年（一九一四）四月、彼は大学時代からとりかかっていた「ヰリアム・ブレーク」を雑誌『白樺』で発表し、さらに十二月には決定稿の『ヰリアム・ブレーク』を上梓した。本文五百ページ余、注釈を加えると七百五十ページを超えるこの大著の冒頭に柳は「To Bernard Leach」としたためていた。

柳宗悦はジェイムズとベルグソンの哲学に依りながら「生命の問題」を考えてきたのであったが、その生命の永遠相の「最後の光景」を、「驚く可きNovelty, Creation」（「生命の問題」）でもって顕わしていたのがブレイクの思想と芸術であった。『ヰリアム・ブレーク』の第一章「久遠の人」を彼はつぎのように書き起こしていた。


死は何者よりも優れた生の表象である。凡ての出生がその未来の秘密を含む様に、凡ての過去は完全に死のうちに反映する。～中略～ブレークの死の光輝は直ちに彼の生涯の光輝を示している。吾々は彼の死に於て完全な生の健康とその捷利とを見る事が出来る。死は彼によって直ちに永遠の生そのものを示している。死は終結ではない。永久の出発である。～中略～彼に於て生は死を抱き死は生を迎へて常住の実在そのものを示現している。

アンソニー・ブラントは、ブレイクは「夢想」のなかで「崇高なるもの」を見たと記していたが、ブレイクの芸術思想においてそれは、「想像」（イマジネーション）と云われるものだった。その「想像」によって視られる幻像は、「実際現存する不変化なもの、表象」（第二十一章―二）であり、それらは「形体的死滅的性質を超越して、細かに組織され連結」していた。組織とはイデア界であり連結とは流出のことだったが、その組織と連結において「想像の世界に住むものに決して死滅はない」のであり、一切のものは意味あるものとして永遠の世界に生きる。死者にも永劫の生命が宿していることを疑わなかったブレイクは、スエーデンボルグ（一六八八〜一七七二）のように身自ら天国と地獄を逍遥し、天使や悪魔と語らい、また死者を「想像界」に甦らせ交歓した。そしてブレイクは「想像即ち不死の器官」であるところの「永遠な肉体」をもって「上下六千年の間」を歩き、「過去、現在、未来が同時に自分の前に存在すること」（ブレイク「エルサレム」柳訳、前同）を知っていた。

ブレイクの「想像」の思想は死後の存在こそが実在であることを宗悦に確信させるものだった。彼は『ヰリアム・ブレーク』第二十一章の「思想家としてのブレーク」の中で、ブレイクを「血と肉とを経由」し、「論理的内容を超えた永遠な個性のテンペラメントによる確実性」を具えた思想家であるとしながら、「想像」とは「神の世界又は自然の根本的実在界」の「具象的経験」（『ヰリアム・ブレーク』第二十一章）であるとしていた。具象的経験とは先の具像的経験と同義で、芸術による「自己と神との直接合一」(前同)のことだった。神あるいは実在との合一がブレイクの思想の核心だったが、そこに、存在する一切のものが肯定される。此岸において存在するものは対辞的に認識されるのであるが、本来は相反し永遠に対立する概念としてではなく、「埋もれた凡ての真理を復活」(第九章)させ、「全自然の偉大な肯定的意義を唱導」するための「不可分離な相互関係」として存在するものだった。すなわち、主客未分離をもってする肯定の思想は、善と悪、心と肉、天と地といった差別的対辞が作為される以前の無垢なる世界を仰望する思想だった。宗悦が十七歳の頃にはじめて読んで、深く心に沁みたというブレイクの『無垢の歌』の「純一な調」とは、一切の分別が発生する以前の神の国の調べにほかならなかったのである。

「肯定神学」の時代に宗悦がもっとも影響を受けたのは「肯定の二詩人」であるホイットマンでありブレイクだったが、とりわけブレイクの『天国と地獄の結婚』(柳は結婚を婚姻と表記)はその肯定の思想に大いに与っていた。ブレイクはあらゆる聖書、聖典の禁欲主義やアリストテレスに淵源する「分析論」を、象徴的に、また箴言において「反対命題こそは真理(真理はその逆)」(括弧内は長尾高弘訳、青空文庫所収より、以下同)であるとしながら、律法主義者であるところのパリサイ人を退けた。ブレイクにとっては「生きているすべてのものが神聖」であった。そしてまたそのような肯定の思想は、「無対辞文化」の構想において柳の思想のなかで生涯にわたって念願されていくことになる。

「生命の問題」から『ヰリアム・ブレーク』へと辿るなかで宗悦はその「肯定神学」を強固にしていったが、一切のものが肯定される思想において果さるべき前提は、なにより精神と肉体の直接合一だった。ブレイクにおいて「権威を持つ一切の切実な真理は、一つとして肉体を経由しない事はない」（前同、第十章）のだった。そのように神又は実在が所在する「想像界」は、精神と肉体の合一を遂げた存在にこそ具象的に経験されるのであった。そしてその具象的経験、すなわち「一」なる美の直観によって果たされる入神の法悦の状態が、「想像」の思想の最終相である「自己寂滅」（Self-Annihilation）だった。

自己寂滅とは自己の否定ではなく、宇宙と合一することであった。人間には「宇宙意識」があり、自己寂滅の境において「自己は無限な拡張の経験に浸ってくる。吾々は一切の物的形体を去って大自然の生命そのものに融合してくる」（『ヰリアム・ブレーク』第二十一章 二）のであった。宗教的な直観である自己寂滅において、ブレイクは「静かなものにも生命の動くを見、死の床から甦る霊の復活」の幻像を視たのだったが、「霊の復活」はプロティノスの「流出説」によって果たされるものだった。『ヰリアム・ブレーク』の最終章で宗悦は次のように述べていた。

此世界は神の流出と神への流入とからなる美しい循環である。全宇宙は完全なる一個の有機体を示している。凡てのものはその正しい位置について吾々はその何れに触れても神へ帰る流れを感じる事が出来る。プロティヌスは在来の宗教に反して一つの汚瀆罪業をも此自然に認めていない。彼は更に此神に帰る心が美の直観によって充たされる事を説いている。直観とは主客の融合である。それ自身の実体に自己を没入する事である。自己寂滅は彼の思想の終局であった。所謂法悦の境を彼は指しているのである。プロティヌスの是等の思想はまたブレークの思想を示して

いる。神の流出はブレークが歌ったアルビオンの流出である。(『ヰリアム・ブレーク』第二十二章)

文中で柳が「神に帰る心が美の直観によって充たされる事」としていたのは、プロティノスの流出説においては善のイデアと美のイデアが同一視されていたことを踏まえてのことだった。先にみたようにイデアについていてプラトンは、あらゆる事物の本質は人間の持つ感覚では捉えることのできないイデア界に存在していて、現実界で人間が目にしているのはイデアの影でしかなかった。五感は不完全なものであり、そのかぎりにおいて人間は完全にして真実であるイデアを捉えることはできないとされていた。したがって視覚で捉えられる美も不完全なものであり、ましてやイデアの影である現実の事物をさらに模写する芸術は本質界からはほど遠いものでしかなかった。しかしプロティノスはイデアの観念はプラトンと同じくしながらも流出の観念をそこに持ち込み、さらには、「美を根源的第一の美として始めにおき、それを「善としなければならない」(『プロティノス「美について」』斉藤忍随・左近司祥子訳　講談社学術文庫　以下同)と説いていた。すなわちプロティノスは善なるイデアと根源的美とを同一視していた。

そのように善のイデアすなわち「一者」と一致するプロティノスの「根源的の美」のイデアは「純粋、単純にして浄い、かのもの」であり、また「自己自らにとどまり、与えるのみで何物をも自己へは受容せぬもの」としてプラトンのイデア論を受け継いでいた。しかし「かのものは一切に美を贈り施す」のであって、「一者」はプラトンに反して美の範疇において現実界に流出するのである。そこで人間は美の泉、美の源である善なる根源的美から流出したさまざまな美の「形」の眺めにおいて、彼方なる善の存在を直観することが可能になるのである。そしてまた、「かの美」が存するところは「我々の故郷、祖国」であり、「我々のもと出発した所であり、我々の父がそこにいる」ところであることにおいて、人間はただ眼を閉じ、肉眼のかわりに内なる眼をもって「愛する故郷」を見る能力を目覚めさせる必要があるとされていた。

プロティノスにおいて「一者」に帰還する能力は「それを使用する者が少ない」にもかかわらず、「すべての者」に備わっているのであって、そのように「美を眺める道」は人間の前にひらけていた。しかし「かの美を眺める道」を歩むものは「眼が太陽と似ていなければ眼は断じて太陽を見ることはできない」ように、「魂もそれ自身が美しくなっていなければ美をみることはできない」のであり、「神を観、美を観ようとする者は誰でもまず何よりも、神に類似していなければならない、美しい自己となっていなければ」ならないのだった。美しい自己であることによって人間は「先ず上昇して知性に達」し、そこで眺められるあらゆる美しい純粋な「形」を、「これこそ美、つまり諸々のイデアである」と主張することができるのである。柳宗悦はブレイクの「自己寂滅」の芸術をその境でとらえていたが、ついには自らが無心をもってする「民藝」の美をして「これこそ美」であると主張するようになる。

ところで近代思想をもってすれば神秘主義的な美の思想が奇異に見えることは明らかだった。宗悦はプロティノスの流出説を体現するブレイクの芸術思想に没入するかたちで『ヰリアム・ブレーク』を著したのだったが、実はこれに先行して、同書二十一章の「思想家としてのブレーク」は、はじめ独立した論文として『三田文学』の大正三年七月号に掲載される予定のものだった。しかし、締め切り前に原稿を送付したにもかかわらず校正原稿は一向に届かず、不審に思った宗悦が出版所の籾山書店に問い合わせてみると七月号掲載は見送りになっていた。理由が曖昧であったことから彼は憤然として原稿を取り戻していた。その「不愉快な出来事」は、同年十二月の『ヰリアム・ブレーク』刊行後に月刊誌などに寄せられた書評にも見られた。それら「多くの人」から受けた批判の内容は、当の宗悦によれば、ブレイクを完璧な詩人としてあまりにも謳いあげ過ぎていること、また客観的な視点が欠如している等々であったようである。それに対して宗悦は「私は何処にも客観的にブレークを紹介し様とした事」はなく、ただ「ブレークの精華が必要」だったのであり、「歴史的叙述」ではなく「私に活きたブレーク」を書いたと反駁していた。

労多くして評価に恵まれない大作だった。しかし柳宗悦の思想を源流から追跡するときに「私に活きたブレーク」、すなわち宗悦自身の「テムペラメント」とほとんど一体化したブレイクとプロティノスの美の思想が、その後の民藝思想に渾然として流れ込んでいることを見逃してはならないのである。民藝論における近代的な個性美の否定の根拠や、あるいはなぜ柳宗悦は後の「民藝」をして、一旦は考えた「民主的工藝」ではなく「民衆的工藝」にしたのかといった疑問や理由が、『ヰリアム・ブレーク』の読み込みにおいて明らかになるのである。そしてまた民藝論に見られる身体思想も、ブレイクやプロティノスの美の思想に胚胎したものであったことが知られるのである。

二 「公有」の思想――宗教と芸術

『ヰリアム・ブレーク』を脱稿して間もない大正三年（一九一四）九月、宗悦は同年二月に挙式していた兼子とともに、姉真枝子所有の千葉県我孫子町手賀沼の別荘に転居した。宗悦はブレイク研究の目途がついた同年夏、おそらく兼子との新生活のこともあって、眺望が見事な手賀沼の地で「思索と著述と読書の時間」（八月、リーチ宛書簡）を満喫したいと考えたのだった。再び東京に戻ることになる大正十年三月までの六年半にわたる我孫子時代は、宗教哲学の本格的な研究において、また運命的ともいえる東洋陶磁器との出会いにおいて、その後の彼の思想の方向性を画する重要な歳月となった。

まず宗教哲学上の展開をたどれば、ブレイク研究を端緒にした宗悦の神秘思想への関心は、はじめキリスト教神秘主義に向かったが、さらにその延長上に東洋の神秘主義というべき禅に出会っていくことになる。ディオニシウス・アレオパギタ（偽ディオニシウス）にならい、自らの宗教哲学上の道程を「肯定道」の時代としていた頃の宗悦は、ブレイク研究を拠りどころにした「自己寂滅」の思想において「一」なる観念に迫ろうとした。しかしブレイク研究を足がかりにしてキリスト教神秘主義にすすむと、そこで彼は「否定神学」（否定道）に触発されることになる。そしてさらにその西洋の宗教的観念の極相が、東洋思想や仏教において観られることに気付いていった。

否定神学とは端的に言えば、肯定形の代わりに〝否定の否定〟をもって肯定を意味させる神秘主義の方法である。『エックハルト説教集』を編訳した田島照久によれば、人間の肯定言辞によって「神は有である」と述語（定義）づけをしても、「有」という概念が人間の有限な認識によって成立している以上、これによって神の無限性をとらえることはできないのだった。そこで人間言語によって神の絶対超越性を語ろうとすれば、「神は……ではない」という否定言語による以外はないことになる。この否定言語を駆使して神の「有」を逆説的にあらわすのが「否定神学」であった。たとえば否定神学において「神は有ではない」とされるとき「神の有」が否定されたわけではなく、人間の「有」の概念では捉えきれない、神の「超越性」が語り出されたということになるのである。神は人間言語の「有」という概念をはるかに超越しているという意味において「神は有ではない」のである。柳宗悦は初期の宗教論集から晩年までドイツ神秘主義のエックハルト（一二六〇頃～一三二八？）のコトバをよく引用したが、その「神はあれでもなく、これでもない」、「神には名がない」といった否定神学の方法を駆使しながら神のイメージを表そうとしていた。

初期の宗教論集において宗悦は、「寂滅は復活」（「哲学的至上要求としての実在」『宗教とその真理』『全集』第二巻所収）、あるいは「完全なる自己寂滅と完全なる自己の充実とはその帰趣に於て一つ」（「自我についての二、三の反省」前同）といった、肯定道に発する二元性の揚棄の思想を否定神学によって徹底させていった。そもそも主客未分、二元的一元論の思想が仏教哲学と近しいものであったことは容易に察せられたことであったが、宗悦自身、その肯定道の時代に、「自己寂滅」の思想が「最も深く主張されたのはやはり仏教である」（『ヰリアム・ブレーク』第二十一章「注釈」）という認識を示していた。しかしその思想の流れは順に、キリスト教への宗教的懐疑を経て禅、そして他力宗の研究へと向かっていったのである。

我孫子に住んだ時代に一つの山を示していた宗悦の宗教哲学は、大正二年(一九一三)から八年(一九一九)にかけて発表された十七篇の論稿ほかが収められた『宗教とその真理』(大正八年刊)に詳しいが、その間の宗悦の宗教哲学の構想やキリスト教から禅に向かった動機については、大正四年(一九一五)十一月中に彼がリーチに書き送った三通の書簡の方がわかり易いのである。そこで彼は心許したリーチに宗教哲学の知見を披露しながら、また自らの心情を吐露していた。

それによると宗悦は、ブレイクの研究からキリスト教神秘主義に深い関心を抱くようになり、古代から中世をへてベルグソンに至るまでの神秘思想を研究した。しかしキリスト教神秘主義が神との合一を目指す気質を有していることは理解されても、キリスト教神秘主義者にとって神は一般的に超越神のことであり、神は人間とはあくまで別個の存在として、「天上におわし、我々は神を激しく慕いながら下界にいる」のだった。そしてまた、神は神自身のイメージに似せてこの世を創ったという「天地創造」説は、創造者と被創造者という概念を暗示していて、そこにおいても神と人間ははっきりと二者に分かたれていた。二元性を孕んだキリスト教の神概念は「一つか多数か」であって、「一つの中の多数」でも「多数の中の一つ」でもないのであり、それは二元論の解放ではなく単なる拒絶に過ぎなかった。キリスト教神秘主義者が奉じるのは一神論であって、それ故にこそ汎神論は否定されるのだと宗悦は断じていた。

すでにみたように精神と肉体、天国と地獄、神と人という二元性を克服して「いかにして一元論は可能か、いやむしろ、いかにして二元論の中に一元論をみいだしうるか」という宗悦の止むことのない「知的及び感情的欲求」の向かうところは、単なる一神論あるいはまた汎神論に帰することのない、より普遍的な神概念を模索することだった。そのことをもって彼は、禅についてリーチにおよそ次のように書き送っていた。

禅家とは知的欲求と、究極的な深い直観力をもって自己の中の真実を、また物の中の自己を明らかに把握しているものであり、遥か遠く離れた天国におわす神を慕う代わりに、真実の泉が迸る究極の根元まで自己を深く掘り下げてゆく存在である。そこにおいて禅とは、二元性から最後に解放されること、まさに自然界の主根を把握することに他ならず、人間の原始の姿（自然な人間）に戻ることこそ、禅の熱烈な主張である。そして禅の語源上の意味は静慮《じょうりょ》であり、自然の平和と統一の状態を意味している。そして禅のみならず、ほとんど全ての神秘主義は究極的な合一に達するために否定道を用いて一なる観念に迫るのであり、その奥義は聖なる沈黙にある。そもそも神秘主義者とは語源的には口を閉ざす者を意味しているのだが、禅においてはこれを不言の教をもって表している云々。（一八一五年十一月八日）

このような道筋で宗悦は禅による「一」なるものとの「究極的な合一」の地平を示しながら、キリスト教からは「愛とは何か」を教わり、また禅からは「帰一とは何か」を教わった。宗悦の宗教哲学の論稿に「否定道」が登場するのは大正六年（一九一七）三月に『白樺』に発表した『「宗教的

「無」』が最初である。そこで彼は「宗教的思想の至極」であるところの「無」あるいは「空」といった絶対の相を否定道の極致であるとしながら、すべての深い宗教体験は「内心直下の事実」が「一層切実」であり、「相対的字義を以って絶対的内容を披瀝しようとする企てはそれ自身矛盾」であると述べていた。

宗悦の研究によれば否定道を本旨とする神秘主義（Mysticism）は「プロティノスを祖とし、ディオニシウス・アレオパジテを始」とするものだったが、神秘主義はキリスト教のみならずイスラム教にも見出され、また仏教や道教などの東洋の宗教においてはむしろ神秘主義こそがすべてであった。そして神秘主義は宗派を超えて「個性の脈搏を打つ個人的宗教」（「個人的宗教について」以下同）であることにおいて、「宗教の精華を示すのみではなく、それが共有の宗教である事を告げている」のだった。「共有の宗教」とは解りにくいが、人はそれぞれの動機や環境においていずれかの信仰の道を歩むものであるが、そこの頂で見詰められる真実は一つであるということだった。若し宗派間に争いが起ることがあれば、そこの信仰は道半ばにして、いまだ頂に達し得ていないことの露呈であるに過ぎなかった。

大正四年（一九一七）六月の時点ですでに宗悦は、「我々は無に帰する時、〝自己〟を実現する」という結論に達したとリーチに書き送っていたが、個性を重視し個性が本然的に備えている自然の力（想像力）によって神との合一を果すという神秘主義の捉え方は、ブレイクの芸術思想やロマン主義の流れのなかでなされたものであった。その脈絡のなかで宗悦は個性や自然についてつぎのような認識を示していた。

そもそも人間の個性は一個の人間の「利欲」に基づくものではなく、何者か「無限の力」によって「与えられた個性」であった。人類は遼遠な過去から未来へと生を繋いでいく営みのなかで「各々の住む自然」によって「性情を分有し、特殊な事情の許に特殊な個性を涵養」してきた。そして自然は同時にその固有性を絶えず自らのうちに浸透させていくことで「無限の相」を示そうと企ててきた。そのようにみれば個性を実現するということは究極において「自然の意志」を実現するということであり、そこにおいて個性はもはや「私有の個性」ではなく「使命を齎すための個性」というべき位相に立つものだった。

宗悦によれば、人間は生まれながらにしてプラトニストであるか然らずんばアリストートリアンであるとコールリッジが述べていたように、一様でない個性を有しているのであり、宗教はそのような多岐な人間の心の求めに応じて現われた。したがって人々は各々の気質、あるいは心の求めに応じて宗教を持たねばならないのであり、そのことにおいて宗教が「真に個性に密接」(「個人的宗教について」以下同)するとき、「ひとり心を甦らす無限の力」が湧き起こり、「個性に与えられた使命の意識」が自覚されることになる。

ところが宗悦の見たところ、数ある宗派は本来の宗教的使命を曇らせて、「他のそれよりも優秀であると云う信念」を抜きがたくしているのであり、いずれの宗派も「互いを愛せよ」と内に教えながらも他宗派を排斥し反目し合っている。キリスト教やイスラム教、また日蓮宗においても営々として企てられているのは「自宗の宣伝」であった。しかし必要なのは反目からの離脱であり、他の宗派の存立に対する理解と肯定的認許であった。これを無視して世界宗教をキリスト教で統一しようなどとする企ては「人情の自然を破って異郷の食を強いる」もので、「自然への無益な反逆」に他ならなかった。異宗派の是認のみが宗派を結び付けるのであり、真になさるべきは「流派の差別を脱して直ちに公有の宗教そのものに面接」することであり、教条や儀式を二の次にして、「神との直接な親交」を第一義とする宗教の本旨に帰る事であった。

「公有の宗教」とは、先の「共有の宗教」のことであり、宗教的真理は一つの謂であった。自由な宗教の面目は常に宗派の垣根を超えることにあるのであって、「吾が内心の自由は宗派の為に束縛さるべきではない」のである。宗悦にとって宗教は宗派や教義とは関係なく、「個性が体得した宗教的経験の深さ」において捉えられるものでなければならなかった。その点に照らして聖パウロは当今の多くの僧侶よりも「真の仏者」であり、また親鸞は多くのキリスト教伝道者よりも「遥かに基教徒」であった。宗悦は次なる宗教哲学の展開のなかで、パウロや親鸞のような、「個人的宗教経験の深さ」において「公有の宗教に面接」する「真の宗教家」の自我意識のありようを考究していくことになる。そのなかで「公有の宗教」に対置される「公有な自我」なる観念が提起されるのであるが、その前提となっていたのが神秘主義における芸術の位相だった。

教義信仰を排して個人の宗教的気質を第一義とした神秘主義の奥義である「聖なる沈黙」は、否定道の極致である「無」または「空」によって示される。否定道において無は有の否定としての無ではなく、肯定も否定も共に無き無であり、究極においては無すら容れぬ無ということになる。無や空の観念は神秘主義において自然と同義であったが、また雷のごとき沈黙、多忙なる休息、白日のような暗黒、饒舌なる沈黙、などと言い表された。そのような矛盾、逆説、逆理の言葉の背後に、神秘主義は「無辺の調和を示現」(「宗教的究竟語」以下同)させていた。

神秘主義は「論理の打破」あるいは「論理の終末」を指し示すことによって「理論の解脱」をはかろうとするものだったが、極相である「解脱」はもはや知的表現によっては示すことはできないのであって、そのとき沈黙の思想は「一転して知的表現から芸術的表現へと突き入る」ことになる。柳宗悦はあらゆる神秘思想が「象徴主義に豊か」であるとしながら、「純の象徴は芸術であって知解ではない」と説いていた。その上で彼は、「説明に終らず暗示に豊かな字句」として「即如」という言葉を挙げていた。

「即」とは「すなわち」であり、二個のものに間隙が介在しない状態である。「如」とは「ごとし」であり、なにものかの指示であり暗示であった。そこにおいて「即」は「一元的知解」を、如は「象徴的暗示を含蓄」するのだったが、その「即如」において観じられるのが芸術であった。宗悦によれば「科学が分別に自然を写そうとする時芸術は未分にその美を捕えようとする」(「即如」以下同)ものであり、「人為なく加工なく自然の奥底」に迫ることにおいて芸術は、「思惟以前の象徴の境」を表すことができるのだった。

かくして、ロダンが「自然はそのままにして完全である」と云った意味において、またエリゲナ(エリウゲナ=ヨハネス・スコトゥス)が示していた「未だ造られず造らぬ」ごとくある美に迫ることにおいて、芸術は「実証の科学よりも遥かに鋭い即如の理解」であった。この点で芸術はいかなる立場からも自由であり、また自由でなければならなかった。芸術にとって「主義」は堕落であり、ただそれによってもたらされる「呼吸をすら奪う美観の刹那」、すなわち「一」なるものの直観がそこに起るようなことが生命の源だった。真の芸術は「神秘主義のエロティシズム」（大正四年十一月八日、リーチ宛）を体現するものであり、ホイットマンが「大道の歌」で謳いあげたような、「大道である普遍の道」（前同二十四日付、リーチ宛）が見出される領野であった。しかし宗悦には芸術における「直観」の遍歴があったのであり、次のリーチ宛の書簡にみられる彼の芸術論は、おそらくその反省の上に立っていた。

宗悦は中学三年生にして文芸や宗教に関心を抱くと同時に、ラファエロやミケランジェロに親しんでいた。そしてビアズリーやロダン、フォーゲラー、セザンヌやゴッホをはじめとする後期印象派、またブレイクなどの芸術に魅せられていったが、大正四年（一九一七）十一月十九日付のリーチ宛の書簡で彼は自身の芸術的遍歴を踏まえながら、芸術（家）には特殊と普遍の双方の道があると述べていた。そこで頽廃的なロートレック、デカダンスな気質のビアズリー、苦悩の道を歩んだゴッホの芸術は特殊とされていた。また文学や哲学においてヴェルレーヌやニーチェはゴッホと同じく「特異な人間」だったのであり、歩んだ道もやはり特殊だった。彼らは偉大ではあったが、彼らの偉大さは「すべて特殊で応用のきかない」ものであり、またその偉大さは「あまりにも個人的であるために、我々の理想や原理」とはなり得ないのだった。彼らは「精神文明（道徳、宗教など）及び物質文明（金銭、奢侈、機械力など）の重荷」に立ち向かった勇敢な闘士であったが、一方で不完全にして「アンバランスな文明」の悲劇的な犠牲者であり、「この闘士たちの勇気と誠意は疑うべくもないにもかかわらず、この特殊な道は不自然」であった。

宗悦のみたところ、次々と「殉教者を生んで」いく「アンバランスな現代文明」において、普遍と特殊は逆転したものとなっていた、「健全で自然」であるセザンヌやホイットマンは、同時代人からは病的で異常な芸術家と見做されたのであり、また幻視性、霊性をもって「過去の時代に生きたが未来の人」でもあったブレイクは、合理主義、主知主義が跋扈する時代のなかでは狂人扱いだった。時代の理不尽は「大道の道」があまりにも長く忘れられていたからにほかならず、哀れで悲しむべきことは、価値観が転倒した時代の様相のなかで「特殊な道」が反省もなく模倣され続けていることだった。宗悦は同年十一月二十四日付のリーチ宛の書簡に、「くたばれ、批評家ども！」と反時代の激しい言葉を書きつけていた。そして同じ書簡で彼は時代批判の一冊となる「神秘体験の原理」を著し、これによって哲学者達に否定されてきた神秘主義の可能性を立証するつもりであると宣言していた。その結実が宗教論集としての『宗教とその真理』であったのである。

神秘主義の奥義が「即如」に求められ、芸術こそが「鋭い即如の理解」であると観念されたとき、宗悦はこれによって「不完全で悲劇的な世界」を超克し、「真実、神、我々の故郷、我々のエルサレム」に「戻ってゆき、そこに向かって巡礼」しようと企てた。そこの条件はプロティノスいうところの「神に類似」する「美しい自己」に達することであったが、「即如」を『白樺』に発表したのと同じ大正七年（一九一八）一月に、宗悦は『帝国文学』に「自我に就ての二三の反省」（『宗教とその真理』所収、以下同）という一文を寄せていた。そこで宗悦は、「宗教を産みうる力」となる「絶対なる自我、自律なる自我」であるところの「公有の自我」なる観念を提示していた。それは明らかにプロティノスの「美しい自己」に照応させた観念であって、これをもって宗悦は

「一」なる「吾々の故郷」に出立しようと試みていた。

　宗悦において一般的に認識されている「自己」は「只自己にのみ許された意識」であり、自我は「畢竟他に対する自我」にほかならなかった。その意識において「他に対する吾の存在は疑ひ得ない」としているのであり、自我はその対立性と「何人にも依属しない独立な自己の所有」であることによって成立しているものだった。対立を否定しては自我の存立は理由を失うのであり、そこに人々は自他の対立を際立たせ、自己と他人の間に「鋭い溝」を掘っている。しかし「自他の対立と自己所有の念」に満ちた自我は「醜い陰」を人間の生活にもたらすのであり、畢竟、自我が「相対的自我」に終始するのであれば、そこに宗教の「永遠な基礎」は求め難いのであった。

　対立と私有の妄念に基づいた相対的自我をもって自我の理解とすることは、宗悦において真の自我に対する「毀損」であった。人間は自からの意志とはいえない、何者かの力によって衝動されることがある。それは「不可抑の力」であり、「本然の発作」というべきものだが、そのとき人はすでに自らを意識しているのではなく、その内面において「絶大な無上の力」を感じているのである。その「霊の泉」から止み難く湧き出る無上の力こそが「自我の規範的面目」であり、「既に規範」なのであった。対辞を許さない「渾然とした統体」である「自律なる自我」、「公有な自我」の発現を前にして、自他の区別や「吾」と「汝」の差別は消滅する。偉大な芸術、偉大な宗教はかかる「自然を告げる」公有な自我の発現であり、すべて「与えられた啓示」であった。

　自我が対立なる自我であるなら、吾々は自らの意志に於て絶対なる何事をも為し得ないのである。然し一切は只自性を超えた無辺な力の働きによるのである。意志の自由とは自我の自由と云う意味ではない。私有なる自我が真に公有の自我に託された時、絶対の自由が示現されるのである。「完全なる霊は神の欲する以外の事を欲し得ぬ」とエックハルトは云った。彼はつけ加へて「之は奴隷たるのではない、之こそ真の自由である」と云った。～中略～一切は神の不動な所有である。彼に於てのみ絶対の所有がある。他力宗とはかゝる教であった。御心のまゝに任ずる時、吾れに神の力が甦るのである。絶対の帰依こそ宗教の光である。（『自我に就ての二三の反省』）

「吾」をもって主語とする一般的自我論ではなく、「吾」を超える絶対的な「無上の力」を主語面にした神秘主義的自我論であったが、宗悦の恩師であった西田幾多郎もまた教え子の宗悦と同様の自我論を展開していた。宗悦の「公有の自我」論からおよそ八年後、西田幾多郎は論稿「場所」（『西田幾多郎哲学論集Ⅰ』）で、「直観」の思想である主客同一の哲学において「真の自己同一」とは主語面（「吾」）と述語面（汝＝他）が単に合一するということではなく、「主語面が深く述語面の底に落ち込んで行く」ことであり、「述語面が何処までも自己自身の中に於て主語面を有」し、「述語面自身が主語面となる」こと、すなわち「自己自身を無にすること」、「単なる場所となる」ことであると述べていた。そしてさらに主客同一の極致においては述語面すら無となるのであり、「主語と述語との対立を超越して真の無の場所に到る時、それが自己自身を見る直観となる」。

近代思想の価値観を転倒させた難解な思想であったが、ここで西田幾多郎の論稿「場所」中の「主語面」を柳宗悦が云うところの「私有なる自我」に、また同じく「述語面」を「公有の自我」

に置き換えてみるとき、宗悦の自我論と西田の主客同一の哲学の共通点は明らかだった。さらに西田は主客同一の「真に直観的なるもの」の感覚的な対象は芸術であらねばならないとしていたのであり、そこに宗悦の「即如」の思想と西田の主客同一＝主格未分の哲学の着地点はほとんど同じであった。ただ西田が「場所」を著した大正十五年（一九二六）六月に先行して宗悦は、同年一月に「日本民藝美術館設立趣意書」を起草していて、民藝という「公有」の芸術的具象において西田哲学の「場所」と同義の「公有の自我」に所在する美を見つめていた。そしてさらに昭和六年（一九三一）に民藝運動の機関誌『工藝』の発刊が成ると、その美の直観を柳宗悦は広く読者を巻き込んで実地していくことになる。

　宗悦は「自我に就ての二三の反省」を締めくくるにあたって、「余は尚一層自我を破壊して考へぬきたい」としながら、「余の否定は肯定を得たいが為の努力」であり、「汝」と「余」との結合を見たいためであるとしていた。そうであれば柳の自我論の根底に流れていたのは、《我とは汝にとっての汝にすぎない》（『西田幾多郎I』中村雄二郎）とするような共同体的関係性への渇望であった。寄る辺ない個として近代空間を漂流する孤独な魂の自己治癒行為としての思想的営為がそこにみられるのだったが、中村雄二郎によれば西田幾多郎もまた、「悲哀感を帯びた自己、悩める自己」（前同）をもって哲学と向き合っていたのであり、その点で柳宗悦の宗教哲学は恩師西田幾多郎の哲学とよく共振していた。

三　「内展」——永遠の今

かつて「革命の画家」たる後期印象派の芸術を称揚し、「自己の為の芸術」をもって「宇宙意識の裡に活くる」ことを仰望していた宗悦が、その個性発揚の思想の極北で一切の個我意識を否定するようになったのは、ブレイクの「自己寂滅」の思想が契機になっていた。「自己の完全な拡充」を見せる天才の芸術は、「既に自然のなかに飽和」している「真善美、更にいえば神そのもの」との合一を果すものだったが、その合一において天才の「自己」は永遠の生命を抱き「寂滅」する。自己寂滅とは死が永遠の生のなかに甦る再生の思想であった。宗悦はブレイクの芸術思想をもって、さらにキリスト教や東洋の神秘思想に進んだ。そこで自己寂滅の思想は否定神学における宗教的「無」において捉え直されていくことになる。「自我についての二三の反省」において、宗悦は宗教を生み出す力となる「公有の自我」の彼方に「一」なるものとしての実在、神、そして親鸞の他力宗を見出していったが、そこで彼が「反省」したのは天才主義をみせる自己寂滅の思想にほかならなかった。

ブレイク研究を踏まえた「哲学的至上要求としての実在」の論稿で宗悦は「真の個人主義は真の利他主義」であることにおいて社会主義と理想を一つにするとしていた。そもそも宗悦には初発に「宗教と道徳が地に墜ちた」（「新しき科学」『科学と人生』所収）時代に対する反時代的な思想的決意があったのであり、明治四十四年（一九一一）のトルストイを讃えた「杜翁が事ども」（『全集』第一巻所収）の一文で文学者、宗教家であるトルストイの現代的な意義と評価は、先ず以って十九世紀末の「病的思想に対する赤裸々な痛撃」をなした文明批評家にあると述べていた。そして一九〇七年（明治四〇年）にロンドンでクロポトキンと面会したことのある有島武郎をはじめとする『白樺』の同人と同じくして、柳もまたクロポトキンの「相互扶助」の思想に共鳴していた。ギルドへの関心や後の民藝運動はその「公有」の思想の流れのなかでとらえられるものだった。

当為的哲学の在り方をもって時代と向き合い、「一」なる思想のもとに世界に「愛と救い」をもとめた宗悦は、「プラトーンと共に神の国を思慕」（「哲学的至上要求としての実在」以下同）したが、その思想の「究理の衝動」は古代ギリシャや近世ドイツ哲学においてではなく「殆ど全く芸術及宗教に対する感激」からきていた。その「異端的経歴」を矜持しながら、哲学と宗教と芸術が「三位一体」となった道を歩もうとした宗悦にとって、真理は「無限に延長せられた不可測な直線の上」にではなく、「円環の路程を踏んで内展」し、「神に出で神に帰る円輪の大路」を踏んで捉えられるものでなければならなかった。「真理の方向は内にある」のであり、これを「外に放棄」し、「その求心の力を破る」とき、思索には「冷却と破滅」がおとずれる。その「一」なるものに帰還する「内展」の思想をもって宗悦は時代思潮としての進歩主義や精神と肉体を分離する心身二元論、あるいは世界を決定論的な因果関係において捉える機械論、そして詰まるところは無神論に行き着く理神論などを退けていった。

宗悦の思想において真善美である実在は自然のなかに観相されるものだったが、「実在はその抑へ得ない意志を体現する為に自然を産み育んだ」のであり、それゆえに自然は「絶えずその立像を現そう」と試みているのだった。内展とはそのような自然の「実在体現の使命」を帯びた創造行為であり、自然は内展の働きによって再び実在に甦る。内展は美的直観、宗教的法悦を伴うもので、その直観あるいは法悦において時空間は消滅する。そしてそこに「同時統体」、又は「永遠の今」(Eternal Now) が発現することになるのである。宗悦のイメージにおいて「永遠の今」として発現する実在は美しい円球を描き、「至る所に極性」を保って「円融」する。円融とは天台宗や華厳宗で使われる教理であり、「個々のものが、それぞれの立場を保ちながら融和し、さまたげのないこと」(『広辞苑』)を意味していた。

ところで宗悦ははじめ、「認識論と生命論は不可分離」であるとすることにおいて、内展の思想はベルグソンの『創造的進化』と同じ認識に立つと考えていた。しかしその「肯定神学」時代の論文である「哲学的至上要求としての実在」から三年後の大正七年(一九一八)に『帝国文学』に寄せた「宗教的時間」(『宗教とその真理』所収)において、彼は「絶対無」としての「永遠の今」が働く内展の思想をもって、ベルグソンの時間性を帯びた純粋持続の観念を否定することになる。

ベルグソンの創造的進化論の核心である純粋持続とは、日常的な個人の生活空間で意識される昨日や明日といった時間とは別に、空間的限定性を貫いて永遠相が直観される無限的時間であったということができるが、宗悦はそのような純粋持続が孕む時間性は結局のところ二元論に帰するとして退けた。「永遠の今」の直観においては未来も過去も無いのであり、実在は予測不能の無限の彼方へと躍動する「創造的進化」(エラン・ビタール)においてではなく、一切の時間性を超越して、

「一」なるものを創造的に体現する使命をおびた内展の、「永遠の今」において直観されるものであった。そこに「永遠の今」とは「創造の真意」である「即如の自覚」にほかならなかった。即如の思想においてはいかなる因果律も時空間的な差別も絶するのであり、ただ「直接な即如の表現Manifestation」（「即如」）があるのみだった。宗悦はその宗教的「無」の思想の確信のうちに、ベルグソンのみならずジェームズの哲学も仏教や東洋思想の一端に触れたものに過ぎないと見做した。

また宗悦は十九世紀中葉以降のダーウィニズムにおける、進化をめぐる直線的・時系列的な世界認識を内展の思想で批判した。彼は「永遠の今」が働く内展において、「真の究竟なものには個々もなく普遍もなく、反復もなく更新もあらむ」（「現代の宗教哲学に対する種々なる疑問」『宗教の理解』『全集』第三巻所収）としながら、またそのような「宗教的永遠界の真景」を「現実の相に於て見る時、前後の別が生じ過去と未来とを持つ時間的歴史となる」と述べていた。そうであれば内展の相は、過去から未来へという時間軸のなかで円を描き、「一」なるものに求心していくという、螺旋的なイメージをもってとらえられるものだった。

民藝論に先立つ柳宗悦の宗教論は刊行順に『宗教とその真理』（大正七年）、『宗教的奇蹟』（大正十年）、『宗教の理解』（大正十一年）、『神に就て』（大正十二年）の四部作がある。一連の論の核心は第一論文集である『宗教とその真理』に収められた十七の論文に概ね尽くされているが、『宗教の理解』、『神に就て』の論文集で宗悦は東西の否定神学に見出される宗教的「無」の思想をもって、神を存在論的に証明しようとした中世スコラ哲学の祖アンセルムスやデカルト、またデカルトの方法的懐疑やコギト・エルゴ・スム、（我思う、故に我あり）、心身二元論、機械論的世界観など、近代文明の方向性を決定づけた「主知主義Intellectualismの無謀な考想」（「宗教の究竟性」『宗教の理解』）を根源的に問い直していった。そして西欧流の急激な開化のもとに「一切の学問に於て西欧に範をとる事に何等の躊躇を感じる事」（「未来の宗教哲学に就て」『宗教の理解』）なく、進歩主義を「明かに承認」し、「吾々には殆ど過去の歴史が無いかの様」になった時代の思潮を批判した。そしてその上であらためて、「一」なる思想において西欧と東洋を捉え直そうとしていった。

「未来の宗教哲学に就て」で宗悦は、西欧の文明思想が席巻する時代思潮を批判しながら、東洋のアイデンティティに係わる宗教哲学の研究において「東洋の宗教的経験」の「豊かさ」を主張していた。彼は宗教哲学というジャンルが他の学問と同様に西洋のものであり、東洋には存在しないものだったとしながら、しかし東洋においてこれを研究しようとするとき、ギリシャ哲学やキリスト教神学、そしてカントを祖とする批判哲学にのみ範をとるのは東洋人の立場としてはあまりにも「自己に執着のない態度」であると述べていた。東洋において宗教は「宗教であり乍ら同時に宗教哲学であった事」を忘れてはならないのであり、「支那の大乗仏教に於て、特に三輪とか天台とか華厳とかに於て、驚くべき広汎な且つ幽玄な思索が果されている」。彼は、時代のなかで西洋哲学の研究においては高い水準を示しながらも、一方で仏教や東洋思想については貧しい知識しか有さず、しかも東洋思想を卑下して見る日本の宗教哲学者を批判していた。

しかし柳宗悦は西欧の宗教哲学を否定したのではなく、「東洋の思索によって、却て西欧の思想の欠如を補い又は改造する」（前同）ことを念願していた。彼によれば東西の宗教思想の対比において顕著であるのは、「絶対」に関する思想だった。西欧では「人格的」な、親しい父（Father）としての神（God）をもって絶対とするのであるが、東洋では超人格的な神性（Godhead）をもって絶対性が観念される。そこに西欧において神は「実存」する「有」としての神となるが、「空」あるいは「無」をもって観相される東洋の絶対は、「如何なる有限の相をも持たない至上の当体」であった。東西の宗教思想を対比するなかで宗悦は、ヨハネの福音書を「真に注釈し得る者は却て東洋の人々ではないかといつも思う」として、「東西が宗教のうちに融和する事が人類の運命とその幸福とを保証する最も確かな道」であると述べていた。

柳宗悦の宗教哲学はネオプラトニズムと、これに連なるキリスト教神秘主義、そして仏教や東洋思想の回路で形成されていったが、宗悦はその宗教的無の思想をもって、「我あり」とする実存的な西欧思想を疑い、批判していった。否定神学において神は「賓辞Predicate を許さぬ主辞Subject」（「神の問題」『宗教の理解』）であることにおいて、真理は「我思う、故に我あり」としてではなく、「神思う、故に我あり」において観相されるものだった。彼は「聖貧」を讃えたアッシジのフランチェスコや、「無知の知」を説いたニコラス・クザーヌス、そしてまた「無知は欠如ではなく、無上な完全」としたエックハルトなどの西欧の神秘主義を東洋の無の思想に繋げるなかで、「余の存在とは神に想はれることによって支えらるゝ存在」（「存在の宗教的意味」『宗教の理解』）であると観念し、一切を神の本願である「愛と救済」に委ねることをもってその否定神学の最終相とした。

柳宗悦は一連の宗教論を『神に就て』（『全集』第三巻所収）で締めくくっていたが、そこで肯定神学から否定神学、そして遂に神秘神学へ入った自らの来し方を振りかえっていた。その最終相の神秘神学において宗悦は、神に関する思想を「私たちの立場から構成するのを止めて、神の立場に帰って神を見よう」と発意した。「神が神を見たらどうであらう。私が見る神と神が見る神とは違う筈だ。そうして前者より後者の方が一層本質的だ。神に帰って神から神を見なければならない。之が最も基礎的な理解を私に与える」として、「私を棄てると云う事は神に活きる」ことであると述べていた。つまり自我の放棄は人間存在を空しくするということではなく、そこの「空」を満たしていくのは神（仏）であることにおいて、人間はそこの「一」なるものとの合一によって無限の自由を得るということだった。

「我思う、故に」ではなく「神思う、故に」とする神秘神学の極相において宗悦はエックハルト、そして親鸞の宗教思想に一層深く踏み込んでいった。エックハルトは「神は彼の子を私のうちに産む」（『神に就て』第六信二）がゆえに「私の裡に私が在るというよりも、更に神が在る」としていたのであり、そのことによって「我ありと真に云ひ得るのは神のみ」（『神に就て』第六信一）であった。また親鸞は「悪をも恐るべからず、弥陀の本願をさまたぐるほどの悪なきが故に」と説いていたのであり、これをもって宗悦はいかなる「我思う」の言辞を尽くしても「神の愛を殺し切る程の刃」（「神の愛」『宗教の理解』）を有することはできないと観相した。

神は「自然を超越する事によって、よく自然に内在」（『神に就て』第五信三）するものであったが、そこに匿れ、また顕れているものとしてある神の存在は方法的懐疑や「我思う」ことによっては捉えることができないものだった。また神は「凡ての人類をあるがまゝの状態に於て、彼の救いの心に摂取する」（『神に就て』第七信三）ことを本願とするものだったが、その本願において「神は未だ嘗て救はるべき資格を人に要求した事はない」のであり、人はその「何処にゆくも神が私達を待っていてくれるその驚くべき事実」を前にして、ただ、「永遠の今」において働く「神自らの意志」に身をゆだねるほかに成すべきことはないのだった。宗悦は『神に就て』の最終章でルカの福音書第十五章の「蕩児の帰郷」を、親鸞の「善人なおもて往生を遂ぐ、況んや悪人に於てをや」とする悪人正機説に繫ぎながら、これをして「宗教書の中に金の文字で記さるべき言葉」であるとしていた。

「蕩児の帰郷」は「神から逃れようとする者はただ神の胸に近づくにすぎない」とするエックハルトの言葉を物語るものだった。宗悦はそこに宗教的「最後の心」をみていたが、放蕩の限りを尽くして悔い改め帰郷した息子が父親と再会する場面になるといつも涙ぐんだ。その聖書の一節を宗悦は、帰郷してくる息子との距離が「なお遠く隔たるに、父これを見て憐み、走りゆき、その頸を抱きて接吻せり」と書き写しながら、「なお遠く隔たるに……走りゆき」のところになると思わず涙に誘われると吐露していた。教えは父親の無償の愛のことだったが、宗悦はわが身を蕩児になぞらえて、そこに幼くして亡くした父への思慕を滲ませていた。顔さえ覚えないあまりも早かった父の死は、おそらくその愛の思想の原点だった。

柳宗悦は『神に就て』のやはり最終章で宗教的な「最後の心」はまた、あの善男善女の口から漏れる「有難い」、「もったいない」という声に示し出されているとしていた。宗悦の宗教哲学において死は終結ではなく「永久の出発」であったが、これをもってすれば善男善女の声に顕れた「最後の心」は、同時に宗教的な「はじめの心」であった。そしてその「はじめの心」の発声である「有難い」、「もったいない」のコトバは宗教的真理を帯びたものであることにおいてロゴスであった。ロゴスとはヨハネの福音書において宇宙の真理、世界の始まりの理を示す「はじめのコトバ」にほかならなかった。

ヨハネの福音書は第一章の冒頭において「はじめにロゴスありき」と述べながら、さらにロゴスは神とともにあり、ロゴスは神そのものであったと説いていた。そしてさらに十四節においてロゴスは肉体となって人間に宿るとされていた。「神は彼の子を私のうちに産む」としたエックハルトの真意はここにあったというべきであるが、キリスト教の一神教の根拠となった三位一体説においてロゴスはイエス・キリストを意味していた。しかし神について「考えるべき以上のことを考えて、キリスト教異端の烙印を押されたエックハルトは、「神も人間も一切の被造物もいまだ区別のない永遠なる神性の場にまで達する」（『エックハルト説教集』田島照久解説）と説いたのであり、柳宗悦もまたエックハルトに依りながら、その「一」なる思想のもとにイエス・キリストをも突破し、世界や宇宙の成り立ちの「はじめのコトバ」としてロゴスを捉えた。そして他力宗のロゴスにほかならない「有難い」、「もったいない」と発する善男善女の声において、宗悦は神の愛と救済の働きである「永遠の今」を直観し、そこに「人心の内底に深く輝く光」を観たのである。

柳宗悦は心身二元論に抗しながら肉体あっての精神ではなく、「肉体こそ精神に要求された肉体」（「存在の宗教的意味二」『宗教の理解』『全集』第二巻所収）であるという思想を掲げていた。プロティノスの流出説に由来する思想だったが、宗悦はこれをロゴスは肉体に宿るというヨハネの福音書のうちにも見出したのだった。そしてまたこれを東洋陶磁器という芸術的具象のうちに見出していくことになる。そのきっかけは朝鮮陶磁器に対する開眼だった。宗悦は大正十一年（一九二二）に出版した『宗教の理解』の序文の掉尾に「朝鮮に旅立つに際して」と記していたが、水尾比呂志の『評伝柳宗悦』の年表によれば我孫子時代の宗教哲学研究に並行して柳の陶磁器探訪の朝鮮行は、大正五年（一九一六）から『神に就て』を上梓した大正十二年（一九二三）にかけて七回を数えていた。その間、宗悦は東洋陶磁器の美の直観のうちに『陶磁器の美』や『朝鮮とその芸術』を刊行していた。そこで彼は往古の工人の身体的にして作為を超越した東洋陶磁器の美を語っていたが、その美は彼の直観において「一」なるものであり、前近代の器物生産のシステムに織り成された工人の肉体に宿った「空」や「無」としてのロゴスが表出したものにほかならなかった。

第三章　工芸美の発見

一　ライン・フォルム・色彩の美

柳宗悦が朝鮮李朝期の壺をはじめて手にしたのは高等学校の学生時代だったようだが、民藝運動の歴史ではこれより後の大正三年（一九一四）九月、我孫子に柳を訪ねた浅川伯教《のりたか》が手土産として持参した、李朝染付秋草文面取壺が柳宗悦と朝鮮陶磁器との最初の出会いだとされている。そのとき宗悦は芸術品としては意識することもなかった陶磁器を目の当たりにして、思いがけなくも驚くような美的暗示を受けたのだった。それまで宗悦はもっぱら後期印象派などの純粋美術（ファイン・アート）の領域において芸術をとらえていたのであり、工芸の領域などは美的、芸術的には全く視野の外だった。ウィリアム・ブレイクの芸術の評価においてもはじめ彼は、「生命の本然な衝動」（『ヰリアム・ブレーク』第二十二章）をもってするブレイクの「個性の自由な表現」は、セザンヌやゴッホなどの後期印象派の先駆けであるとして、これを純粋美術のカテゴリーでとらえていた。

だがしかしブレイクの芸術思想は、実在・神との合一を果そうとするロマン主義であって、その

「個性の自由な表現」の在りようは、実存的人間個性のイメージを中心に据える印象主義とは異なっていた。その点を踏まえて、あらためて柳宗悦の後期印象派の評価を見てみると、セザンヌは「野人」あるいは「純白なる人格」であったし、またゴッホは「偉大なる者に対する憧憬」をもって芸術的生命を持続させた芸術家であった。そこに宗悦はセザンヌやゴッホの芸術を、最大限にロマン主義的に解釈していた。しかし一方で彼は、同じく後期印象派に連なりながらも、点描法をもってするシーラの実験的な美術を否定していた。そうした自らのロマン主義的な感性を逸らすことなく宗悦は、つぎの展開で宗教哲学研究とパラレルな関係で成立する美の思想へと着地していった。

『ヰリアム・ブレーク』を脱稿して間もない大正三年（一九一四）十一月頃、宗悦はホリヤーなる人物の手配によってブレイクの彩飾版、写真版の複製品六十余枚を手に入れた。そのなかには詩集『無垢の歌』などの彩飾印刷・光華印刷が含まれていたが、複製ながら本物を髣髴させるその色彩に彼は「驚愕」する。そこで彼はあらためて、崇高なるものを讃える神秘家ブレイクの「神秘性と幽玄性と強大性」を認識した。そしてその美をもって宗悦は「新しい絵画の領域に誘引」されることになる。

彼から受けた精神的刺戟を別にしても、自分には様々な美の世界、真の世界が彼を通して現れてきた。微細なるものに対する自分の一々の驚愕は彼の精緻な精神によって表現された様々な装飾的図案を通じて自分に与へられた。枝に沿う線條、花葉の形態、又はその多様な旋律的運動は人間の無辺な情趣をさえ自分に暗示してきた。之は自分にとっては新しい歓喜になっている。茲の自然は自分の精細な愛の観察を招いている。自然に顕はれる腺（ライン）と形（フォーム）とには限りない愛の恋情がある。

（「我孫子から　通信一」『全集』第一巻所収）

ブレイクの装飾的図案の細部に魅了された宗悦の美の眼差しは、ウィリアム・モリスが唱えたレッサー・アートの領域、すなわち工芸的なるものの美に目覚めたことを物語っていたが、彼はこれに続けてより直截に工芸品から受けた美的暗示について述べていた。

それは磁器に現はされた形状美（Shape）だ。之は全く朝鮮の陶器から暗示を得た新しい驚愕だ。嘗めて何等の注意をも払わず且つ些細時と見做して寧ろ軽んじた陶器等の形状が、自分が自然を見る大きな端緒になろうとは思いだにしなかった。「事物の形状は無限だ」と云う一個の命題が明瞭に自分に意識された時此の単純な真理は自分にとって新しい神秘になった。その冷な土器に、人間の温み、高貴、荘厳を読み得ようとは昨日迄夢みだにしなかった。自分の知り得た範囲では此形状美に対する最も発達した感覚を持った民族は古朝鮮人だ。之に次ぐのは恐らく支那人だ。

（前同）

そこの「朝鮮の陶器」とは浅川伯教持参の面取壺のことであったことは明らかだった。その美を宗悦はブレイクの彩飾印刷に彩られた独特の装飾的図案を糸口にして発見していた。そしてその美が人間個性の自己表現の所産などではなく、固有の自然や風土、民族性といったものが醸し出す無名性の美であることに彼は気付いた。その「新しい美」の気付きにおいて宗悦は、大正三年（一九一四）の春に東京で開かれた博覧会の出品作を見るなかで、「最高の芸術的賞揚を受けるべきものは今の文明が産み得た美術品、工芸品ではない、かの台湾と南洋との土人が製作した布である。土器である。武器である」（前同）としていた。その上で彼は近代美学批判を内意させながら、「何故に哲学者は自然に現はれたラインの美、フォームの優をその思索的字句に表現し得ないのであろう」と述べていた。そして自分は画家に生まれてこなかったが、自然の神秘を体現するこの新しい美との出合いの喜びをもって、いつか自からの思想を書き出すと宣言した。

当時二十五歳にして未だ「淋しい記憶」に付き纏われながら「人の愛に飢」えていることに苦しんでいた宗悦だったが、新しく見出した美のいざないのうちに「愛の恋情」が満たされる世界に着地することを期した。以来大正末年までのおよそ十年間、宗悦は宗教哲学の研究と並行して、工芸的な事物のうちに見出される未踏の美の世界を渉猟して行った。浅川伯教持参の朝鮮の陶磁器に触発されたことを契機にし、また当の伯教に案内を請うた大正五年（一九一六）八月からおよそ二ヶ月間にわたる朝鮮・中国行がその第一歩だった。伯教、ならびにその弟である浅川巧とのその後の交友は、朝鮮芸術の探訪と研究、そして宗悦の次なる思想の展開である民藝論の構築の道筋において決定的なものがあった。

二　浅川兄弟

浅川伯教は宗悦より四歳年長で明治十七年（一八八四）年に山梨県の八ヶ岳南麓に位置する北巨摩郡甲村（現・北杜市）に生れた。山梨県師範学校を卒業し小学校に勤めたが、大正二年（一九一三）五月に一家をあげて朝鮮に渡り、京城府（現・ソウル）の小学校教員となった。伯教は雑誌『白樺』の愛読者でロダンに心酔し、彫刻家に憧れていた。そのことが大正三年の柳宗悦訪問の契機となっていたのだったが、一方で伯教は朝鮮の芸術にも深い関心を示していた。伯教の弟巧の生涯を辿った『朝鮮の土となった日本人』（草風館）を著した高橋宗司によれば、伯教が朝鮮に関心を持つきっかけをつくったのは、弟巧と同級で後に宗悦の木喰仏発見に立ち会うことになる小宮山清三だったようである。小宮山は仕事で朝鮮に滞在したことがあって、その折に沢山の朝鮮の陶磁器を蒐集して持ち帰っていた。これを見て伯教は朝鮮の事情と陶磁器に興味を持った。

伯教は朝鮮に渡ると昌慶苑にある李王家博物館に足繁く通った。そしてそこで高麗の青磁に魅せられた。しかしこの手のものは高価で手が届かなかったなかで一日、伯教は偶々通りかかった京城の古道具屋の電灯の灯りに白く浮かび上がった円い壺を見つけた。その穏やかに膨らんだ形に伯教は見入ってしまったのだったが、価格をみると高麗青磁とは比較にならないほど安価で、これを手に入れた。高橋宗司はこのエピソードをもって、「伯教と李朝白磁、ひいては、近代の日本人と李朝白磁との最初の出会い」だったとしていた。

伯教は大正八年（一九一九）三月、日本の植民地支配に抗議する三・一独立運動が勃発した翌月に突然教職を捨て帰国し、彫刻家新海竹太郎の内弟子となった。しかし三年後に彫刻家としての道を断念した伯教は再び朝鮮に渡り、朝鮮陶磁器の調査研究を本格的に開始した。三島神社の暦の模様に似ていることから〝三島手〟と称される朝鮮陶磁が、高麗時代のものではなく李朝期の作であることを明らかにしたのは伯教だった。日本と朝鮮の古陶磁器の比較調査研究や、また朝鮮全土を網羅した窯跡調査は、昭和二十二年（一九四七）十一月に伯教が日本に引き上げるまでに七百箇所を超えたが、その膨大なフィールド・ワークは東洋陶磁史に残るものとなった。これをもって伯教は〝朝鮮古陶磁の神様〟と言われたが、後でみる朝鮮民族美術館の収蔵品の蒐集においても伯教は、研究成果と審美眼をもって弟巧とともに柳宗悦に協力し、また遂にはその後始末まですることになる。

一方浅川巧は兄伯教より六歳、宗悦より二歳下の明治二十四年（一八九一）一月生まれであった。小尾家から浅川家に養子として入っていた父如作は巧が生まれる前に三十一歳の若さで病死していて、父方の祖父小尾伝右衛門（俳号＝四友）ときく夫妻に慈しまれながら育った。伯教によれば、四友は旧幕時代には郡中総代という役を務めたが、明治になっても村のまとめ役として村事から結婚の仲介、夫婦喧嘩の仲裁、あげくは若い男女の駆け落ちの後始末まで引き受けて村人の信望をあつめた。四友は勤勉であったが暇さえあれば読書し、俳句や連歌を能くした。後年、そうした祖父の数々の思い出話に花を咲かせるなかで、伯教と巧は決まって「よいお爺さんだったなあ」と遺徳を讃えて話を結んだという。

巧は昭和三年（一九二八）に「朝鮮の膳」（『朝鮮民芸論集』）を著し、これを亡き祖父四友に捧げた。そこで巧は、「生れし時すでに、父の亡かりし私は、あなたの慈愛と感化とを多分に受けしことを思う。清貧に安んじ、働くことを悦び、郷党を導くに温情を以てし、村事に当たって公平無私なりしその生涯は追慕するだに嬉し」と献辞した。伯教と巧は祖父の気質や芸術的な資質をよく受け継いだが、伯教によれば四友と性格的にもっともよく似たのが巧だった。

算数と作文がよく出来たうえに、なにより自然が大好きだった巧は山梨県立農林学校に進学した。卒業すると秋田県の大館営林署に勤めたが二十三歳のときに退職し、兄伯教が宗悦を初訪問した同じ年の大正三年（一九一四）五月に朝鮮に渡った。同年七月、巧は朝鮮総督府農商工務部山林課の林業試験所の雇員として採用された。雇員とは日本の官僚機構では最下級から二番目の職階だったが、試験所は前年の大正二年に嘱託一名、雇員二名の陣容で開設されたばかりで、巧は雇員でありながら仕事のうえでは内地では考えられないほどの自由な裁量を与えられたという。そこで巧は造林工事や植林、養苗などの仕事において実績を残していくことになる。役所内では高学歴を鼻にかけ、しかも学校教育で得た机上の理論を第一にして現地の実情を見ない上司や同僚に不満を抱いたが、自らはあくまでも現地固有の自然に学ぶという林学者としての姿勢を貫いた。そうした巧の仕事ぶりにおいて、林業試験所の仕事を実質的に担っていたのは技師達ではなく、判任官の技手（採用六年後に雇員の上の技手に昇進）にすぎない巧であったことを、宗悦は試験所の職員からたびたび聞いたという。

林業家、林学研究者としての巧は「卓上技師」とは正反対の姿勢で現地の自然と向き合うなかで、「美しい自然を見てそのうちに融け込んだ時我が心は美に満たされて喜びは湧くのである。この悦びのないものは宗教家でも芸術家でも詩人でもない」（大正十一年五月十四日記『浅川巧　日記と書簡』）と日記に記していた。そして幼植物の標本を整理し写生をするなかで巧は、「見れば見る程自然の深い計画に感心」（前同八月十一日記）するのだった。目の前の自然の実際を注視し、現地固有の自然形態の「深い計画」に学ぶという林学家としての巧の姿勢は説得力に富むものだったが、その自然科学者としての巧は信仰の人でもあった。

教会の宣教師とは距離を置きながらも、巧は兄の伯教と同じくしてメソジストに席を置いたクリスチャンだった。「山林は自然法に帰せ、それより道はないのだ」（「浅川のこと」柳宗悦『全集』第六巻所収）という巧の持論は、「神のものは神に返せ」という聖書の句の真実に則ったものであり、宗悦は一日、巧とそんな話を交わすなかで科学も宗教も工芸も道は一つであることを納得し合ったという。そしてまた朝鮮人や朝鮮社会との向き合い方においても巧はなにものかに囚われることを嫌い、自らの感性に照らして真っすぐだった。

巧の日記には朝鮮の女たちがよく登場するが、そこで巧は、女たちの「随分下品な不徳」な所業や虚言癖に腹を立てたり呆れたりするのだが、結局はそのあるがままの姿において彼女たちを受けとめ、またその境涯に寄り添おうとするのである。数々の交友のことは割愛するほかないが、次の日記はその一端をよく示していた。巧は大正十年（一九二一）九月に妻を亡くして不如意であったなかで、身の回りの世話を朝鮮青年に託していた。その縁のなかの出来事だったが、翌大正十一年の二月中旬の夜のこと、その青年の母親と三人の妹が巧宅を訪れて繕いものをしてくれた。その場面で巧は、オンドルで暖をとりながら灯火に頭を集めて静かに針を運ばせている女たちを、「俺の家族の様の気がする。平和だ。温かい家庭の他何も知らない朝鮮の娘等マルタ、マリアよ」としながら、「また朝鮮を救う力は御身達」にあるような気がすると記していた。

朝鮮人や朝鮮社会との垣根を低くした交情を綴る一方で巧は、朝鮮社会の風土や伝統を全く無視して支配者の宗教の「崇敬を強制するような神社」である朝鮮神宮や、朝鮮王朝ゆかりの景福宮の敷地内に建てられつつあった総督府新庁舎の、「馬鹿らしくて腹の立つ」所業を日本人の恥さらしであるとして非難していた。また日本の植民地政策と一体になった王子製紙の資本主義的な開発施策によって朝鮮の森林が裸にされることを憂慮していた。大正十二年の関東大震災直後に「不逞鮮人の放火掠奪」の報が流れた時には、そこに日本人の朝鮮人に対する差別意識が潜んでいることを鋭く見抜き、巧は確信を持って朝鮮人を擁護した。しかしその一方で、自らが日本植民地下の朝鮮に住み続けることに悩み、幾度か日本に帰る事を考えた。さりながら市井に生きる朝鮮人や、またその民族の心を写して魅了して止まない朝鮮芸術とは離れ難く、巧はその芸術を手掛かりにして、「何時か何かの御用に立つ」ことを念じながら朝鮮に住み続けた。

巧は朝鮮に渡るとすぐにキリスト教の宣教師に倣い朝鮮語を学びはじめた。その国を知るのには何より言葉の習得が一番の近道という理由からだったが、朝鮮語が上手くなると巧は朝鮮服（パヂ・チョゴリ）を着てよく街に出かけた。朝鮮の社会を深く知りたいという動機からだったことは疑いないが、しかしこれによって巧は官憲や日本人からよく朝鮮人に間違えられて朝鮮人差別の実態を肌身で知ることになる。というより巧はむしろ朝鮮人差別の実態を知らんがために朝鮮服を身にまとったようなところがあった。巧は朝鮮人と見間違いされるなかで屈辱的な扱いを受けることがあったが、そんなとき巧は黙って突っ立って、自らが日本人であることを決して名乗らなかったという。そして植民地下における朝鮮人に対する日本人のあり方を贖罪するかのようにして、巧は少ない収入の大半を貧しい朝鮮人のために費やした。

　朝鮮の若者の就学を支援する奨学金拠出や、行商の陶器や野菜を買い取る際に巧は値切るどころか逆に売り値よりも高く買い上げて、朝鮮人を驚かしたといったエピソードを柳宗悦は伝えている。そうした巧の行為の背景にはクリスチャンとしての巧の姿があるようにも見える。しかしクリスチャンではあったが巧は教会との縁は薄くしていて、宗悦に教会の「その空気に飽き足りない」ものがあることを度々話していた。巧は日記にも聖書の理解と解釈をめぐる腑に落ちない気持ちを書き付けていた。あるとき巧は教会でルカの福音書の「善きサマリア人のたとえ話」を引いて隣人愛や人道主義を説くアメリカ人の説教を聞くことがあったが、巧はその押し付けがましく、「いやに亜米利加式の処」に不快な感じを受けるのである。無償の行為そのものを尊ぶことにおいて巧は人後に落ちるものではなかったが、だがその依ってくるところはキリスト教に帰依する以前の、祖父四友の「公平無私」という「徳」に多く由来するものであったことは明らかだった。

　宗悦は享年四十歳にして風邪をこじらせ肺炎で急逝した巧を追悼するなかで、巧は隔てなく人と接し、またなんら気負う事もなくいつでも自分を棄てることが出来る人であり、その人間としての輝きから湧き出た不思議な力は、「荘厳なものにさえ変えた」（「浅川のこと」前同）と悼んでいた。

そして「徳」の存在としての巧はいつも自分を清め励ますものであったと回想していた。まさに巧は前近代的空間で咲いた祖父譲りの「公平無私」を体現し、柳宗悦の言葉でいえば「権利の世界」ではなく「権威の世界」において人間存在を荘厳するような人物だったということができるのである。

巧はその存在をして柳宗悦の宗教哲学とクロスしていったのであり、またそうした人生の貫きに於いて巧は自らが生きた国民国家形成期の時代を嫌悪し、これを思想的に対象化していった。その現れが、失われつつあった伝統社会を惜しみつつ著した、『朝鮮の膳』であり、『朝鮮陶磁名考』であった。それはあとでみるとして、昭和六年（一九三一）四月二日、巧が急逝すると近隣の朝鮮住民は群れをなして弔問に訪れた。住んだ清凉里から里門里の墓地まで運ばれた棺は担ぎ手が多く、望んだすべての人に応じきれないほどだった。宗悦もまた先の「巧のこと」に、身内の幾人かを失くし、多くの知友とも別れたが、巧の死ほど心に堪えたことはなかったと記していた。兼子によれば巧の没後、宗悦は手元にあった巧の写真を机の上に飾って離さなかったという。しかしその写真は戦後朝鮮から丸裸で引き揚げてきた巧の娘の園絵に、父の形見として譲られることになる。

三　民族固有の美

浅川巧がはじめて兄伯教とともに我孫子に柳宗悦を訪ねたのは大正四年（一九一五）の十二月だったようであるが、宗悦は先にみたように伯教の案内で翌五年八月から九月にかけて朝鮮そして中国を旅行していた。はじめは慶州の地から朝鮮芸術を探訪したが、そこで宗悦は慶州佛国寺の遺宝や石佛寺石窟庵の石彫に心を奪われた。そしてさらに京城在住の巧を訪れるなかで、巧が蒐集していた数多くの工芸品に魅了された。宗悦は稀代の工芸品の蒐集家だったが、ここでも浅川兄弟の案内で道具屋を廻り、数多くの工芸品を買い集めては日本に持ち帰った。そしてそこで見たり蒐集したりした工芸品のなかに彼は、朝鮮民族の「不滅の力」、「不朽の美」（「朝鮮とその芸術」『全集』第六巻所収）を見出していた。

朝鮮滞在を経て宗悦は、前年七月に東京から北京に渡っていたリーチを訪ねた。そしてこの地でも朝鮮とは異なる「支那」の民族の美をつぶさに観察し、リーチと共に当地の陶磁器を蒐集した。それらの蒐集品において中国の国民性を味わい得たとしながら宗悦は、「幾多の新しい刺激と暗示とは吾々の思想をよぎった。特に唐宗の美の温かさは共に彼にも私にも新しい世界の表示であった。吾々が買い求めた宗窯は実に吾々の思索の泉となった」（「私の知れるリーチ」『全集』第十四巻所収）と感慨していた。その時の朝鮮・中国旅行で蒐集した作品は、大正十年（一九二一）の『陶磁器の美』(『全集』第十二巻所収)の挿絵を彩ることになる。

『陶磁器の美』は陶磁器に関する宗悦のはじめての論稿であった。その論稿において彼は「民族の心情や、時代の文化や、自然の背景や又人間其のものと美に対する関係」を陶磁器によって「味わうことが出来る」として、朝鮮や「支那」の固有の美について論じていた。そこでまず陶磁器の美は「愛の性質」を有する「親しさ」の美であるとしながら、愛は「機械的作法」を越えた「自由な人の手や足を」求めることで「自然な美」を現わすと述べていた。「愛」をもって見つめられる陶磁器は、民族固有のかたちをとって現れるもので、器の形や素材、色と線、模様や技法などはそれぞれに民族的な特徴を示すものであった。

そしてその民族固有の美が「永遠たり得るのは自然の力に守護されている」からであった。自然は気候風土のような条件に規定される自然、そしてまたそこに織り成されて生きている人間の肉体的、身体的な面に現れる自然性、その双方の自然の局面のなかで自ずと生まれた陶磁器においてこそ民族の美が現れるのであった。そのような「自然の力のまゝに活」き、「我を自然に捧げる刹那が、自然が我に降る刹那」になるのである。陶工にとって自然の調和を破った「技巧の超過」は器から生気を奪うのであり、「作為を超えて、自然に即する時が、美の現はれる瞬間」であった。「自然に和」し「無我の境に入り得ぬ者は、優れた陶工となることは出来ぬ」と彼は断言していた。

さて以上のような美の条件を開陳したうえで宗悦は、「私はわけても宋窯が好きだ」と述べていた。宗悦において宋窯の陶磁器は、「無限の美」を示す「美の経典」であった。つまり宋窯は「一」なる美を示しているものだった。彼は宋窯を技術的、技法的に観察するなかで、宋窯は磁器の性質と陶器の性質が対峙することなく交わった陶磁器であり、そこには「二にして不二」であるところの一元の美が見出されると述べていた。窯の焼成温度においても宋窯は、「焼き尽くさず焼き残らぬ不二の境に、其の器は美を委ねて」いて、「陶磁器に要する熱度の中庸」を示していると科学的に観察される。そしてそれは唐宋時代の「中観」や「円融」、「相即」といった「究竟な仏教思想」の現れであり、「器にも信仰の現れがあり、哲理の深さ」があると観照されたのである。科学と宗教哲学とが交わることを彼は思想の課題にしていたが、宋窯においてそこの解決を見出していた。

宋窯の時代を宗悦は「東洋の黄金時代」とするなかで、そこに見られる陶磁器を「一」なるものと定位した。しかしその「一」なるものの相は、それぞれに在る民族固有の美においても見詰められるものであって、そこに優劣があるものではなかった。宗悦はこのあとの民藝論においてそのことを繰り返し述べていくことになる。だがしかし、朝鮮における民族固有の美をめぐっては曲折があった。それは美の問題とは一見関係のない、日本植民地下朝鮮の独立運動に対する総督府の弾圧が影を落としていた。発端は大正八年（一九一九）の三・一運動であったが、運動の経緯はあらましつぎのようであった。

李氏第二十六代の国王にして大韓帝国初代の皇帝だった高宗の死を不審視することに端を発していた運動は、はじめ天道教やキリスト教、仏教などの宗教指導者、そして内外で工作していた学生らによって計画されたものだった。三十三名の代表者をもって独立宣言書を起草し、一九一九年三月三日の高宗の葬儀に合せて行動する計画だった。計画とは三月一日に京城のパゴタ公園（現・タプコル公園）を会場にしてこれを読み上げるというものだった。宣言書は非暴力を掲げた穏健なもので、大量に印刷され、天道教やキリスト教などの教会ルートを通じて全国に配布された。しかし指導者たちは当日群集が暴徒化し、それを口実にして朝鮮総督府が弾圧行動に出ることを恐れ、直前になって場所を変え、そこで宣言書を読み上げるとすぐに自首した。一方パゴタ公園に立錐の余地もなく集まっていた学生達は、現われなかった指導者たちに代わって独立宣言書を読み上げた。そしてそこで朝鮮独立万歳が高唱されると、はじめから大衆的な示威運動を計画していた数千人規模の学生達は、一斉にこれに呼応し独立万歳を叫びながら公園の内外をデモ行進した。すると見守っていた群衆もこれに加わりデモ隊は一挙に数万人の規模にまで膨らんだ。そして独立万歳運動とも、万歳事件ともいわれる運動はついには朝鮮半島全体にまで拡大し、およそ三ヶ月間にわたって示威行動が繰り広げられることになったのである。

朝鮮総督府は憲兵や巡査に加えて軍隊をも投入して治安維持に当たったが、次第に運動が拡大するなかで、さらに治安部隊を増強して運動の終息を急いだ。しかしそのことはまた運動弾圧の強化を意味していたのであって、水原郡の提巌里という村では日本軍の中尉が率いる一隊が村民を欺き、キリスト教徒および天道教徒の主だった者三十余人を礼拝堂に集め監禁しこれに石油をかけて火を放った。中に若い母親がいて窓から幼児を差し出しこの児だけはと命乞いをしたが、兵隊は構わず母親はおろか子供まで銃剣で刺し殺した。そして中から逃れ出てきた者には機関銃で容赦ない銃撃を加えた。残虐非道の弾圧はこれに止まるものではなかったが独立運動の犠牲者についてはいろいろな数字があるなかで、当時の朝鮮の研究者は参加者二百三万人のうち死者は七五〇九人と数えていた。日本側の死者は官憲の八名のみだったという報告がある。犠牲者の数字の多寡を数えるのみで事件の本質に向き合わない傾向は今に変わらないが、ちなみに朝鮮総督府の報告書では参加者百六万人、死者五百六十一人となっているそうである。

柳宗悦が三・一独立運動勃発と総督府による弾圧をいかなる経緯で知ったかは詳らかではないが、浅川兄弟によってもたらされたものがあったことは確かであろう。その報に接するに及んで宗悦が断腸の思いで筆を執ったのが、大正八年五月に読売新聞に寄せた「朝鮮人を想う」だった。その一文で宗悦は「軍政や圧迫」が人と人を結ぶことはないとしながら、「他国を理解する最も深い道は、科学や政治上の知識ではなく、宗教や芸術的な内面の理解」であると説いていた。そこにラフカディオ・ハーンの名を挙げながら彼は、朝鮮に住み、朝鮮を語る日本人にはまだハーンのような姿はなく、「朝鮮に対する愛の仕事を果たした人は一人もない」と断じていた。それどころか日本植民地下における吾々の軍隊は朝鮮をして「永遠の独立を彼等に不可能ならしめる固定した方法」をとっていると批判した。そして彼は「道徳の域にすら達」していない「吾々の態度」は「意識すべき恥辱」であって、「反抗する彼等よりも一層愚かなのは圧迫する吾々である」と述べていた。しかしながら宗悦において、「血の流を見るが如き暴行を人は如何なる場合」もしてはならないのであり、「刃の力は決して賢い力を生まぬ」のだった。宗悦は若いときにはトルストイを愛読し、後年にいたってはガンジーを思慕したが、その反戦思想と非暴力主義は生涯一貫していた。

大正九年（一九二〇）四月に『改造』に寄稿した「朝鮮の友に贈る書」、そして同じく同年九月の『改造』に寄せた「彼の朝鮮行」においても、宗悦は重ねて「道徳の域にすら達していない」総督府による弾圧、そしてそこにおける自らの「断腸の想い」を書き連ねていた。そしてその上で宗悦は「国家は短く芸術は長い」のであり、「芸術的理解のみが人の心を内より味わい、味わわれたものに無限の愛を起こす」と記していた。そしてその芸術的な面から見て朝鮮芸術は「線の美」に特徴があると見ていたのだった。

余は朝鮮の芸術―特にその要素とも見られる線（Line）の美は実に彼等が愛に飢えるシンボルであると思うのである。美しく長く長く引く朝鮮の線は、実に連々として訴へる心そのものである。彼等の恨みも、彼等の祈りも彼等の求めも、彼等の涙も、其線をつたって流れるように感じられる。一仏像を想い浮べても、又一陶器を擇んでも、吾々は此朝鮮の線に触れない場合はない。涙にあふれる諸々訴えが此線に託されている。彼等はその寂しい心持と、何ものかに憬がれる苦みの情とを～中略～それ等の長くたわやかな線に含めたのである。～中略～彼等は美しさに寂しみを語り、寂しみに美しさをもとめたのである。

（「朝鮮人を想う」『全集』第六巻所収）

線の美をもってする朝鮮芸術はともかくも、それが「愛に飢えるシンボル」とされていたのはいささか面妖であった。しかし朝鮮の芸術を見るにおいて宗悦は、「暗黒な悲惨な時としては恐怖に充ちた」朝鮮史をそこに投影させていた。朝鮮の歴史は盛大だった新羅の時代を例外として、「粗暴な北方大陸の漢民族」や「朝鮮征伐」、「倭寇の行」などに苦しみ、「彼等は抑えられ抑えられて、三千年の月日を送った」のだった。そこに宗悦は、「虐げられ、いじめられた身には何よりも人情がほしいのである。愛がほしいのである」とするなかで「愛」に飢えたる線の美をもって朝鮮の芸術を語っていた。

線の美をもってする朝鮮芸術観は、朝鮮民族に対する励ましや謝罪、友好を訴えた翌年四月の「朝鮮の友に贈る書」、同じく十月の「彼の朝鮮行」などでも繰り返されていた。「朝鮮人を想う」や「朝鮮の友に贈る書」は三・一独立運動の翌年に『東亜日報』によって翻訳掲載されたが、「朝鮮の友に贈る書」は連載なかばにして掲載禁止になった。しかし宗悦の朝鮮美術に対する思いは止みがたく、大正十一年（一九二二）の『朝鮮の美術』で総合的な朝鮮芸術論を試みていた。その論稿で彼は、形の美の「支那」、色彩の美の日本、そして「曲線の美」の朝鮮という三様の民族固有の美を示していた。そして朝鮮の「曲線の美」は、苦難の歴史を偲ばせる「涙に充ちる線」であり、これを「哀傷の美」、「悲哀の美」の顕れであるとしていた。そして加えて「色彩の欠乏」を特徴とする朝鮮の色の深層は、男女の別なく年齢を問わず一様に着用されている白衣に表われているとみていた。白衣とは喪服の謂であり、朝鮮の民はその「淋しい慎み深い心」をもって「永遠に喪に服している」とみられるものだった。

宗悦はほとんど自身のメンタリティーに偏したかにみえる朝鮮芸術の美を語っていたが、そうした朝鮮芸術観をもってする彼の訴えに対して、当時の朝鮮の人々の反応は悪くはなかったようである。しかし時代は移り、一九七四年になって「朝鮮人を想う」他の、宗悦の朝鮮芸術の論稿をまとめた『朝鮮とその芸術』が当地で翻訳出版されると、反論や批判が起った。

「悲哀の美」や「喪の色」をめぐっては一九六八年になされた在日の作家金達寿の批判がよく知られているが、韓国内では詩人の崔夏林などによって一九七〇年代に集中して柳宗悦批判がなされた。それらが韓国における日本帝国主義の影響の克服という、ナショナルアイデンティティーを背景にしたものであったことは時代的に当然のことであったと言えよう。ちなみに『柳宗悦全集』の第六巻の付録月報に寄稿していた久保覚によれば、韓国内ではじめて柳宗悦の朝鮮の芸術論を批判したのは金芝河であったらしい。金芝河は「韓国の多くの学者と芸術家はいまだにこの日本人の説」である「線の美」を絶対視しているが、李朝俗画や高句麗壁画、仏画などのほか、韓国のパンソリ、仮面劇、農楽器、古典民謡などにおいては、「線や連続性よりは、それを遮断してむしろ要素の間の葛藤を高めることによって、悲哀よりは躍動を、内面化よりは抵抗と克服を鼓吹する活力ある男性美の特質が支配的」であるとして柳を批判した。

しかし同じ月報に考古学者の李進熙（リジンヒ）が書いているように、柳宗悦は「悲哀の美」という朝鮮芸術の認識を生涯にわたって説き続けたわけではなかった。彼は問題の「悲哀の美」を示した『朝鮮の美術』のなかでも同じ見方を示していたが、その後、朝鮮芸術を高麗と李朝に分離して考えていくなかで、新たな朝鮮工芸の特質、つまりその「民藝」的な要素を発見していった。その点について彼はすでに「悲哀の美」の時代に、「美しく柔らかな高麗の器」と「強く大きな李朝の磁器」（「彼の朝鮮行」）という対比を示していた。さらに大正十一年には「高麗の作に女性の美があるならば、李朝の作には男性の美」（「李朝陶磁器の特質」）があるとはっきりと指摘していた。そして昭和七年（一九三二）の『工藝』第十三号では同じく李朝の陶磁器を男性的であると追認しながら、「あれ程に曲線を愛した民族が、こゝで端厳な直線の美に触れる」と述べ、朝鮮陶磁器の認識を一層はっきりさせていたのである。以来、李朝の器物にみられる実用性、用途性、健康の美のことが強調されるようになっていく。

これをもってみれば、少なくとも柳宗悦の朝鮮美術における「哀愁の美」は金達寿や金芝河の批判以前に自らの眼力で克服されていたと見ることが出来るのである。そしてなによりもそのような克服がなかったならば、そもそも「民藝」の発見やその後の仏教美学の構想もあり得なかった。そしてまた次に見るように彼の朝鮮芸術の認識の変容の場面では、「一」なるものと「下手物」なるものが回路するという、民藝論にとって肝心のことがなされていたのだった。

後でみることになるが柳宗悦の民藝論は、直截的には日本の江戸期の工芸品の発見に端を発していた。しかしそれは「朝鮮の影響を受けたる日本の陶器」（「序」『朝鮮李朝陶器』未刊、昭和三年、『全集』第六巻）を発見するという、彼の念願から発起されたものであったことを見逃してはならないだろう。昭和三年（一九二八）のこの短い「序」のなかで彼はさらに、日本の大茶人達によって高麗期の作が「讃えられた」にもかかわらず、「李朝の窯芸は今日迄歴史家からも観賞家からも」等閑に付されてきたという認識を述べていた。宋悦は室町時代に禅精神をもって茶道を確立した村田珠光や、千利休の師である武野紹鴎を偲んでいたが、李朝の作品の新たな認識をもって日本の大茶人の遺風を今に正しく継承する者としての抱負を懐いていた。

朝鮮の白衣をもって「喪服」とする見方は昭和十七年の論稿（「『高麗』と『李朝』」『全集』第六巻所収）でも見られるが、一方でそこで「こんなにも温かい白磁は他には見かけない」とも述べている。昭和二十九年（一九五四）の「朝鮮茶碗」に至ってはすでに白色についてのこだわりはない。ただ、李朝陶磁器の「無量の美しさ」と「自然の加護」の色のことがいわれるばかりであった。そしてその白色にあらわれる「寂」もまた、ただ淋しいという意味においてではなく「何ものにも執着しない心」を指すものとされていた。「悲哀の美」から三十五年を経た柳宗悦の朝鮮美術観の変わりようであった。

柳宗悦の朝鮮行は大正五年（一九一六）から昭和十二年（一九三七）までに延べ十八回に及ぶようだが、そのなかで「材料の蒐集と、窯跡の調査と、そうしてそれが有つ工藝美への考察」が繰り返された。その憑かれたような朝鮮探訪のなかで宗悦はいっそう審美の目を確かなものにしていった。それは彼の美の直観の在りように推移があったことを示していた。線の美をもってする高麗から李朝へと関心を移すなかで、宗悦が見出した李朝陶磁器の最大の特徴は、美の「単純化への復帰」という「芸術史上の異例」であった。宗悦において「偉大な芸術」は一貫して「自然への帰依」を具象するものでなければならなかったが、その芸術の真理は李朝陶磁器に見出されるものだった。

不思議だが、李朝の方が時間的には高麗の後に来るものであり乍ら、品物の上から見ると、寧ろ高麗より格が古くさく感じる。そこには末期的なものがなく、もう一度凡てが自然に戻った如き感を受ける。もっと純な、もっと自然な、率直なものに帰った仕事である。

（『「高麗」と「李朝」』『全集』第六巻所収）

柳宗悦はすでに大正十一年（一九二二）の「陶磁器の美」（全集第十二巻所収）においても、史家は李朝期には認め得る芸術はないように云うが、しかし陶磁器においてはそうではないと記したうえで、一般的に陶磁器は「時代の下降と共に技巧は精緻に赴き、模様は複雑の度を重ね、従って美は其の生気を失ってくる」のであるが、李朝期の作品は例外で、「形は一層雄大になり、模様は更に単純化され、手法は実に無心になり、而も新しい美の表現に於て驚くべき効果を納めた」と述べていた。宗悦はその李朝の美の世界をもって東洋の復興を願ったのだったが、それは李朝の品物が朝鮮の社会でなお生き続けていることが実感されたなかでの発意であった。朝鮮社会の最下層で生きている工人たちは、前近代の心性をそのままにして存在していた。宗悦はある日の朝鮮の木工職人との「公案」のことを次のように記していた。

挽物は割れが入るのが禁物である。だから十分に涸らすのが常識である。傷が出れば買物にならぬ。だが雲峰（地名、著者注）に来ると、こんな常識は役に立たぬ。おかまいなしに生木を挽いてゆく。～中略～だが割れをどうするのだろうか。私は怪しみ乍ら一問をかけた。「生木のまゝで仕上げたら、乾くにつれて割が入りはしないか」。挽き手は～中略～怪訝な面持ちで云う、「割れていけないか」。～中略～私は顔の赤らむのを覚えた。併し更に一問を加へた、「割れたら使へないではないか」。彼は平気でこう答えた。「割れたら直せばよい」。この問答は全く私に勝ちみはなかった。

（「美の公案」全集第十八巻所収）

そして彼は「その直し方がすばらしい」と嬉しがっていたが、日本統治下の朝鮮において発見された工芸品と工人の、前近代的な心性が宗悦を強くとらえていたのだった。日本の朝鮮統治政策は朝鮮半島の近代化に貢献したとする主張が現在でもあるが、宗悦にとってはそうした近代化策こそが「憎むべき罪悪」であった。大正十一年に『白樺』に発表した「李朝窯漫録」(『全集』第六巻所収)のなかで彼は、狡猾な日本の商人によって輸入される粗悪な品が日本統治下の朝鮮の「店店の大部分を占めているのを目撃する時」に、「抑へ得ない腹立たしさ」を覚えると記していた。宗悦にとって「近代工藝のみじめな堕落」は近代における「人間の貪欲な功利心の結果」であった。

さらに宗悦にとって、日本統治下の朝鮮において「遺憾に堪へぬ事」は、今日の朝鮮で日常使われている「白の茶碗」は、「もう朝鮮のものでは」なく「醜い日本のもの」であるにもかかわらず、そのことを朝鮮の人が決して気にしないということだった。「朝鮮のものは朝鮮人によって最もよく理解せられ又製作せらるべきもの」であって、このことは「宇宙の原則」であった。大正十一年の時点で「民藝」という言葉はまだ生まれていなかったが、その思想の一端はすでにここに胚胎していたということができる。

ともあれ数十年にわたる朝鮮工芸探訪で宗悦が見出した美は、「美醜が分別される相対の世界には係りなく、そんな分別の未だ起こらぬ先に、仕事をして了う」(「朝鮮の品々」『全集』第六巻所収)無謬の境地を映していると観照されるものだった。昭和二九年(一九四九)に書かれたその一文で彼は加えて、朝鮮の品々は何もかもが救われた品として作られ、「どれもこれも浄土相を示している」と述べていた。当時の宗悦は、日本の民藝は土着的な信仰心と芸術的美を一如にさせていると観ていたが、朝鮮工芸にも同じ質の美が宿っていることをそこに記していた。

四　朝鮮の友へ

一九六〇年代後半から七十年代にかけて韓国の言論人の間で起こった柳宗悦批判とは別に、一九八〇年代の『柳宗悦全集』刊行以降に国内でなされた民藝論批判があるので少し触れておきたい。見てきたように宗悦は二元的一元論から出発した「一」なる思想を根本においていたが、これを看過、あるいは無視して二項図式のうちに据え、そこに宗悦の思想における人間不在を指摘する立場がある。いわく、柳宗悦は朝鮮や沖縄の芸術を愛したが、しかしそれは単にモノに対する偏愛にすぎず、朝鮮や沖縄の民衆に対する理解や配慮があったわけではなかった。出川直樹においては、(人間不在にして)「民衆も社会も秀れた器物のためにあるかのよう」(『民芸』にしている民藝論は、「物品崇拝の匂い」(前同)さえあるのだった。さらに、『柳宗悦と民藝運動』(熊倉功夫・吉田憲司共編)の論文執筆者の一人である濱田琢司は、戦前期の日本人のなかで柳宗悦は例外的に朝鮮を愛したが、しかしその言説には朝鮮の民芸というモノへの愛情が含まれているのみで、日本支配下の朝鮮の人々の現状への配慮には全く欠けていたとする柄谷行人の論文を引きながら、これに同調していた。

人間不在をもってする柳宗悦論のオンパレードであった。そこに柳宗悦の宗教哲学や芸術思想、並びに三・一独立運動を契機にした一連のテキストの読み込みがあったのか疑問であるが、そうした批判はつまるところ、柳宗悦は人間を中心にした近代的世界観を欠落させているというものであった。なかには大正デモクラシーの時代に生きた宗悦が、民主主義の理念を理解していなかったことを訝るような見方さえされていた。敗戦後の進歩的知識人における近代主義の絶対視というものであった。しかし彼はそうした近代主義の超克をこそ試みていたのであって、そこで理知主義に偏する人間中心主義を否定し、人間の生命活動を「統体」＝「統一的有機体」（「生命の問題」）として捉えようとした。それゆえの無対辞の思想であり、「一」なる思想であった。したがって初めにも触れておいたように、その思想において、人と神、人とモノ、そして肉体と精神といった二元の判断はないのであり、人間の生命活動を二元に偏して捉える事こそが宗悦にとって人間不在の思想にほかならなかった。「生命の問題」の論稿で彼は、「我思うが故に我在り」をもってするデカルトを「一面において永遠の真理を伝えている」としながらも、人間はうるわしい肉体を持ち、荘厳な自然を認識し得、「かくして栄ある思考の事業をも営み得る」と述べていた。

まさにかくして柳宗悦は芸術としてのモノと、前近代の朝鮮民族の心とを二つとは見ていなかった。彼の芸術思想においては芸術的事物としてのモノは単なるオブジェではなく、固有の自然や民族の心を宿すものであったし、その物心一元の思想において彼が見出したのが「手の所業というより心の所業」（前出、「陶磁器の美」）である李朝期の工芸だったのである。手と心とは別物ではなく相互的、不可分離のうちに捉えられるものであり、そこに宗悦は民族の美が結晶することを見出していた。

しかし近代日本の植民地下における朝鮮において、その民族固有の美の淵源である前近代的社会とそこに生きる人々が、破壊と弾圧のもと苦吟していることに彼は慄然とし、「縷々涙ぐんだ」。「朝鮮人を想う」、あるいは「朝鮮の友に捧げる書」で彼の芸術的直観が悲哀感や哀傷感に強く傾いていたのは、朝鮮の歴史や三・一独立運動の弾圧によって明らかになった、植民地政策の実態に対する衝撃が働いていたとみることもできるのである。「朝鮮の友に贈る書」で柳宗悦は、「涙もろい人情」のみが此の世に平和をもたらすとしていたが、はじめその一書が「朝鮮の友」の心によく届いたのは宗悦の朝鮮芸術観というよりも、朝鮮に対する彼の「涙」に溢れた思いであったことは確かだった。

「朝鮮の友に捧げる書」で宗悦は、「内なる朝鮮に入り得ない」まま強引に同化政策を推し進める日本の為政者や、「自らを卓越した民だと妄想」している外国人宣教師を、共に激しく非難していた。浅川巧もまた同じ目線で日本植民地下の朝鮮の現状を憤り旧社会に生きる人々に寄り添おうとしたが、そうした目線をもって朝鮮を内側から理解しようと努めた日本人は稀有な存在だったということはできるのである。近代主義をもってすれば旧社会の崩壊は歴史的必然として合理化されるのであるが、しかし内面へ、内なるものへと民族のエートスを辿る思想においては、そこに「一」なるものへの道筋が見出されることにおいて、そうした社会は決して滅びにまかされてはならないものだった。

『柳宗悦全集』第六巻の解説で鶴見俊輔は、当時の日本人大衆と左翼を含めた知識人の大勢が三・一独立運動弾圧を見て見ぬふりをするなかで、議会では川崎克、新聞雑誌等のメディアでは吉野作造、石橋湛山、宮崎滔天、柏木義円、そして柳宗悦がわずかにこれを批判したにすぎなかったと指摘していた。そして朝鮮人の苦しみの深さに比べるとき、柳宗悦の弾圧批判は穏やかすぎるものと感じられるが、それだけの言動においても柳は公安警察の尾行を受け、さまざまの妨害を受けたことを考えておく必要があると述べていた。

実際のところ柳宗悦は先にみた「朝鮮の友に贈る書」で、朝鮮が「日本の奴隷」である状態は、「日本にとっての恥辱の恥辱」であり、そうした現実に「黙してはいられない」なかで、自らが朝鮮の「味方として起つ」ことを決意していた。その決意とは朝鮮総督府の同化政策の不毛を訴え、政治や軍隊の力ではなし得ない芸術の力によって国や民族間の「相互の尊敬」をうながしていくというものだった。朝鮮の芸術を讃えることは即ち朝鮮民族を讃えることであり、その芸術の正当な理解によって日本人は朝鮮に対する真の理解を示さなければならないのだった。「古の朝鮮が驚くべき芸術を私に示すことによって、現代の朝鮮にも深い希望を持つ事を学ばしめたのを感謝」するなかで宗悦は、「私は近来二三の友と知るに及んで益々その希望を強めている」として、行動の用意があることを表明していた。

大正九年（一九二〇）五月、宗悦は二度目の朝鮮行を決意する。浅川兄弟などの協力を得るなかで、「情愛による結合が此の世に可能であること」（「彼の朝鮮行」『全集』第六巻所収）を信じて、妻兼子の音楽リサイタルを当地で開催するためであった。兼子はこれより以前、『白樺』同人が「白樺美術館」の設立運動の資金集めに協力するなかで日本初の声楽独唱会を成功させるなど、日本の声楽家の草分け的な存在であり実力は十分だった。宗悦は国内での資金集めのために兼子と連名で音楽会開催の趣意書を作って、『白樺』の読者や知友に発送した。そして各地から次々と好い返事があるなかで、宗悦たちは北海道から、新潟、阪神、岡山まで音楽の旅を続けた。大正九年四月中のことだったが、翌月一日、前準備を整えた宗悦は兼子とピアニスト、バーナード・リーチ、そして朝鮮総督府の高級官僚だった今村武志に嫁いでいた娘の千枝子を訪問する目的の母勝子と、共に再度の朝鮮行をはたした。この時の朝鮮紀行は「彼の朝鮮行」として同年の『改造』十月号に掲載されたが、「彼」とはすなわち柳宗悦自身のことだった。

当時の朝鮮は前年の三・一独立運動を受けて、三代目朝鮮総督の斉藤実は武断政治を改め「文化政治」を掲げていた。しかし植民地主義という朝鮮統治の方針が変わったわけではなく、日本支配下の朝鮮の現実は柳宗悦の目においても重苦しいものがあった。このとき宗悦は日本の植民地支配を象徴するようにして建設中だった、朝鮮総督府庁舎の工事を目の当たりにする。浅川巧もこの新庁舎の企てを嫌悪していたが、この建築物は、李王朝の王宮だった景福宮の正殿である勤政殿と正門の光化門の間に割り込み、京城市街から正殿を望む視線を遮るようにして建てられていた。実際、大正十五年（一九二六）に庁舎が完成すると街から宮殿は見えず、朝鮮民族にとっては屈辱的な建築物となっていた。宗悦は日本政府お雇いのドイツ人建築家の設計になる、この巨大な西洋建築のあまりにも「無謀な計画」に愕然とするのである。そして二年後、あろうことか朝鮮総督府によって光化門が取り壊されようとしたとき、宗悦はその企てに猛然と抗議することになる。

またそのときの京城滞在中のこと、宗悦は散歩途中の電車のなかで貴族階級の両班《ヤンバン》とみえる朝鮮の老人と隣り合わせしたが、そこに乗り込んできた商人とおぼしき二人の日本人が辺りをはばかることなく、老人に対して無礼極まりない振る舞いをするのを見て激昂する。宗悦は二人を睨みつけながら老人に向かって、「許してくれ」と口に出して詫びた。彼は、日本人が「醜い優越の感に傲り乍ら、反感を予期しないのは矛盾」であり、朝鮮民族の「反感こそ自然」として朝鮮人の心を推し量りながら、自らはそこに重く苦く気を塞いでいった。宗悦はこの旅で、日本人が如何なる態度を朝鮮人にとるかを知ろうとするなら、朝鮮服を着て町を歩いてみるとよくわかるという、「友達」のことばの真実をまざまざと思い知った。

大正九年（一九二〇）の五月二日から二十日間に及ぶ京城滞在で柳宗悦は日本支配下の朝鮮の現実を肌で知ったが、また一方で旅行前に念願した、「情愛による結合」が信じられるような出会いも果した。柳一行は五月二日に釜山に上陸し翌三日に京城に着いたが、そこで浅川巧や文芸誌『廃墟』の有志などによって温かく迎えられた。『廃墟』は「文化政治」のもと、朝鮮語による新聞雑誌の発行が可能になったなかで発刊されたものと思われるが、同年の七月に創刊された。同人は当時の朝鮮人の心情を詩で代弁したという呉相淳や、東亜日報の記者だった廉想渉ほか十余名が名を連ねていた。誌名は、察せられるように三・一独立運動に挫折して廃墟と化した朝鮮の現実を見据え、そこから朝鮮再興をはかっていくという思いが込められたものだった。また同年四月に「民族紙」として創刊されていた東亜日報も、おそらく『廃墟』と同じような背景のなかで発刊されたはずだった。

先に見たように柳たちは音楽会開催の趣意書を作成していたが、これをいち早く知った東亜日報はこの音楽会を創刊記念事業に当て、キリスト教青年会と共催で取り組むことを決めていた。宗悦と兼子は企画の段階で、早稲田の留学生で当時柳宅に長逗留していた南宮璧という青年に相談していたが、おそらくその人脈で柳たちの企画は朝鮮に伝えられた。前年五月に「朝鮮人を想う」を読売新聞に寄稿して以来、宗悦のもとには朝鮮の若者がよく訪れたが、南宮もそのうちの一人だった。これに先立って東亜日報は創刊早々の四月十二日から「朝鮮人を想う」の朝鮮語訳を掲載し、また十九日からは「朝鮮の友に捧げる書」を掲載していた。後者は途中で掲載禁止になったが、朝鮮に対する宗悦の想いは少なくとも朝鮮の知識人には確実に届いていたことがここにわかるのである。

朝鮮での音楽会開催については国内の新聞が、「芸術を通じて朝鮮を教化する為」であると報道するなかで、宗悦はこれを糺して、教化とか同化とかいう考えが「如何に醜く如何に愚かな態度」であるかと反発していた。そしてまた、このような公演は朝鮮の地では「高貴な人々の助力」なしにはなし得ないと散々忠告されたなかで、彼はこれを一蹴し、あくまで「一般の人々の厚意によって、一層平民的」に公演を行おうとした。その宗悦をよく助けたのが朝鮮の若い友人たちであり、浅川巧ら日本人の有志たちだった。そしてある講演会場では見も知らぬ朝鮮人から、当日の警察の監視が看守者だけではなく二人の速記者まで来ていて厳しいことを耳打ちされるようなことがあった。そこで宗悦は、「朝鮮の味方であることを希ったその時」に、「実に朝鮮の人によって味方」されていることを知って深く感激した。

兼子の独唱会は京城に着いた翌日の五月四日にキリスト教青年会で開催されたが、定員を上回り、入場を断らざるを得ないほどの盛況だった。東亜日報は千五百人も集まったと報じていたが、兼子は翌日からの追加公演にも応じて、十日間の滞在中七回もの公演を行った。宗悦自身もそれぞれ異なった団体から講演を頼まれ四回の講演をこなした。「朝鮮人を想う」を発表して以来宗悦は要注意人物となっており、また講演会場にも監視の目が光る中で、「忌憚なく彼の思想を表白する自由が、今の境遇に於ては不可能であった」。しかし宗悦はそこに、自らの朝鮮に対する思いや希望を確かに伝え得たという実感を持つ事ができた。

兼子は滞在十日で帰国したが、なお滞在した宗悦にとって京城の二十日間は、「涙の日であり喜びの日であり、感激の日」であった。その喜びや感激が音楽会や講演会の成功から来るものであったことは言うまでもなかったが、同時に朝鮮の風土や芸術に直接触れ得たことも大きかった。多忙だった滞在中に宗悦は暇さえあれば京城の街に出向き、朝鮮の風俗や人情に直接触れようとつとめた。そしてまた博物館や古書店、道具屋を訪ねては、「半跏して想ひに沈む」弥勒の像や高麗の器、李朝の磁器などに直に触れ、彼はいっとき我を忘れて「楽しい驚愕の時」を過ごした。しかしこのときの朝鮮滞在中に、「今迄に経験した事のない感情」に打たれて彼が心奪われたのは、ほかならぬ浅川伯教の蒐集になる一個の李朝期の大壺だった。

五　朝鮮民族美術館

大正九年（一九二〇）五月のこと、柳宗悦が朝鮮の浅川伯教宅で目の当たりにした大壺は今日、

「青花辰砂蓮華文壺」と称されるものである。浅川伯教によればこの壺は京畿道果用の旧宦官某氏の旧宅から出たものであるらしかったが、李朝期十八世紀の作で、高さおよそ四五センチの広口縦長の蓮文様の白磁の壺だった。壺はその後伯教の手を離れ、経緯を経て戦後安宅コレクションの所蔵となったが、昭和六十一年（一九八六）に大阪市立東洋陶磁器美術館に寄贈された。宗悦はこの壺の姿と文様に、女人の美を見てとりながら、その艶消し状の白い地肌を春霞の様な白い世界であるとしていた。壺の地肌には呉須の顔料で蓮の花がのびやかな線で描かれていた。そしてその花弁部分はもともと紅く発色するように工夫されていたのだったが、焼成が酸化炎焼成に傾いていて、赤紅色になるはずの銅顔料は一部が酸化して青くなっていた。還元炎焼成に失敗し、はじめ陶工が意図した釉色にはなっていなかったのである。しかし宗悦が言うようにそのことがかえって、描かれた花をまさに「内に匿れた穏やかな色」にしていた。これを賞翫《しょうがん》した李朝貴族の芸術的感性が偲ばれる形と絵柄の壺であったというべきであるが、宗悦はその壺に描かれていた蓮の花に瞑想する弥勒像の姿を見つめて、そこに浄土を観ていた。

伯教所蔵の李朝の大壺はまたもや宗悦の宗教的芸術的直観を強く喚起したのだった。宗悦はその壺との驚きの出合いを記した自らの日記を引き写しながら「彼の朝鮮行」の筆を進めていたが、彼はかかる「宗教の域に達し得た」芸術を前にしては、すでにそこには「国境もなく隔離もない」のであり、ただ「心と心がぢかに逢う」のみであると述べていた。そして古代の日本が朝鮮渡来の宗教や芸術によって文明の一歩を踏み始めたように、吾々は再び「美の心に豊かな日本」に帰らなければならないと説いていた。その志をもって宗悦は自らの手で朝鮮芸術史を書くことと、あわせて朝鮮芸術の散逸を惜しみ、朝鮮民族美術館設立の計画を実行に移すことを決意した。

柳宗悦は二度の朝鮮行を経て、大正十年（一九二一）一月発行の『新潮』に陶磁器についてのはじめての論文である「陶磁器の美」（前出）を発表した。彼はその論文で大正五年以来の東洋陶磁器研究を踏まえながら、風土や自然の中で育まれ培われてきた民族の宗教や芸術の特徴や特質は、その地の陶磁器において見出されるとみていた。そして論文発表に次いで宗悦は、同月発行の『白樺』紙上に『「朝鮮民族美術館」の設立に就て』という一文を発表した。美術館設立の趣旨は「彼の朝鮮行」で主張していたのと同じく、日本と朝鮮の関係が悪化しているなかで、政治や軍事力ではなく、日本の美のルーツである朝鮮の民族芸術（Folk Art）の真の理解において、日本は「温かい朝鮮の友人」とならなければならないとするものだった。そのうえで彼は数少ない朝鮮の作品は十年後には散逸してしまうおそれがあり、その民族芸術の「消えない持続と新たな復活」を計っていかなければならないと考えた。

そうした時代的な焦眉感を訴えるなかで宗悦は、美術館の設置場所は「その地に生まれ出たものは、その地に帰るのが自然」であることにおいて、東京ではなく京城で、また蒐集収蔵する作品は高麗のものではなく李朝期の作品でなければならないと主張していた。しかしそれに対して、高麗の作品を高く評価する日本の好事家もさることながら、朝鮮の有識者の間でも李朝の器物は一体において下賤のものであり、これを朝鮮の美術として見せるのは国の恥になるとする声があがった。宗悦はこれに反駁し、十四世紀末から五百余年にわたって朝鮮民族の日々の暮らしと交わり、「民族の特質や又は温かい血の流れをぢかに感じることが出来る」李朝期の忘れられた作品を、今こそ世界に積極的に示していかなければならないと主張した。そして李朝期の作品の美を否定するがごときは、「洞察に乏しい偏見に過ぎぬ」としてこれを一蹴した。そのうえで美術館の理想とするところは蒐集のみではなく研究の機関として、また滅びつつある東洋の過去の貴重な手芸(Handicraft)を見せるだけではなく、新しい作品を生み出す場にしたいと念じていた。そしてまた、美術館は「あの冷かな味のない陳列館の如きもの」ではなく、「日朝の人々の親しく会し、心おきなく語り合う場所」にしたいと願っていた。

美術館設立計画の実行を決意した経緯について宗悦は、京城在住の親しい友人が同じ志を示してくれたことが、自身の最後の決心を促したと述べていたが、浅川巧は前年の十二月に我孫子に柳を訪ねた折に、兄伯教とともに設立計画に協力することを約束していた。趣意書の最後に宗悦は美術館設立の寄金を訴えていたが、その宛先として、四月から一人暮らしの母勝子と住むことになる東京の自らの新住所と、京城の浅川巧の住所を記載していた。美術館設立のアピールをすると彼はすぐに朝鮮に渡った。そして海軍軍人だった父楢悦を知る朝鮮総督の海軍大将斉藤実と面会し、美術館設立の協力を要請した。父楢悦と斉藤の縁に加えて好都合であったことは、当時の総督府の内務局長だった今村武志は宗悦の妹千枝子の夫であり、また今村は斉藤と同郷だった。おそらくそうした人間関係の縁もあって、「文化政治」を掲げる斉藤実はこの計画を進めることを了承した。

柳宗悦が『白樺』紙上で呼びかけた寄金は各方面から寄せられたが、一円以上は氏名を記して随時『白樺』紙上で報告された。それによると大正十年一月から翌年十月までの寄金総額は九千四百八十円となっている。消費者物価からみると大正十年頃の一円は現在の五千円から八千円弱の間に換算できるようである。百八十名ほどを数える寄付者は日本人のほかに朝鮮名と推察される氏名も多く見られた。『白樺』同人では有島武郎、志賀直哉、長與善郎らが、また作陶家では富本憲吉や河井寛次郎などが名を連ねていた。百円以上の寄付者は十名余だったが、目立つのは展覧会や音楽会に伴う高額の寄付金である。十年五月の集計には展覧会の寄付金として九十二円が載せられていたが、これは同月東京神田の流逸荘で開催された「朝鮮民族美術展覧会」の際の寄付金だと思われる。日本民藝館の杉山亮司の推察（『民藝』第六八七号）によれば、そのときに出品された作品は宗悦をはじめ浅川兄弟、志賀直哉などの蒐集になる陶磁器や金工品、花鳥図、蓮池図などの民画、木工品、石工品などだったが、その数は二百点ほどであったようである。

寄付報告には京城で開催された「ブレーク展覧会」の益金なども記載されていたが、金額的に群を抜いていたのは音楽会に伴う寄付金であった。宗悦は朝鮮の民族芸術を紹介する展覧会と並行して、兼子とともに音楽会や講演会を企画し資金集めの計画を立てていた。大正十年五月末日、宗悦は兼子と伴奏者の前田美根子とともに四度目の渡朝をして、六月二日に京城入りすると、翌日から、「殆ど寧日なく旅役者の様に働きつづけた」（「六号雑記」『白樺』第十二巻第九号『全集』第六巻所収）のだった。その行程は京城から開城、平壌、鎮南浦、そしてまた京城と経巡るものだったが、その間に八度の講演会と六度の音楽会を開き、およそ三千三百円の収益を得た。各地で柳一行を支援したのは浅川兄弟をはじめ、『廃墟』の同人や東亜日報の記者たちだった。なかでも先の南宮璧は音楽会の日取りから印刷の仕事、会計までを一人引き受けて柳たちを援けていた。

六月十八日に帰国する兼子たちを見送り、なおも当地に留まった宗悦は、浅川巧と朝鮮人学校の教師だった赤羽王郎との三人で美術館の仕事を続けた。三人は連日のように街に出ては美術品を渉猟し蒐集したが、その数は一か月間に三百点近くに達したという。蒐集品は総督府の許可のもとに、景福宮北外にある観豊楼という美しい建物に保管した。一同はそこで作品番号の記入その他の整理作業や、計画の段取りについて話し合ったりしたが、それが午前一時二時の深更に及ぶこと度々だった。

柳宗悦にとって美術館設立の計画は、なにより争いの場と化した京城の地に、「一つの新しい平和の家」（前同「六号雑記」）を建てることにあったが、みてきたように美術館設立に向けての活動は朝鮮の地のみならず国内においても決行された。もっぱらその実働を担ったのは兼子だったが、国内の拠点は長野だった。信州長野は教育県として知られるが、『評伝　柳宗悦』で水尾比呂志は、今井信雄の『「白樺」の周辺』に依りながらその一端を紹介している。それによると信州には明治末年から小学校教員を中心とした雑誌『白樺』の愛読者グループがあって、〝信州白樺運動〟ともいえる教育運動を展開したのだという。このグループは大正三年（一九一四）に諏訪で開催された『白樺』主催の「泰西名画展覧会」を皮切りにして、以来白樺派の講演会や美術展をたびたび開催した。柳兼子の音楽会もこのグループが支援していた。大正十年九月から十月にかけての二十二日間にわたって、長野、上田、松本、伊部の各地で「朝鮮民族美術館設立資金募集」と銘打ちした「柳兼子独演音楽会」が開催された。

一方、朝鮮京城では、朝鮮民族美術館主催をもって大正十年十一月末から十二月初旬にかけて、「西欧名画複製展覧会」が開催された。宗悦はその際東亜日報に、「若い朝鮮の友へ」という一文を寄せていた。高橋宗司が翻訳（『全集』六巻所収）していたが、そこで宗悦は白樺派が西欧の絵画や彫刻を日本に紹介した際に、その影響は美術界のみならず文学や思想界にまで及んだ経験を披露しながら、過渡期の朝鮮においても新しい西洋文化に触れることで旧弊を反省し、東洋人としての自己を取り戻していかなければならないと訴えていた。西洋の思想に深く入っていくということは東洋思想を軽視することではなく、かえって仏教や儒教などが真に深く活きた「我々の心霊の故郷」の蘇りを喚起させるものであり、西洋の美を知ることは同時に東洋の美を真に知ることになると彼は述べていた。

大正十一年（一九二二）一月早々、宗悦は現地での美術館設立に向けた準備のために六度目の渡朝をした。現地調査と観豊楼よりもっと条件の良い建物を探すのが目的だったようだが、氏名は不明ながら彼はこのとき同行した青年と浅川巧との三人で、京城近郊の冠岳山の窯跡調査に出かけた。その日のことを浅川巧は、「窯跡めぐりの一日」と題して、李朝陶磁器を特集した同年の『白樺』九月号に寄せていた。そこで浅川は「芸術は強いて生まれるものではない。芸術の盛衰も民族の消長に伴う外ない。民族が自覚して立ち、色々の不安も不愉快も去り自由の世界に伸び出したら自らそこに民族美術の花は開くだろう」（『朝鮮民芸論集』）として、そのようすがとなる朝鮮民族美術館の設立を期待していた。高橋宗司の調べによれば、宗悦はこのときの渡朝の際に斉藤実と面会し、王朝時代に女官たちが使用したという京福宮内の緝敬堂《しゅうけい》（現在は緝慶堂）を新しく借り受けたようである。ウィリアム・ブレイクに関する講演会と展覧会が開かれたのもこのときのことだった。

『白樺』紙上での寄付金報告は大正十一年十月二十二日の調べをもって最後となっているが、そこに李朝陶磁器展覧会収入分として百十一円五十銭の記載があるのは、同月五日から七日にかけて京城の朝鮮貴族会館で開催された、「李朝陶磁器展覧会」に伴うものであった。宗悦は同年の九月中旬に七度目の渡朝をしていて、浅川兄弟、赤羽王郎等とともに李王朝の御用窯だった分院の古窯調査を行ったが、その際に朝鮮ではじめての李朝陶磁器の展覧会を開催していた。朝鮮民族美術館主催第一回展覧会と看板した展覧会場は二室で構成され、そのうちの「研究室」では手法、時代、用途別の展示、一方の「展覧室」では宗悦や浅川兄弟が蒐集した作品が展示された。出品された陶磁器は合わせて四百点余りだったという。展覧会二日目には講演会が開かれた。そこで浅川巧は「朝鮮人が用ふる陶磁器の名称」、浅川伯教は「李朝陶磁器の歴史」、宗悦は「色の調和」の演題でそれぞれに講演した。また展覧会を見るために長与善郎と一緒に渡朝していた富本憲吉もこれに加わり、「技巧」について講演した。入場者は千二百名に達したが、三分の二は朝鮮人によって占められていたという。朝鮮総督の斉藤実も秘書官とともに来場し、百五十円を寄付していた。

美術館設立に向けての一連の動きは総督府の支援あってのことだったが、しかし宗悦は朝鮮の民族芸術を守っていくという姿勢のなかで、折からの総督府庁舎建設に伴う李朝期の建物の取り壊し計画については強く反対した。総督府は庁舎建設にあたって景福宮内の李朝期の代表的な建築物である康寧殿と交泰殿を移転させ、興礼門はすでに撤去していた。そしてさらに景福宮の南面の正門である光化門をも撤去する計画を立てていた。これを知った宗悦は大正十一年(一九二二)九月号の『改造』に、「失われんとする一朝鮮建築の為に」（『全集』第六巻所収）という一文を発表し、その暴挙を指弾した。

そこで宗悦は、神聖な地を犯して進められている総督府庁舎の企ては、日本でいえば宮城である白壁の江戸城を取り壊し、そこに洋風の建築物を建てるようなものであるとして、五十年前に大院君によって一つの王朝の威厳を示そうとして再興された光化門は「李朝の美の権化」であり、そうした貴重な建築を破壊するのは「無益であるのみならず、吾々の無知の匿し得ぬ証拠」と訴えた。そして彼は滅びんとする運命にある光化門を追悼するとして、ブレイク譲りの擬人法を駆使し、「お前を産んだお前の親しい民族は今言葉を慎む事を命ぜられているのだ。それ故にそれ等の人々に代わって、お前を愛し惜んでいる者が此世にあると云う事を、生前のお前に知らせたいのだ」としたためた。はたしてこの一文に対する反響は大きかった。ついに総督府もこれを無視し得なかったのか、宗悦が訴えた現状維持はならなかったが、門は取り壊しを免れて移築保存されることになった。光化門は日本敗戦後に元の場所に戻されたが、一九五〇年勃発の朝鮮戦争の際に焼失する運命をたどった。

朝鮮総督府が景福宮緝敬堂を「朝鮮民族美術館」として正式に認めたのは、大正十三年（一九二四）の四月初旬のことだったが、許可するにあたって総督府は「民族」の二字を嫌い、削除を求めた。しかし宗悦は頑として譲らず、あくまでも「民族美術館」の名称を押し通した。言うまでもなく民族の二字は宗悦の思想を体現するものであり、妥協はあり得なかった。開館後は浅川兄弟が中心となって運営、管理にあたった。高橋宗司によれば、館は原則として春秋二回の展覧会を開催し、また随時、発掘陶片展や後で見る木喰仏の写真展、李朝陶磁展などの企画展を開いたようである。館は学芸員等を置いて常時開いていたわけではなく、希望があれば鍵を持っていた浅川巧が公開した。昭和六年（一九三一）に巧が没したあとは伯教がこれを引き継いだ。日本敗戦で美術館は危機に陥ることになったが、伯教はアメリカの占領軍と交渉し、翌昭和二十一年（一九四六）の十一月までの滞在を許されたなかで、この間に、新しく設立された民族博物館に朝鮮民族美術館の収蔵品を移し終えた。その際伯教は私蔵の工芸品三千余点と陶片三十箱を民族博物館に寄贈したという。それらの収蔵品はその後さらに韓国国立中央博物館に移された。

六　器物・生活・思想

朝鮮の有志も巻き込んでの朝鮮民族美術館設立の企ては、日本植民地下におけるひとつの特異な社会運動として見ることができるものであった。しかしそれは大正デモクラシー期に隆盛した労働運動や農民運動ほかの社会運動と違い、歴史的に取りあげられることはほとんどない。戦後思想においてその事実は、柳宗悦は植民地主義に加担、あるいは無批判的であったことの証左として挙げられるのみだった。おそらくその設立過程で斉藤実などの縁故を利用したとする見方が背後にあってのことであろうが、見てきたように宗悦たちの本意は明らかに反戦・反植民地、譲っても非戦・

非植民地主義であって、朝鮮総督府とはぎりぎりの緊張感を保ってことを成していた。その行動をうながしていたのは反近代の思想であり、これをもって柳達は近代の所産にほかならない植民地主義に風穴を開けようとしたと云うことができるのである。

ところでここで見逃せないのは、その志をもって柳宗悦と行を共にしていた浅川兄弟の仕事である。宗悦自身が認めていたように浅川兄弟がなければ、朝鮮の地での民族美術館設立も、また肝心の工芸品の蒐集や研究をもなし得なかったことは明らかだった。その二人の仕事そのものの裡に流れていたのは、宗悦と同じくした日本の植民地策を嫌った強固な反近代の思想だった。

ここに浅川伯教の陶磁器研究にまつわるエピソードがある。昭和九年（一九三四）に東京の白木屋で開かれた「朝鮮古陶史料展」で伯教は、二十八畳大の巨大な朝鮮地図の上に、約一万点の陶片を出土別に並べて見せた（『芸術新潮』一九九七年五月号）という。日本敗戦時にアメリカの占領軍が伯教に対してなお一年余りの滞在を許可したのは、米軍がそうした伯教の陶磁器研究を高く評価したからにほかならなかった。伯教は米軍の美術課長や大使館員と親交を結び、窯跡の案内をするようなこともあったらしい。巧もまた該博な兄の影響のもとに朝鮮工芸の研究を深めていった。そして美術館に資する工芸品の蒐集において力を尽した。巧の『朝鮮の膳』の跋文で宗悦は、巧が蒐集品の借金払いで給料が全部なくなるようなことがあったことを記して、巧をして朝鮮民族美術館の生みの母だと感謝していた。二人の研究は、伯教が三島手（朝鮮名は粉青沙器）の時代考証などに業績を残したのに対して、巧は陶磁器をはじめとする朝鮮の工芸品を通して、民俗学的な視点から朝鮮の地における人々の暮らしぶりを見ていった。

昭和四年（一九二九）に東京の工政会出版部から刊行された『朝鮮の膳』（『朝鮮民芸論集』所収）は、浅川巧が自ら朝鮮全土を旅して蒐集した木工の膳について著したものである。朝鮮において日常生活に欠かせない膳は、中国と違い室内で椅子を使わない生活から生れたものだった。そこに巧は、膳は中国の影響が少ない朝鮮独自の工芸品と見てこれを取り上げていた。同書の冒頭で巧が強調していたのは、本来工芸品は使い込まれるなかで次第に特有の美を発揮していくものであり、そのような性質の工芸品こそが、「正しき工芸品」であるということだった。しかし時代のなかの機械工業品は新品のときが最高の状態であり、使用するにしたがって次第に美しくなるどころか醜くなり、ついには壊れる運命しか持っていない。その点に照らして朝鮮の膳は工芸品の範を示すものであって、今に「淳美端正の姿を有《も》ちながらよく吾人の日常生活に親しく仕え、年と共に雅味を増す」。とりわけ、田舎の市場で売られている白盤と称される膳は、使い手に「選択の自由」を与えるもので、使い手は半製品である無垢の膳にベンガラやゴマの油、あるいは生漆《きうるし》などを塗布し自分流に仕上げていく。巧はそこに朝鮮の膳が自ずから固有の美を備えていくと述べていた。

浅川巧は前近代的な朝鮮社会で生産される膳の産地と特徴、形態、用材、塗料、工作、時代的変遷等を詳しく調査していたが、はたしてそこに見られる朝鮮の膳が、市場経済社会で失われてしまった自家産、自家製を意味するヴァナキュラーな性質を留めるものであったことに気づかされるのである。市場経済社会において消費者としてしか存在し得ない人間存在は、「でっち上げられたニーズ」にほかならない「逆生産性のお荷物」（『シャドウ・ワーク』）を受動的に消費するほかないのであるが、イヴァン・イリイチは、そうしたヨーロッパ中世末期を淵源とする「パックス・エコノミカ」なる文明と対立し、「人間生活の自立と自存を志向する」言葉としてヴァナキュラーという言葉を使っていた。しかし二十世紀初頭の東洋の地で互酬的な伝統的生活に根差したモノづくりに携わる工人の「生活を浄化」するような仕事も、すでに「資本というようなものの占有する不当な特権のために蹂躙されてしまった感」があると巧は記していた。『朝鮮の膳』は本文のほかに写真挿絵が三十二葉と、作品ごとの解説が添えられていたが、柳宗悦によるとそれらの作品はいずれも憶えがあるもので、ほとんどが朝鮮民族美術館のために集められたものだった。

巧が蒐集した陶磁器類については、昭和六年（一九三一）九月に、やはり工政会出版部から刊行された『朝鮮陶磁名考』（以下『名考』）の写真挿絵や、巧の手になるイラストによってもその一端がうかがえる。巧はその書でも、「機械工業が跋扈」する時代のなかで失われようとする器物の、名称や用途を正確に伝え残していくことは朝鮮民族美術館の当然の仕事であると述べていた。朝鮮語に堪能で現地の生活に溶け込んでいた巧にして成し得る仕事だった。『名考』は写真のほかに二百三十点におよぶ器物のイラストを載せていたが、イラストには番号が付され、それぞれに朝鮮語とローマ字読み、あわせて器物の日本訳名が併記されていた。そのなかで意味が通じる朝鮮名はそのままにして、そうでないものは朝鮮語読みと漢字読みが発音によって比較できるように配慮されていた。取り上げられていた器物は祭礼器、食器、文房具、化粧道具、室内用具等々九種類で、それらの器物は単に器物本体だけでなく胴、足，頸、把手に至るまで細かく解説されていた。巧はそれらの器物を「生まれながらの名前で呼びかけるならば、喜んで在りし日の昔を語り、一層親しみを感じ得ると思ふ。また延いてはその主人であった朝鮮民族の生活や気分にも自ら親しみある理解を持てることは必然である」と述べていた。

浅川巧は『名考』執筆の動機を述べるなかで、器物を通して民族の生活や「時代の気分」を読むことができると記していたが、加えて外国人がそれらの器物の用途を誤って解釈し、勝手な名称を付ける弊を糺すという執筆動機を挙げていた。巧によれば外国の著名な博物館の目録のなかには高麗焼の尿器が肴鉢とされている例があり、他にも本来は飯碗だったものが茶碗として、また酒注を水差し、粉盒を香盒とするなど、用途を誤って表記している例が多いとみていた。その例に照らして、日本の茶人が賞翫《しょうがん》する高麗茶碗が、高麗時代の茶飲みの碗と思ったら大間違いであって、外国人が朝鮮のことを今でもKoreaというように、時代考証がやかましくなかった時代において朝鮮の地は日本人にとっては何時でも高麗だったと指摘していた。そしてそのうえで、高麗茶碗は大部分が李朝時代に作られたものであり、用途も茶碗ではなく、本来は食事用の飯碗であると述べていた。無論それらの器物に新しい用途を発見することは、使用者に許された創造的な喜びというものであり、そうした転用は妨げられるものではなかった。

ここで『名考』から離れるが、巧は大正十四年（一九二五）四月号の『アトリエ』に「窯跡めぐりの旅を終えて」（『朝鮮民芸論集』所収）というエッセーを寄せたなかで、朝鮮の器物に見られる形や線について自らの観察を記していた。そこで巧は高麗青磁の系統のものは贅沢な形、強い線、華やかな模様をもっているが、高台の安定さには欠けるとしながら、これに対して李朝時代の特に南方のものは、岩の上に建てられた家のような高台を持ったものが多いと述べていた。初期の柳宗悦の「悲哀の美」の鑑賞とは対照的な、情緒に偏しない冷静で実証的な観察だった。

閑話休題、『名考』はほかに朝鮮語に由来する日本の器物の名称などの考証もしていて面白いのであるが、巧が「朝鮮の膳」と同じくして『名考』で願っていたのは単に滅びゆくものを惜しむにとどまらない、朝鮮民族の再興のことだった。巧は李朝時代に逸品を輩出した分院や鶏龍山窯などの調査を踏まえながら、新羅や高麗、李朝においても、国が栄えた時代においてこそ、「世界を独歩し得る立派な陶磁器」が生まれたとみていた。そして「敵の捕虜となっている様」の現状は忍び難いことであるが、しかし、「資本主義に対抗しつつもその所産であるゴム靴を履く」ようなことをするのではなく、また単に過ぎた時代の模倣をする如きでもなく、朝鮮の恵まれた国土と民族の持つ技能を生かすなかで、「真の産業」を起こし発達させていかなければならないと述べていた。そして最後に、民衆が醒めて自ら生み、自ら育てて行くところにすべての幸福があることを信ずると記していた。

朝鮮の再興と日本との友好を願った朝鮮民族美術館の使命は、柳宗悦の設立趣意書とともに浅川巧が残した著作のなかにも明らかだったが、しかし巧は『朝鮮陶磁名考』の刊行を生前に見ることはなかった。宗悦が同書に寄せた跋文によれば、巧が五、六年をかけて書き進めた原稿は、昭和四年（一九二九）の秋に一旦脱稿していた。しかし巧はこれに満足せず、さらに加筆訂正を行い、新たに詳細なイラストと写真を添えていた。最終的にその作業が終わったのは昭和六年一月だったが、ほどなく工政会出版部の倉橋藤治郎の厚誼で出版の運びとなり版が組まれた。ところが同年四月、巧は最終校正をすることなく突如として逝った。そのことで出版に向けた校正の労を執ったのは、宗悦が大正八年（一九一九）から四年間勤めた東洋大学の教え子で、巧の友人でもあった濱口良光だった。本の装丁は宗悦が引き受けた。表紙に使われた黄色の紙は、彼自らが朝鮮に古くから伝わる装丁用紙を京城において注文したものだった。宗悦は本の装丁には字体を含めて一貫してこだわるものがあったが、巧の出版物においてもその工藝的な本作りの本領が遺憾なく発揮されていた。

Ⅱ　此岸の浄土

第四章　民藝

──「文字なき聖書」

一　木喰仏の発見

朝鮮民族美術館の旗揚げがなった大正十三年（一九二四）には、宗教と芸術をめぐる柳宗悦の哲学を民藝思想に架橋する芸術的事物との出会いがあった。同年一月早々、宗悦は帰国中だった浅川巧とともに、甲府市郊外の池田村に小宮山清三を訪ねた。小宮山は当地の村長をつとめる素封家で美術、工芸品の蒐集家だった。すでにみたように小宮山は伯教と巧の共通の友人であり、そのコレクションのなかには朝鮮陶磁器も多数あり、宗悦はこれを見ようとしたのだった。一月九日、彼は小宮山の案内で収蔵庫に足を運んだが、そこで宗悦は庫の前に暗い光を受けて佇む二体の木造仏に気がついた。その刹那、彼は「その価値が尋常でない事を直覚」（『木喰五行上人の研究』全集第七巻所収）し、また「木喰上人」という江戸の後期に生きた仏像の作者の名を知った。彼はその日の夜のうちに、「私の直覚が誤る事なくば、上人は幕末に於ける最大の彫刻家だ」と友人の彫刻家に書き送った。宗悦は同年四月の朝鮮民族美術館の開館や、東京から京都へ引っ越しするという慌ただしい身辺整理が済むと以後およそ二年間、全国にわたる木喰仏探訪と研究に没頭することになる。

その成果である『木喰五行上人の研究』で宗悦は、「上人は二つの重要な形見を私達の為に遺した」としていたが、その一つは現在確認されているだけでも七百体を超える仏像彫刻であり、もう一つは五六〇首にのぼる和歌であった。彼は木喰研究に取り掛かるに当たって、江戸時代の古文献や郷土誌、僧伝などあらゆる文献に目を通すことから始めた。しかしそこに木喰の名を見出すことはできなかった。だが幸いにも小宮山の調査で、木喰の生誕地である甲斐の国古関村丸畑（現在の山梨県南巨摩郡身延町）に子孫が在住し、その生家に木喰自筆の「四国堂心願鏡」という古文書が残っており、そこに自叙伝的な内容が記されていたことが判明した。また他に多数の歌集稿本や納経帳などが発見され、さらには手に入った仏像の光背裏に書かれた銘から、生誕年や製作年月日がわかるなど、木喰の全容が次第に明らかになっていった。

木喰の本姓は伊藤というが幼名はわかっていない。木喰生誕二五〇年を記念して開催された『木喰展』の図録（神戸新聞社、二〇〇七年）所収の略年譜によれば、木喰は享保十三年（一七二八）に農家の二男として生まれた。木喰は幼くして非常に怜悧であったというが、数え年十四歳にして突然故郷を出奔し江戸に出た。そして二十二歳のときに真言宗の僧から仏門に誘われ得度した。青年期のことはよくわかっていないが、安永元年（一七七二）の四十五歳のときに木喰は、常陸の国の真言宗羅漢寺の木食観海上人の弟子となり木食戒を受けた。木食戒とは米、麦、粟、稗、黍などの五穀、さらに玉蜀黍、蕎麦、大豆、小豆、黒豆をあわせた十穀を絶ち、また火食もせず、塩分も摂らないという厳しいものだった。師から与えられた僧名は「三界無庵無仏木食行者行道」であったが、このときはまだ「木食」に口篇はなかった。「無庵」、「行道」とは一所不在を戒とするものであり、これをもって木喰は与えられた僧名そのままに、廻国巡礼僧としての一生を送ることになる。

木喰が廻国修行の途についたのは安永二年（一七七三）二月のことだったが、以来、文化七年（一八一〇）六月に八十三歳で没するまでのおよそ四十年間に、北は北海道松前から南は薩摩、大隅まで廻国し日本列島全土にその足跡を残した。作仏は五十三歳の安永八年に蝦夷地において弟子の白道と始めたのが最初であったらしい。宗悦はこれを期に、「千体仏」の彫像を志したのではないかと推測していたが、晩年の「明満仙人自身蔵」という自刻自身像には「日本二千タイノ内」の銘があり、この時点で木喰はすでに千体仏を満願し、さらに千体を目指していたのかもしれなかった。「明満仙人」とは木喰七十九歳の文化三年（一八〇七）に夢枕に阿弥陀三尊が現れ、木喰の願望莫大なりとして、六百歳の延壽と、「神通光明　明満仙人」の名を受けたことからきていた。

詳しい事跡は割愛するが、『木喰五行上人の研究』の最終章で宗悦は木喰の信仰の姿や思想をその和歌にたずねていた。そこで彼は、歌を編むといえば修辞の教養があると思うのが普通であるが、木喰にはそうした歌学の習得によって句を修辞するような知識も教養もなかったであろうと推していた。というよりも木喰が歌った和歌の世界は伝統的な歌学の世界とは縁のない分野であり、木喰は自らの歌を修飾する意思さえ持っていなかったとみていた。木喰は「木食は諸物ハヨメズ、字ハカケズ」と自ら歌っていたが、これは木喰がよくした韜晦ではなく真実であり、書物を諸物などと書き、また漢字、ひらがな、カタカナまじりの歌を平気で書き連ねるなど木喰には学識らしい学識はなかったというのが宗悦の見方だった。しかし木喰は自らが無筆であることをよく知っており、無筆に躓くことなく、その自覚のうえで示された思想には、並ならぬ広さと深さがあると述べていた。

そこで宗悦は、「木食も　む筆のくせに　にじりがき　はづかしいとも　思わざりけり」と、「ものかゝば　かゝぬふりこそ　ものかきぞ　かくふりすれば　はじのかきやく」の二首を挙げていた。さらに彼は木喰が感傷も詠嘆も修辞もない、凡庸で粗野にすぎるともみえる歌の世界に何等構えることもなく自由に入り得たのは、そこに並ならぬ修行があったことを見なければならないとしていた。木喰の歌は修行において身を育てる「彼の聲そのまゝ」であって、木喰が刻んだ仏像と同じ様に思考ではなく、「修行せられた真《まこと》」があるのだった。

宗悦はその新しい歌の世界の開拓において、木喰は歌を貴族の手から平民の手に、都ではなく田舎の土に植えたとしながら、その木喰の和歌に影響を及ぼしたものがあるとすれば、誰もが唱える御詠歌であったろうとして、それは今後「木喰調」とも呼ばれるだろうとしていた。彼は木喰の「いろは歌」から数首をその例として引いていた。一首挙げると、「まるまると　まるめまるめよ　わが心　まん丸丸く　丸くまん丸」（現代表記）といった調子だった。木喰は「丸」の一字を好んだが、故郷の「丸畑」の二字を入れた一首に、「みな人の　心ごころを　丸ばたけ　かどかどあればころげざりけり」というのがあり、これを彼は平凡に響く一首ではあるが、木喰はつねづね「角をとれよ、丸き球を見よ、平和は人々の所有《もの》だ」と教えたのであり、この平凡を超える深さはないとしながら、そこに時代における自らの願いと思いを重ねていた。

柳宗悦は二年前の「神に就て」において、他力本願をもって最後の心とする宗教観を掲げていたが、和歌に現れた木喰の信仰は彼の宗教哲学によく響いた。俗謡に近い道をとり、そこに仏教用語がみられても同時代の慣用語であり、しかも歌われた真理はことごとくが修行経験から来ていることによって木喰の仏法の教えは「誰もが味ひ得る教へ」になっていた。さらにそのように宗教を「貧しき者や無学な者」に結んでいったことにおいて、木喰は真言の宗旨に育てられてはいたが、血には、「深く念仏宗の法脈」が流れていたとしていた。木喰が教理に煩わしい真言の宗派から生まれたのは、「既に異数」であった。エックハルトがそうであったように、そのような異数の宗教者においては「神の王国は心の裡にある」のであり、その「何れの順礼も内に帰る旅路」であった。

宗悦はさらに「木喰調」の素朴ではあるが宗教的な深さを秘めた歌を多く引きながら、そこに万巻の真理が含まれていること、しかしそれをもってしてもなお悟り得ないものが残ることを正直に告げ、あとの一切を仏にまかせるその姿においてこそ木喰の量り得ぬ悟りがあると述べていた。そこで彼は木喰調の双璧として、「木食の　悟る心は　ごくふかひ　どこがどうとも　わからざりけり」と、「木食も　悟りてみれば　なまざとり　にゐたもあれば　にへぬのもあり」の二首を挙げていた。

木喰には西行や良寛のような教養も知識もなかったが、その調には諧謔があり、洒脱であり、またときとしては鋭敏な頭脳の閃きが見えるのだった。最後に宗悦は木喰の運命が読まれる一首、「木食も　めひどのたびに　つれもなし　もどりてみれば　とふば（塔婆）一本」を引いて、これは「蝉脱」したものの句であり、やがて忘れられたなかに一人歩む木喰の後ろ姿が見えるが、しかしそれを淋しげと見るのはこの世の見方であろうとしながら、いつも微笑みをもって「冥途からふと此世をふりかへる彼の顔が浮ぶ」としていた。たしかに宗悦は小宮山清三宅で微笑みをもって振りかえった木喰の姿を、美の真実を映す末期の眼をもって直覚した。そしてそこに映った仏を「微笑仏」と呼んだ。

二〇〇七年の秋から翌年夏にかけて全国六か所の博物館や美術館で巡回展示された『木喰展』は、柳宗悦の命名そのままに「庶民の信仰―微笑仏《みしょうぶつ》」とされていたが、木喰上人が刻んだ各時代の木喰仏を俯瞰できる絶好の機会だった。宗悦が小宮山清三宅で発見し、そのときに小宮山から贈られた木喰の自刻自身像と地蔵菩薩の二体も出品されていて、「微笑仏」の命名の所以が納得されるものとなっていた。自刻自身像は、顎ひげを取ればそのままそっくり地蔵菩薩像であり、そこには曇りない満面の笑みがあった。宗悦はこの自身像には「異常な相」が現れているとしていたが、耳も眉も頬もまさに「まん丸丸く」デフォルメされた木彫像は、土俗的でグロテスクなオーラを漂わせていた。現代彫刻を彷彿させる円空仏とは対照をなしていたということができるが、グロテスクというのは否定的な意味ではなく、後の宗悦の民藝論に照らせば工藝的なるものの特質とされるものだった。昭和十六年のことになるが、宗悦は『工芸文化』を著したなかで彫刻について言及し、「グロテスクとは単に奇怪と云うようなものではない。本質的なものの強調である。〜中略〜最も美しいものはどこかにグロテスクの要素を帯びる」としていた。木喰の彫像については近代美術の視点において評価が分かれるが、木喰仏にとっては本望というものであったろう。そこからは、あの平明にして深い木喰の歌が聞こえてくるのみならず、刻まれた仏像のその後の姿においても、木喰の仏法の真実が見えてくるようなことがあった。
木喰は享保三年（一八〇三）から文化二年（一八〇五）にかけて越後長岡に逗留したが、その間に刻んだ三十四体の観音菩薩像と二体の自刻自身像が、長岡市の寺の金毘羅堂に伝わっている。その三十六体の仏像はなぜか磨滅して傷んでいたが、訳は子供が堂の前を流れる小川で水遊びをする際に、その像を浮き輪代わりにして遊んだからであったという。なかでも傷みが目立っていたのが木喰の自刻自身像だった。その像の顔面は眼鼻の痕跡も残さないほど磨滅し、わずかに顎と顎ひげの部分が繋がって全体が長顎のように見えるばかりであった。像は背中が丸く抉り削られていたが、子供たちはそこに子守の子をいれて雪の上を引き回し、橇代わりにして遊んだということで、ついにはそのような姿形になったということだった。地元ではこの木喰仏を「あごなが上人」と呼び慣わし、この像を背負って金毘羅堂を回ると、無病息災でいられるとの言い伝えがあった。浅川巧は朝鮮の膳は使い手によってこそ美しく仕上がるとしていたが、木喰の仏法の真実は、子供の遊び道具である橇になって仕上がったとしても、微笑仏の笑みが消えることないと信じられるのである
大正十四年（一九二五）八月刊行の『木喰五行上人略伝』（木喰五行研究会刊、『全集』第七巻所収）で宗悦は、不思議な因縁に導かれて木喰の研究をすることになったが、しかしその美の発見においては、はからずも自らの内に「三つの準備」があったとしていた。まず何より第一には、真の美とはなにかをめぐる思想的営為において、美の認識の本質は究極において「直観」に求められることを宗悦が確信したことにあった。彼はウィリアム・ブレイク研究や朝鮮李朝芸術の美の擁護も、そ

うした直観が自らを動かしたと述べていた。木喰仏においても、出合った瞬間に、「幕末に於ける最大の彫刻家だ」と観た自らの直観に躊躇はなかったとしていた。そしてその主格同一の直観の在り様は、「私が上人を見出した」というより、「上人に私が見出された」と云わなければならないと述べていた。

第二の「準備」としてあったのは、同じころ宗悦は地方的、郷土的、民間的であることを特色とする「民窯」の焼き物の、その無名の工人の作為のない器物に「隠れた驚くべき美の世界」があることに気付いていたことだった。木喰仏の美はその「下手物」といわれる焼き物と同じくして、著しい「民衆的特色」が「異常な魅力を以て私に迫った」のだった。そして最後に、宗悦自らが専攻する学問は宗教の領域であるが、求める宗教的本質が木喰仏において「活々と具体化」されていることを目の当たりにするなかで、その「芸術と宗教とが深く編みなされている世界」に強く心誘われたと記していた。

木喰仏や「民窯」の器物に民衆的なるものの美を直観し、そこに自らの思想の着地点を見出した宗悦だったが、その宗教的スタンスをよく伝える次のようなエピソードを残していた。長男の宗理によれば、父宗悦は民藝運動の同志とともに神社仏閣を訪れることがあった。その折に河井寛次郎などは作法に則りごく自然に手を合わせ参拝するのだが、ひとり宗悦だけはそれをせず、ただスッとして拝殿を遠くに見るばかりだったという。云うまでもなく宗悦の宗教思想においては、一宗を立てる宗教的ヒーローを仰ぎ見る立場はないのであって、宗派を問わず、ご神体に向かって一心に手を合わせる無告の民の、その一心にして無心である姿にこそ宗悦は神を観ようとした。初期のギリシャ悲劇において重要な役割を演じたコロス（舞唱隊の人々）は、たった一人の主役を援けて、ヒーローが語り得ない共同体成員の声なき声や、大地の声を舞唱する役割を演じたというが、後年は廃れていったというそのギリシャ悲劇におけるコロスの合唱に響いた声をこそ、宗悦は木喰仏や「下手物《げてもの》」の器物において聴こうとしたのだった。

二　ナショナリズムの時代

木喰仏研究とほぼ並行して、「下手もの」と俗称される日常雑器を探訪し蒐集していた柳宗悦が、その日本固有の手工芸品の美について、「下手もの、美」（のちに「雑器の美」と改題）と題して『越後タイムス』に一文を寄せたのは大正十五年（一九二六）の九月のことだった。ところがこれより先に宗悦（たち）は、「下手もの」という俗語に代わるものとして、「民衆的工藝品」を意味する「民藝」（柳宗悦の工芸論を意味する場合は旧字が使用されるのに倣って、「民芸」は「民藝」とする）という新しい言葉を生み出していた。大正十四年十二月末から翌年にかけて柳宗悦は河井寛次郎、浜田庄司とともに紀州に木喰の遺跡をたずねたが、その旅の途中のことだったようである。「民藝」に先立つ「下手もの」という言葉について宗悦は後年、この言葉は俗語で語感が面白かったせいか、たちまちのうちに世の中に伝播していったが、漸次誤解や見当はずれの解釈が生ずるようになり、次第にこの言葉を使うのを避けるようになったとしていた。そしてこれに代わる言葉として「民藝」を充てるようになったということだった。

しかしそれはそれとして「民藝」という言葉は、柳宗悦の美の思想の表出における二段階のサイクルからくる理由もあったと想われるのである。その思想の構築において彼は、知的な予断を挿まない直観を先にして、その後でこれを概念化していくという順序を固く自らに課していた。そのことにおいて「下手もの」とは柳宗悦の美の直観を近似的にあらわすのに便利な言葉として、また「民藝」はこれを概念的にとらえるときに使う言葉として採用されたとみることができるのである。実際のところ宗悦はこのあとも、「下手もの」という言葉をたびたび使っていた。

ともかくもこのときの旅で宗悦たちは、その「民藝」を冠した美術館の設立を計画することで一致した。大正十五年一月十五日、宿をとった高野山の宿坊でのことであったというが、はなしがまとまると宗悦は早速筆をとって設立趣意書を起草した。そしてこの後、多くの知友の賛同と協力をあつめたなかで、同年四月一日付をもって『日本民藝美術館設立趣意書』が発表された。発起人として名を連ねていたのは富本憲吉、河井寛次郎、濱田庄司ら三名の作陶家と、柳宗悦だった。

小冊子の体裁をとった趣意書は表紙に伊万里染付の猪口、口絵には瀬戸の柳文石皿、信楽の茶壺、舟箪笥ほかの写真を配し、本文は「趣旨」、「仕事」、「募金」の訴えとからなっていた。「民藝 Folk Art」という言葉はそこの「趣旨」ではじめて使われたが、それまで誰も気づき得なかったその美は「新しき美の世界」を示現するものであり、民藝美術館設立の趣意はその美の「具体的提示」にあるとされていた。民藝＝「下手もの」の美の特質は「作為の傷」がない、「自然であり無心であり、健康であり自由」であることがそこで云われていたが、加えてその美は日本の独創であることが強調されていた。

そこにこそ純日本の世界がある。外来の手法に陥らず他国の模倣に終わらず、凡ての美の故郷の自然と血とから汲んで、民族の存在を鮮やかに示した。恐らく美の世界に於て、日本が独創的日本たる事を最も著しく示しているのは、此「下手もの」の領域に於てであろう。〜中略〜若し私たちが今それ等のものを集めずば、凡てのものは注意される事なく失われて行くであろう。何故ならそれは今日迄一般からも鑑賞家からも歴史家からも、省みを受けていないからである。

（『全集』第十六巻所収）

続けて趣意書は、かつて「自然の美が活き国民の生命が映る」ものとしてあった民藝の作物が、今日において、「凡てが作為に傷つき病弱に流れ情愛が溺死して来た」なかで、これを再び「過去に於てそれがあった事を示し、未来に於てもあり得べき事を示す為」に美術館の仕事を出発させるとしていた。近代化の過程で失われ消えゆく運命にある伝統文化への回顧や憧憬の念、あるいは哀惜や喪失感といったロマン主義的な心象がナショナリズムに回路していくということが、日本近代においてもみられたということができるとすれば、柳宗悦の民藝思想を体現した「日本民藝美術館」設立の企ては同じ文脈でとらえられるものだった。またそうした意味で柳（たち）の民藝美術館設立を突き動かしたナショナルな情念は、これに先行する柳田国男の日本民俗学研究の動機とも通じるものがあったということができるのである。

周知のように柳田国男は、明治の農商務相の高級官僚として主に東北地方の農村の実態調査をするなかで、時代の表層には決して現れることのない古層の伝承生活や文化があることに注目し民俗学の研究にすすんだ。はじめ柳田は日本列島の先住民としての山人の民俗に関心を寄せ、明治四十二年（一九〇九）に宮崎県椎葉村に取材した狩猟伝承の記録である『後狩詞記《のちのかりことばのき》』を自費出版し、そして翌年に不朽の名著『遠野物語』を上梓した。彼はこの書の序文で、ここに採集した岩手県遠野地方の「山神山人の伝説」は時代のなかで尚「目前の出来事」、「現在の事実」であることを強調しながら、「願わくば之を語りて平地人を戦慄せしめよ」と記していた。脱亜入欧をもって近代化一途に突き進む「平地人」に対して日本の古層の民俗文化を知らしめ、西欧流に流れる表層的文化の反省を迫るかのような柳田の一文だった。また彼は此書を「外国に在る人々に呈す」としていたが、それは日本固有の民俗の存在をこの書で示していることを世界に告げるものであり、また穿ってみれば、はじめハインリッヒ・ハイネによってナショナルな感情を揺さぶられた柳田国男が、その内なる感情の泉をこの書で明らかにし得たことを、学恩ある「外国に在る人々」に示したとも読めるものだった。

柳田国男は大正十四年（一九二五）の「山の人生」でも、「同朋国民の多数者の数千年間の行為と感想と経験とが、曾て観測し記録し又考究せられなかったのは不当」であると述べていたが、柳田の民俗学はそのように柳宗悦と同じく日本ナショナリズム思想の文脈でとらえられるものだった。

しかし民藝という日本固有の手工芸品に依った柳宗悦の思想はもとより、「山人」や、つぎなる

「常民」への眼差しをもって発せられた柳田国男のナショナリズムは、ネイションとしての「くに」の文化的、民族的な原像を明らかにしていこうとしたものであり、統治機構としての近代的な国家＝ステイトに収斂していく国家主義的なナショナリズムとは異質のものだった。

しかし柳田の民俗学は資本主義的な社会を嫌悪するメンタリティーをもって近代という時代を対象化し、そこに「常民」の「自己認識の学」という学問的な当為性を打ち出しながらも、その思想はあくまでも西欧近代の民俗学を前提にしていた。かたや柳宗悦の民藝思想は民俗学と同じくフィールド・ワークに依りながらも、そこで目指されたのは民藝という手工芸品の美が活きる「正しい時代」であり、その根幹にあったのは分析的な方法を排した美的直観の思想であった。昭和十六年（一九四一）六月の「民藝学と民俗学」（『全集』第九巻所収）において宗悦は、双方の学問には「類似した共通点」があるとしながらも、民俗学が「経験学」であり「記述学」であるのに対して、「民藝学」は「規範学」であり「価値学」であることによって、そこに判然とした立場の違いがあると述べていた。そして「民藝学」は「伝統が煙滅の危期に際会する今日」において、過去の民藝を調査し考察するにとどまらず、「何より未来に健全なる美の王国を建設する使命」を持つものであると述べていた。そしてその一文の冒頭で宗悦は、「民藝学」と「民俗学」を対比せしめることは「将来相互に補佐協力せねばならぬ事柄に就て理解を進める」のに役立つだろうと期待を寄せていた。しかし後年、柳田と柳は思想的に対峙する機会を持つことがあったが、そこに二人の思想がさらに深く交わることはなかった。

ところで、それぞれに内なるナショナリズムを思想的にとらえていった知識人としての柳田や柳の対極に位置し、「山人」や「常民」、あるいは「民衆」といったカテゴリーでとらえられる人間存在は、近代国民国家ネイション・ステイトの成立においては、否応もなく、一個の個人を単位とする「国民」として再編されるものだった。柳田や柳はまさにそのような歴史過程のなかで生じたネイションとステイトとの裂け目を鋭く意識するなかで、自らの言葉と思想で立とうとした。しかしそうした自覚的な知識人のナショナリズム思想とは次元を異にして、「国民」として一般化された人間存在の在りようにおいて惹起してくるナショナリズムの問題があったのである。それは「大衆ナショナリズム」としてとらえられるものだったが、吉本隆明の「日本のナショナリズム」（『ナショナリズム』「現代日本思想大系4」所収）においてこれをみておきたい。

周知のように、吉本隆明は明治から戦前昭和にかけての日本のナショナリズムの実像を再現する道は、生活記録論やプラグマチズムなどでは決してなし得ないとして、明治期から大正期にかけて日本人の心をとらえた軍歌や唱歌、童謡などをテキストにして文学的、精神分析的に「大衆ナショナリズム」の実像に迫っていた。いささか難解であったが、先鋭にして明晰な解析がそこでなされていた。

これを要約すれば明治期の「大衆ナショナリズム」は、たとえば軍歌「戦友」や、唱歌「二宮金次郎」などにみられるように、裏面に明治資本主義が育てた利己的な心情を滲ませながらも、表面においては公的な「御国の為」意識という政治性や、また社会性としての「身を立て名を挙げ」といった主題を内在させていたのだった。ところがそれが大正期に移行していくに従って、政治的、社会的な主題をめぐる大衆ナショナリズムの心情の表現は、これを「外化」させる方向ではなく、

「切れる」、「棄てる」、「忘れる」、「泣く」、「かえる」といった「大衆の心情そのものの核に下降」していった。吉本は、そこに童謡の「雨」や「赤蜻蛉」、「あの町この町」などの歌詞をみるなかで、明治期を特徴づけていた「御国の為」や「身を立て、名を挙げ」という当為性が大正期には喪失していったとみていた。

そのメンタルな歴史的過程を吉本は、デモクラシー思想や「移植マルクス主義」の影響などによるものではなく、「それなりに成熟期にはいった日本の資本制社会の物的な関係のすさまじさ、高度化と停滞の逆立ちした表現」であったと述べていた。そこに統一的な主題を喪失した大正期の「大衆ナショナリズム」は、「人間関係の分離などの情景を大正期の感性でとらえるというところに移行」したのであり、さらに昭和に入ると、大衆のナショナルな心情は、その拠点である「農村・家、人間関係の別離、幼児記憶などに象徴されるナショナリズムの主題の核」そのものが崩壊にさらされるなかで、「概念化」せざるを得なくなるところまで移行した。

そこで吉本隆明は、実感性を失ってひとつの「概念的な一般性」にまで抽象された「大衆ナショナリズム」という現実的基盤が整ったことによって、その局面ではじめて知識人によるナショナリズムはウルトラナショナリズム（天皇制主義）として結晶化する契機を摑んだと喝破していた。「大衆」のナショナリズムは、知識層のナショナリズム思想によって直接に表象されるとするのは思想的錯覚であり、そうではなく「大衆」のナショナリズムの「心情的な基盤の喪失」こそが、知識層のナショナリズムをウルトラ化するための必要な基盤だったとされていたのである。

このようにみてくるときに、日本固有の手工芸品を思想の中心に据え、その物象的実感性を手掛かりにして伝統的世界へと着地し、かつこれをもって未来をも遠望した柳宗悦のナショナルな思想は、大衆ナショナリズムにおける「主題の核」、「心情的な基盤」といったものの崩壊や喪失を思想的に手当てし、同時に一定の方向性を示し得たということができるのである。そしてそのことにおいて柳の思想は、真空としてのウルトラナショナリズムに足元をすくわれることなく、またそこに吸引されることもなかった。しかし無論そのことは、柳が吉本隆明に先んじて「大衆ナショナリズム」の心的構造を洞察していたということではなく、それは柳自身において切実に意識されることのあった時代的喪失感に、自らの自己治癒的な行為としての思想をもってこれと向き合ったということを意味するものだった。宗悦は哲学的・宗教的には東洋的な「主格同一」の思想に発していたのだったが、その同一性を境地や悟りの次元ではなく、実感性をともなった工芸的物象において観念するという思想を貫いたことにおいて、その点で彼は時代の渦中にあって、国家主義的ナショナリズムに翻弄されることのあった師の西田幾多郎などとは一線を画し得ていたのだった。

吉本隆明が明らかにした「大衆ナショナリズム」は時代の現実とパラレルな心的現象を鮮やかにとらえていた。吉本は心的現象が現実的な現象としてもっともよく象徴的にあらわれるのは、「それが〈病的〉あるいは〈異常〉な行動」(『心的現象論序説』)となったときであると述べていたが、明治の開国以来、日本の近代化の一つの到達点であった大正期はまさにそのような様相を呈した時代だった。頻発する労働運動や社会運動、向都離村という社会現象の結果としての農村の疲弊と都市問題の発生、第一次世界大戦後恐慌、米騒動、朝鮮・中国の抗日運動、シベリア出兵、関東大震災時の朝鮮人大虐殺等々、それは資本主義の確立のもとに帝国主義へと踏み出した日本近代の、時代の写し鏡というものだったが、宗悦はそのような〈病的〉とも〈異常〉とも写る時代の情況に敏感に反応していた。

植民地下の朝鮮の擁護はすでにみたが、これとは別にして、バーナード・リーチや、リーチの友人で柳田国男とも親交があったロバートソン・スコットなどに宛てた私信において宗悦は、軍国主義や帝国主義、国家主義的なナショナリズム、そして資本主義的文明を強い調子で批判していた。また大正九年（一九二〇）に雑誌『改造』によせた「赤化に就て」（『全集』第一巻所収）では、検閲の伏字で一部判読困難ながら、三・一独立運動下に起きた「堤岩里教会事件」や、シベリア出兵の渦中に起きた赤軍パルチザンによる大虐殺事件である尼港事件を挙げ、日本の「頑迷な帝国主義者」と「露国」の「極端な民本主義者」の双方を強く非難していた。そして大正十二年（一九二三）九月一日の関東大震災時の朝鮮人大虐殺について宗悦は、「朝鮮人大量虐殺事件は、我々が彼らに対して犯した最も馬鹿げた最大の犯罪」であるとリーチに書き送り、自らは日本人として贖罪するかのように、同年十一月中旬から兼子とともに「関東大震災被災朝鮮人救済音楽会」を企画し朝鮮に渡った。しかしこの件は兼子の急病で宗悦の講演会のみの開催となった。朝鮮から帰国した翌十二月十四日付で彼は関東大震災時の自らの恐ろしい体験と東京の惨状を英国セント・アイヴス在のリーチに詳しく報告していたが、先の朝鮮人虐殺に対する非難はこの書簡においてなされていた。

三 「下手もの」の美

同じ書簡によると柳一家が住んだ青山一帯の震災被害は幸いにして少なく、柳宅においてもリーチの作品をはじめ多くの焼き物が壊れはしたが、建物だけはよく持ちこたえた。しかし大地震の余波は宗悦の大正時代にひとつの区切りをつけることを迫ることになった。ひとつにはその頃勤めていた明治大学や女子英学塾が休校となり、収入の道が絶えたことがあった。さらに宗悦にとって大変だったのは、千葉県館山在で遠洋漁業に携わっていた長兄悦多《よしさわ》が地震に罹災し圧死したことだった。すでにこれより少し前に次兄や妹をも亡くしていたなかで、ひとり母勝子と悦多の遺族の世話をも引き受けることになった宗悦は、兄の遺族の生活資金を用立てるためにやむなく東京青山の家屋敷を処分し、自らは志賀直哉らの支援者に頼り家族と共に京都に移ることにした。また明治四十三年（一九一〇）以来宗悦が拠っていた雑誌『白樺』も、大震災の余波で終刊の経緯をたどっていた

先にみたように関東大震災の翌年の大正十三年（一九二四）の春に朝鮮民族美術館は開館したが、宗悦はこれを見届け帰国すると早々に京都への転居を済ませた。以来昭和八年（一九三三）までの、およそ十年間にわたる宗悦の京都時代がはじまることになる。京都では同志社大学教授の能勢克男や、同じく同志社のデントン女史の肝いりで宗悦・兼子夫妻はそれぞれに同志社大学、同志社女子

専門学校に職を得た。兼子の回想によれば当時は出費がかさみ火の車だったが、これによって柳家の家計は一息ついた。しかし概して家計には無頓着の態であった宗悦は、京都に居を定めると早々に木喰上人の足跡をたずねては全国を行脚し、かたわら「下手もの」の蒐集を盛んにしていった。そして翌大正十四年中に木喰研究が一段落すると、いよいよ民藝の思想を前面にしていくのである。

初期の民藝思想の展開は、大正十五年四月の『日本民藝美術館設立趣意書』の発表を嚆矢にして、同年九月の「下手もの、美」、そして翌昭和二年（一九二七）二月の「工芸の教団に関する一提案」、そして同年四月から武者小路実篤編集の雑誌『大調和』で連載が開始された「工芸の道」といった流れにおいてこれをたどることができる。「下手もの、美」は新潟県柏崎の地方紙である『越後タイムス』に、当地の名望家だった吉田正太郎の勧めで書かれたものだった。四百字詰原稿用紙にして二十四、五枚ほどの分量だったが、吉田に原稿を送るなかで宗悦は、この一文は何度も書き直し「難産であった」としながら、「下手もの」についての「最初の多少まとまったExpositionになる」もので責任重くあったとしていた。しかし最後に「併し或部分はよかろう」と思うと書き添えていた。そのある部分とは、格調高くして静《しず》もりある序文のことではなかったかと思われるのである。

「下手もの、美」（『全集』第八巻所収）の「序」で宗悦は、「下手もの」にすぎない一枚の皿を作るにおいて没我にしてひたすら同じ作業を繰り返す陶工の手の動きと、同じく無心のうちに南無阿弥陀仏の名号を唱える他力宗の平信徒の声を重ね合わせて観ていた。そして「名号はすでに人の声ではなく神の声」であり、またこれと同じく「陶工の手も既に彼の手ではなく、自然の手」であると観相し、キリスト教神秘主義や浄土系他力宗に発する「芸術と聖典の融合」、そして「霊と肉との結合」(「中世期の芸術〔ゴシックの芸術〕」『全集』第一巻所収)を見詰めていた。これをもって宗悦は、声や手といった身体性をもって神と即融する「物心一如」の民藝の世界を提示したのだった。「下手もの、美」は加筆訂正され「雑器の美」と改題されたが、そこで「神の声」は「仏の声」と書き改められた。柳宗悦の仏教哲学は晩年に完成したかのごとく云われることがあるが、これをもってみれば宗悦はすでに民藝思想の初発においてその高みに達していたということができるのである。進歩主義では捉える事の出来ない、「一」なるものを直観していく思想をもってした彼の真骨頂がそこにあった。

さりながら、ここでは時系列に沿ってその思想を見ていくほかない。そこで「下手もの」の定義についてであるが、「下手」とは下品なもの、粗悪なものを意味するものではなく、一般の民衆が用いる雑具」の謂であった。したがってそれ等の品物は「床に飾られ室を彩る為のものではなく、台所に置かれ居間に散らばる諸道具」である皿や盆、あるいは箪笥や衣類などを指していた。そのような道具はあまりにも日常的なものであったが故にその存在が注視されるようなことがなく、いわんやそこに「潜む美」が認識されるようなことはなかった。無論そのことは「それ等の中に住み、それ等のものを産みつゝある時期」においては当然のことであり、なんら咎むべきことではなかった。しかし時代が激しく変わり、「批判の時代であり意識の時代」となるなかで、「慣れた世界も今は不思議な世界」となり、「吾々の眼には改めて凡てのものが印象深く」映るようになった。

そこに「私達は時代の恵みとしてそれを空しくしては」ならないのであって、宗悦はこれをもって下手ものの美についての「新しい美の一章」を歴史の中に「増補」すると述べていた。

そこに示された道具としての下手ものは日常の生活に即し、実際を離れることのない性質をもって用の世界に活きるものであるとされた。用に資する器物は「どこ迄も人々に奉仕しようとして」作られるのであり、必然そこには「分厚なもの、頑丈なもの、健全なもの」としてある器物が産まれることになる。また「正直の徳」を守らずしては「強く正しい質」を有した器物は産まれ得ないのであり、宗悦はそうした「物心一如」の下手ものの世界に「健康の美」を見出した。

さらに続けて宗悦は無欲・無心の美、郷土的・地方的なものを彩る美、反復多産・熟練の美、無作為的創造といった下手ものの美の特徴を宗教哲学的、美学的に析出していた。そしてまた文明的な遺品としてある下手もの、衰退していく美の歴史、日本独自の美とはなにか、茶の美は下手ものの美、といった歴史的、社会的な「注釈」Expositionを加えていた。このようにみれば、彼はすでにここで、民藝論の宗教と美にかかわる主題をほとんど言い尽くしていたということになる。各々の詳細はつぎにみるが、先にも触れたように宗悦の直観の思想においては、はじめにコトバありきなのであって、その意味において「下手もの、美」は民藝の思想における「はじめのコトバ」というべきものだった。

柳宗悦はその後の論稿で、「下手もの、美」で提起した民藝思想の主題の意味づけをさらに綿密にしていくが、その展開の場面で、修辞や言い回しを新しくしながらも思想の同義反復を見せるようなところが多々あった。そのことは民藝論が運動として展開されたなかで、必要に迫られて発表されたという事情があったこと、また民藝の思想はそもそも「一」なる思想であることにおいて、その展開は演繹的になるものであったことは見ておかなければならないだろう。はじめにコトバありきの思想において、宗悦は時どきの場面でその「永遠の今」を確かに直観する事があったのであり、これが概念化されたときに、言葉としては同義反復としか見えないところがあった。そこに直観を言葉にしていく思想のジレンマがあった。ともあれ「下手もの丶美」においては宗教と美の主題が、そしてつぎなる『工芸の道』では民藝を特徴づける「相互補助」や「協力の世界」という社会的な主題が据えられたなかで、民藝論は宗教と美、そして社会思想を三位一体にして「美の王国を建設する使命」をおびた「規範学」としての陣容を整えていくことになる。

民藝論の教科書というべき『工芸の道』は先述のように、はじめ昭和二年四月の『大調和』創刊号から翌年の正月号にかけて九回にわたって連載されたものだった。その後大幅な改訂増補がなされて、昭和三年(一九二八)十二月に「ぐろりあそさえて」から刊行された。その書の「序」で宗悦は、ここに現れた思想に達するまで十有余年の歳月を要したとしながら、とりわけこの一年は休む間もなく筆を執ったと述べていた。そして宗教哲学者として知られた自身が、工芸という「奇異な問題」に外れたことを嘆いた友人に対して、それは誤解であって自らは前著の「神に就て」で模索し得た最後の道である「他力道」の深さと美しさを、工芸という媒体を通して見つめたとしていた。

次の「諸言」で宗悦は、器という「文字なき真理の文」を通して工芸に関する思想の建設を試みるとしながら、工芸の問題が投げる放物線は広くかつ深くして「美に結合し、生活に参与し、経済に関連し、思想に当面する」と述べていた。そして自らが思想的に拠る立場は、「直観」に裏打ちされた「絶対的立場」、「立場なき立場」であるとしていた。直観とは、一個の主観に立つのであればすでに直観ではないのであり、直観には「私の直観」という性質はなく、「私を挿む余暇なき」ところに所在するものであった。そして自らの工芸に関する思想は「歴史学や経済学や化学によって構成」してきたのではなく、「私は知るよりも先に観た」のであり、「此事が私をして此工藝論を可能ならしめている」と述べていた。

そのうえで宗悦は、従来の美学が「美術」(Fine Art)をもって「美の標準」とするなかで、「工芸」(Craft)を不自由、実際、応用とかの形容において二段三段に低く見る偏見があるとしていた。彼によればその偏見は文芸復興期に由来するものであり、「実際其時から美術は高まり、工芸は沈み始めた」。文芸復興は「実に個性の自由主義」であり、以来今日まで人間中心の所産である個性美をもって「美の標準」とされてきた。そこで宗悦は個性美も一つの美であることに誤りはないが、しかしこれをもって「最後の美」とすることができるのだろうかと問題提起していた。

一度眼がルネサンス以前に溯る時、美への見方に一動揺が来ないであらうか。何故ならあの驚くべきゴシック時代では、どこ迄も美が実際と交わっているからである。そうして何処にも個性の跋扈が無いからである。そこには自由の美に対して秩序の美があるからである。そこには正しい伝統が守られているからである。絵画でも彫刻でもかゝる意味で美術と云うよりは工藝であった。それは単純な存在ではなく建築の一部でさえあった。同じ様にあの優秀な六朝や推古の仏教芸術は寧ろ工藝と呼ぶべきではないか。用を離れ美を目的とした個性的な絵画や彫刻では決してない。凡ての美は伝統から生まれた。

（『工芸の道』「諸言」『全集』第八巻所収）

そこに加えて宗悦は宗教が神中心の世界に現れるように、工芸は自然中心の所産であると述べていた。かかる工芸の美は近代の美学ではよく解きえないのであるが、近い将来においては卑下されてきた工芸が「極めて重要な学的対象」になるだろうとしていた。そしてその「工芸の意義」を追求するにおいて「二つの方面」があるとして彼は、経済学的立場を代表するものとしてマルクスの流れ、審美的立場を代表する先駆者としてジョン・ラスキンとウィリアム・モリス、そしてギルドの思想を挙げていた。そのうえで彼は経済の問題は専攻する学域ではないので言及を最小限度にとどめるとしながらも、自らが学び得た範囲において、工芸と経済の問題に関してはギルド社会主義が最も妥当的な学説であると述べていた。さらに美の直観の思想の先駆者として「初代の茶人達」を挙げながら、「私は真理の泉を古作品に見出す外はない」のであって、「それは現代を過去に返す意味ではなく、時代を超えた法則を見出す為」であると主張していた。

『工芸の道』は「序」、「諸言」につづいて、「工芸の美」、「正しき工芸」、「誤れる工芸」、「来るべき工芸」、「工芸美論の先駆者に就て」、といった各論、及び工芸に関する質疑応答のかたちをとった「概要」、そして挿絵解説からなっていた。「工芸の美」の章で宗悦は、「下手もの、美」（「雑器の美」）で示した美と宗教の主題に加えて、民藝の領域に「協力の世界」、「相互補助の生活」が見出されるなかで、そこに「協団」によって保障される「共に救はる、美」、すなわち「工芸美は社会美」という新たな主題を付け加えた。これをもって宗悦は工芸の美が教え示しているのは宗教の言葉と同じであるとして、「一個の器も文字なき聖書」であるとしていた。そして次の「正しき工芸」ではその文字なき世界から汲まれた工芸の美の「法則」を示していた。

「正しき工芸」の本論で宗悦は先ず、美の認識においては美術（ファイン・アート）と工芸（クラフト）とを混同してはならないことを読者に告げ、「唯工芸自身の裡にのみ宿る」美の見方を提起する。彼がみたところ近代西欧美学をもって工芸の美を捉えることはできないのであって、いわんやそこにおいて「価値の評定」をしてはならないのであった。工芸を解しようとするなら、何よりも先ず「よき作を手に取り上げねばならない」のであり、またそこに何をもってよき作とするかを知りたいならば、「あの初代の茶人達が愛した茶器」を目前に見つめればよいとしていた。工芸の道が見失われてきた時代において云うべき言葉は「古作品に帰れ」であり、「正しい工芸」の真理は、「凡てがそこに包まれている」のだった。古作品は過去のものだからよいというのではなく、よき古作品は、時代を超えて、「永遠の今」（Eternal Now）に活きるものであり、そこにおいて「美それ自身には永遠のみあって進化はない」のである。あるのは表現の様式や技巧、材料などの変化であり、そうしたそれぞれの時代の異なる形式に潜んで、「不変な美」はその姿を現す。伝統とはそのように「過ぎし形ではなく、か丶る永遠なもの丶姿」を指すものであった。彼は「古作品を凝視せよ、そこに永遠の美が潜む、されば未来をも貫く法則を其処に見出すであろう」としながら、「正しき工芸」の十一箇条をおよそ次のように示していた。

（一）用と美・健康の美

凡てを超えて根底となる工芸の本質は「用」である。凡ての神秘は用に交わるか否かによって決定される。民藝の作物が質を選び、形が定まり安定の美を見せるのは、用に堪えようとする志による。その志こそは健康の美の母である。用に即する事と美に即する事とは工芸においては同時である。さらに「用」とは単に唯物的用ではない。物心への用である。物心は二相ではなく不二である。

（二）工芸の領域

用が若し工芸の美の泉であるなら、最も用に働くものは、最も美に近づいてくる。そうであれば工芸の最も純な美は、普通の日常の用器に表現される。今日、はなはだしい市価を呼ぶ磁州や龍泉の焼き物は、元来はこのような日常の用器であった。また「渋さの美」を知りぬいていた初代の茶人達は、茶器を「雑器」や「下手物」のなかから選んだのであり、あの「大名物」も、もともとは朝鮮の飯鉢であった。ここに民器こそは工芸の主要な領域である。

だが民器に潜む自然の配慮はこれにとどまるものではなく、そこには社会的理念と審美的価値の不可思議な調和を見ることができる。民衆の日々の暮らしにおいて誰もが所有する平等の器、人間に許された最も低い持ち物、それらは最も罪なき私有財産と呼び得るものである。社会的理念に適う最小限度の私有物に、最も豊かな美が贈られるとはいかなる神の企てであるか。雑器を作るがごときは作家の格を低めると誤認する者があるが、用を離れるならば作は遊戯に堕すのであり、工芸の領域においては、作者はむしろ作品の格を雑器の美にまで高めねばならないのである。

（三）「美」と「多」と「廉」

「用と美」に続く工芸の原理は「美と多」の結合である。工芸が用途への奉仕であるとすればそこに多量の生産がもとめられる。「多」の世界こそが工芸の世界である。工芸は多く作られることによって、その存在の意味と美を得る。技術を必要としない工芸はない。そうして技術は数多く作ることなしには習得されない。多作は技術をして熟練に導く。そして遂にはそこに技術をすら超えた自由の美が現れる。「多」に交わるのは工芸が工芸に帰る所以である。また「多の美」は「廉の美」である。廉価であることがただちに粗悪を意味するようになったのは、近来の「誤った社会の罪」によるものであって、かかる不幸な連想が許されていない時代があったことを知らなければならない。

（四）熟練労働の美（この項は主として、同書「工芸の美」による）

工芸の美は労働と結ばれることなしにはあり得ない。単調な反復労働はやがて工人に技術の完成を与え、さらに技術すら超えた熟練の域に進ませる。その高い域において工人は「技術への全き支配と離脱」を果すが、それは「既に彼等の手が作るというよりも、自然が彼らの手に働きつつある」ような、「自由」の相を見せたものとなる。反復が自由に転じ、単調が創造に移るとき、労働は「救いへのよき準備」となる。「正しき工芸」は、よき労働の賜物である。労働が全くの苦痛に沈んだのは、資本制度の勃興による。労働そのものが苦痛なのではなく、正しい労働がないのが苦痛なのである。工芸が手工から機械に移ることによって失われたものは創造の自由である。

（五）民衆と工芸

工芸において美が労働と結合するなら、労働の運命を担う大衆こそが工芸の作者としてふさわしい。否、古作品が如実に示しているように、民衆なくしては工芸の美を全うすることはできない。工芸は大衆の世界である。それは少数の天才によって代表される美術とよき対比をなしているのであって、美は美術においては天才にはたらくが、工芸においては民衆に託される。いかなる天才的な個人であろうとも、あの無名な民衆より、さらに偉大な作を残し得たことはない。あの朝鮮の無知な工人達の誰をもが作り得た一個の茶碗を、あの偉大な光悦が驚嘆したとは如何なる事であったろうか。私達はここに工芸の美の摂理が美術家（Artist）にではなく、工人（Artisan）の手に託されていることの意味を深く感ぜねばならない。民衆と美が分離し始めたのは近代での出来事に過ぎないのであり、工芸を思うとき、私たちがなすべき任務は、自然の意志のままに再び工芸を民衆の手に返す事でなければならない。そこにおいてしか工芸の美が十全になることはないからである。ここに工芸を「民主的芸術」（Democratic Art）と呼び得ないだろうか。美の普遍化、この巨大な理念を現実にするものは、民衆の工芸である。

（六）工芸の美は社会美

民衆の工芸であるからにはそこには協力がある。衆生の一人は弱くとも同じ目的に向かって集まるときは力強い。よき古作品をみるとき合作でないものは一つもない。その分業の仕事において人々はそれぞれが負うべき領域を担って互いを援け合う。工芸は家庭的に、広くしては一村一郷の営みである。村の者は挙げて皆援け合う。そこには相愛と協力をもって結合された衆生の姿が見える。工芸は自ずから正しい制度と秩序を有する協団（Community）の生活から産まれるものである。

かつて最も偉大な工芸が栄えたのは、西欧においては中世期のギルドの時代だった。東洋においてもそれは同じだった。そこには相互補助、相互の敬念の生活があった。師弟は固く結ばれ、同朋の関係においては互いに人格を認め合った。そうした相愛関係のなかで共通の目的を持った協団的社会が経済を安定させ、生活を保障し、また工芸の製作を確実にした。そこにおいて資本制度は工芸の求める制度ではない。工芸はギルドを求め協団の生活を欲する。工芸の美は組織美である。

（七）手工芸と機械

手工芸品（Hand-craft）にも増してよき工芸はない。この法則が敗れることはないだろう。なぜならば手工は第一に「自然」だからといわねばならない。手より驚くべき「器具」があるだろうか。いかに精緻な機械も自然の手には及ばない。さらには手工には「仕事の喜悦」が伴なうが、機械にはそれが伴ない難い。前者には自由があり、後者には束縛がある。なかんずく創造の点において手工には封じられた宿命はなく、一つの線にも無限の変化が宿る。一方、機械には反復のみあって自由はなく、決定のみあって創造はない。同質のみあって異質がなく、単調のみあって種々相がない。だがしかしこれをもって機械を否定するものではない。機械は手工を活かさんがための補佐としての存在理由がある。近代機械工芸の醜さは、機械が手工を援けず、手工が機械に犯されるところから起こっている。

（八）地方的風土と工芸

よき材料に依らずして、よき工芸の美はあり得ない。よき材料とは天然が与える材料の意味である。自然の守護を受けることなしに工芸の美はあり得ない。人は工芸において材料を選ぶというよりも、材料が工芸を選ぶとこそ云わなければならない。美は人為の作業ではなく、自然からの恩寵である。正しい工芸は天然の上に休む。天然に休むがゆえに工芸の美は地方色に活きる。地には東西があり、寒暖がある。若し自然にこれらの違いがなかったら、工芸に地方性が現れることはなかっただろう。工芸にはそれぞれの故郷がある。かくして地方的風土に育つ民情が、器の美をさらに区別する。何人も自然に逆らって器を作ることはできない。都会人が農民の、日本の農民がロシアの民藝を模倣したとしても何の意味も生じない。工芸は模倣を許さず、与えられた風土や民情や物資の岩に上に固く城を築く。地方的単位なくしては、工芸の正しい発達はあり得ない。

（九）無心・自由・創造

信仰と美の法則に変わりはない。教えは「無心」や「無想」の深さを説くが、美においてもまた同じである。高き工芸の美は、無想・無心の美である。無心とは自然と共にある意である。無学であった工人達は幸いにも意識の慾に煩はされることなく自然の働きを率直に受けた。無心の美が偉大であるのは自然の自由に活きるからである。この自由に在るとき、作は自ずから創造の美に入る。創造は自然の働きである。創造はわれわれ自らが捻出し得るものではない。若し創意を工夫する者があるならば、彼に残るのはただ拘束のみだろう。美は自然を制御するときにあるのではなく、自然に忠順であるときに生まれる。創造を人間の所業とのみ思うのは全くの誤謬である。

（十）没我の美と伝統の美

無心とは没我の謂である。無心が美の泉であるならば個性に彩る器は十全な器となることはできない。工芸の範を示す古作品の美は没我の美である。それは明らかに個性の道が工芸の道ではないことを示している。工芸の作は用に仕えるためになされるのであり、若しそこに特殊な個性が示されるなら、それは公衆の友とはなり難いであろう。しかし没我は直ちに個性の否定と解してはならない。それは個性の否認ではなく開放である。没我に活きる工芸は個性の主張に止まることができないのである。宗教は「我れ」とか「吾がもの」という言葉を慎むが、その心は工芸においても同じであり、自らを大いなる世界に救う道だと知らねばならぬ。

そうであれば工芸の美は伝統の美である。作者自らの力によるものではない。よき作を守護するのは、今日まで積み重ねられた伝統の力である。そこにはあの驚くべき幾億年の自然の経過が潜み、そうして幾百代の人間の労作の堆積がある。私達は単独に生きているのではなくて、歴史の過去を負って生きているのである。私達はながい伝統の一末端に在るに過ぎない。そして伝統に活きること以上の自由はなく、自然の力が自ら働く伝統にまさる美の基礎はない。

（十一）単純の美

工芸においては単純さが美の主要な要素である。形、模様、色、材料、そして心においてもそうである。精密な意識はかえって勢いを器から奪う。誰にもなしえない何か難しいことを為すのは、技巧のことであって美のことではない。ごく普通の道、簡単な法、単純な技、質素な心、それだけで美を現すには充分である。古来複雑なもので美しくあるものは稀の稀だと云っていいであろう。「渋さの美」は単純が失われたところには決してない。単純は単調ではない。古人は沈黙を「饒舌な沈黙」と云った。単純に優る複雑があろうか。よき無地には一切の色が包含される。

以上、器という「文字なき真理の文」から汲んだ「永遠の美」の法則を示すなかで柳宗悦は、かかる古作品を範とする工芸をもう一度「民衆の手に返さねばならぬ。また返すべきが吾々の任務であることを悟らなければならぬ。又返し得る事を信ぜねばならぬ」と述べながら、そこにおいて「目覚めた少数の個人」は、乱れきった時代と民衆の間に立ち、「よき介在者たるべき任務」を負うことを説いていた。

四　美の標準

古茶人達によって発見された東洋の古陶磁器を範にした「正しき工芸」の十一箇条は、とりもなおさず「下手物」の美の法則を示すものであった。宗悦はその法則を「美の標準」と定めるなかで、「上手物《じょうてもの》」において工芸の美の性質や歴史を見ていく「在来の見方」の「価値転換を迫る」ことを決意した。下手物が「民衆の手で民衆の為に無心に沢山作られた日常用の雑具」であるのに対して、上手物は「少数の富貴の人の為に、美術的意識から少数に作られる高価な器物」であり、その多くは「在銘であり飾物」であった。宗悦は幕藩時代に藩の守護のもとに営まれ「お庭焼」とか「お国焼」と呼ばれた官窯を上手物の代表としていたが、個人作では光悦茶碗、楽茶碗、木米の煎茶器などを挙げていた。宗悦はそれらの上手物に共通してみられる「娯楽的」、「技巧的」、「作為ある制作」、「形を奇」にした作りなどを「意識の道」から来るものであるとして、そこに生じる工芸美の「弊害」を難じていた。しかし宗悦がはじめに日本の工芸に開眼することがあったのは、その「意識の道」の所産である上手物においてであった。

宗悦は浅川伯教持参の朝鮮陶磁器に「驚愕」した我孫子時代に、日本工芸の上手物の代表にかぞえられる琳派の作品を東京上野の美術館ではじめて目にしていたが、宗悦はそこに日本固有の「形状美」を見出し、これを朝鮮陶磁器と並べて高く評価していた。彼は光悦作の蒔絵の硯箱の美しさに驚き、また琳派の茶器類に魅せられたなかで、「光悦等が作った茶の湯の茶碗等には最も発達した人間の視感覚及触覚が働いている」(「我孫子から　通信一」『全集』第一巻所収)と述べていたのだった。『工芸の道』執筆よりもおよそ十三年前の大正三年(一九一四)のことだった。しかし、すでにみたように大正四年頃から本格化させた宗教哲学において、宗悦は徹底して人間中心主義を否定していった。同じく宗教哲学と軌を一にした美の思想においても、主我的、主知的傾向をみせる個性美ではなく、人間個性を超克して「無心」や「自然」を映し出す「公有の自我」を光源とする美を直観しようとしていった。『工芸の道』の「緒言」で彼は、直観の思想は「禅宗の如きが一つの適例」との境を示していたが、下手物の美の直観＝発見はその宗教哲学的、美学的営為のなかでの出来事であり、彼はそこに見出した「無心の美」の場所からあらためて光悦の作品を照らし直したということだった。

宗悦がみたところ、鑑賞において「偉大」であった光悦は古茶人が「井戸」と呼んだ高麗茶碗の美を正当にみつめ、その美を自らの作に取り込もうとした。しかし本来は雑器である下手物の美の真実に気付くことのなかった光悦は、美を無心からではなく「技巧の仕業」で示そうとしたことで「制作において不充分」に陥った。その結果として光悦の「鷹ケ峯」銘の茶碗は作為ある上手物に終わったのだった。その経緯を宗悦は、下手物の美を上手物において示そうとしたときに起る「矛盾の悲劇」であるとしていたが、そのようにあった美の顛末は独り本阿弥光悦のみにとどまらず、「茶器の歴史」において繰り返されてきたものだった。

宗悦は工芸の美の諸相は茶器の歴史をたどるのが「一番便宜」であるとして、光悦が陥った「矛盾の悲劇」もその経緯においてみていた。茶道具の名品の一切は朝鮮や中国の雑器を出自にしていて元来はことごとくが当地の下手物であったが、そこに初代の大茶人達は「さび」をみせ、「渋さの美」を潜ませた「大名物」を発見した。そして大名物と見立てた「井戸」銘の高麗茶碗の鑑賞において茶人達は、高台の作りなど「七つの見處」を数えてこれを賞翫《しょうがん》した。まさに「鑑賞もここ迄入れば全し」であった。しかし皮肉にも茶の歴史はこの「転廻」によってジレンマに陥ることになる。すなわち、人々が七つの見處を守って器を新たに作ろうと欲したとき、器は無心からではなく、見處を意識し、作為をもって作られるようになる。そこで器は無名の民衆の手から離れて誰々の作をもってする在銘陶となっていく。技巧や作為に長けた名人の技が器に忍び込むのも、また器が「趣味の好乎な対象」に変じていくのも、そのような工芸の歴史の「転廻」においてであった。しかし在銘の作で「無銘器の美を超え得たものは一つだにない」のであり、宗悦において下手物の美を「上手」の心で産もうとするのは「無謀」であった。

およそこのように茶器の歴史をたどるなかで宗悦は、「時代をもう一度正しき方向に戻す」ための指針として「美の標準」を提示したのだった。そこにおいて彼は自らの美的直観の在りようは一個の独断ではなく、「あの卓越した初代の茶人達の鑑賞によって裏書き」されていることを強調していた。その先人に連なるという矜持をもって宗悦は、日本固有の下手物の美は朝鮮や中国の古作品と同じ性質を有しているとみていた。『工芸の道』に宗悦は「下手物」の挿絵写真を載せていたが、瀬戸の無銘の煮染皿《にしめ》（石皿）や行燈皿、伊万里の量産品である藍絵（呉須絵）の猪口や徳利、信楽の茶壺などに発見される美は、東洋の古陶磁と同じ性質を保っていて優劣はつけられなかった。さらに日本固有の下手物の世界には、「大名物」の「兄弟や姉妹」であるところの雑器類が、数限りなくあるのだった。しかし宗悦によれば工芸の歴史は不当にも上手物をもってする個人作家史の観を呈してきたのであり、今にいたるまで日本固有の下手物の美が取り上げられることはなかった。しかのみならず下手物の世界は近代の「制度の罪業」のもとに民衆の手から奪われ、「あり得べからざる悲劇」に見舞われているのだった。

「正しき工芸」に続く「誤れる工芸」において宗悦は「器は世を映す鏡」であり、「器が病むなら、それを生む社会も亦病にある」としながら、時代のなかで作られつつある器に現れている「病根」を社会的と思想的の要因とからみていた。そこで彼は社会的な要因として「労銀の制度」である資本主義と機械主義を、また思想的要因として「個人の作家に伴う罪」であるところの主我主義と主知主義を挙げていた。柳宗悦において工芸を醜くする「四つの悪」であった。

まず「労銀の制度」において問題となるのは、「利欲」と「競争」だった。その制度の下に「人々の愛は只利欲」にのみ注がれる。更に利欲は終りなき利欲を誘い、その悪の連鎖のなかで

「村々で平和な生い立ちを受けた工芸は、激しい競争の都市」へと拉致し去られることになった。宗悦はそこに器は単なる商品と化し、「時代の哀れな犠牲《いけにえ》に過ぎない」ものになっていったと断じていた。彼は工芸の歴史は時代が新しくなるにつれて、概して「沈んでゆく」と見ていたが、「その堕落史を繙く人があるなら、それは近代から筆が起され、現代に於て絶頂に近づいてきたのを知るであろう」と述べていた。その「誤れる工芸」の時代において人々は、資本制度のもとで産出される「醜い器」を捨てることに何等のためらいをも感じなくなることは必定であり、彼は「勿体ない」という声はまもなくこの世から消えていくであろうとみていた。世の善男善女の口から思わず漏れる「勿体ない」の一声は、『神に就て』でみたように、「有難い」の声と共に「私の裡に私が在るというよりも、更に神が在る」ことを物語っているものだった。そこに宗悦は自らの宗教哲学上の「最後の心」と、また同時に「はじめの心」を観ていたのだったが、「労銀の制度」は器から美を奪うのみならず、東洋の一国の善男善女の心から神＝仏をも奪い去るものとしてあるものだった。

一方、「労銀の制度」が外的要因をもって人間の精神を犯すものであるとすれば、主我主義と主知主義は「内なる敵、心の敵」（「誤れる工芸」三）であり、信仰を妨げまた美を乱す元凶だった。「個性と意識とにもとづく工芸」が主張される時代のなかで、「主我の念」や、「意識や作為の超過」をみせる「主知の心」が工芸の美を襲い、それに伴い上手物が一層高く評価されるようになった。しかし宗悦は「天才の領域」に帰する個性主義に立った作は「工芸美術」とはなり得ても「工芸」となることは出来ないと述べていた。そのかぎりにおいて先の光悦の作は「工芸美術」の範疇に入るものだった。下手物の美をもって「美の標準」とした宗悦にとって、工芸と美術は峻別されるものでなければならなかった。

　しかし「正しき工芸」をもう一度民衆の手に返すための「来るべき工芸」が展望されるとき、民藝の思想は茶器の歴史にみられたのと同質のジレンマに当面することになる。すなわち「意識時代」の近代においては「工芸美術」を担う個人作家を無視することはできないのであり、宗悦は工芸における主我主義と主知主義を否定しながらも、少数の目覚めた個人作家が工芸の世界で果たすべき役割をみていくことになる。民藝論における個人作家の位置づけについては次にみるとして、その前に「工芸の道」の方向を見当するうえで、宗悦が時代のなかの工芸をどのように俯瞰していたのかをみておきたい。

『工芸の道』の各論を締めくくる「概要」で宗悦は民藝論についての問答集を編んでいたが、そこで彼は工芸を「民藝」（民衆的工芸）と「美芸」（美術的工芸）の二つの領域に類別していた。そして民藝の領域には協団的工芸と資本的工芸があり、一方の美芸は個人的工芸と貴族的工芸が範疇された。民藝に分類される協団的工芸は「創造的」な手工芸であり、これに対する資本的工芸は「決定的な機械製産」に終始する工芸であった。一方、美芸に分類される個人的工芸は「個性の表現を旨とする個人的作品」をもってするものであり、貴族的工芸は「官とか富豪とかの命による貴族的な上手の作」を性質とするものだった。

　以上の分類において進むべき工芸の道は云うまでもなく、民藝にカテゴリーされた協団的工芸であり、棄てるべきは資本的工芸であった。また美術的工芸としてある貴族的工芸は「主として技巧的作に流れる」ために美の本道から離れるものであり、一方の個人的工芸は、器そのものの美を示すものではなく、「作者の有つ鋭い神経とか確かな個性とかの面白み」を表わし、「工芸的持ち味ではなく、寧ろ人間的な持ち味」を表出させる領域だった。このように美術的工芸に分類される工芸もまた、工芸美の本道を示している「美の標準」からは外れるものだった。しかし次にみるように、個人的工芸の道を歩む個人作家は「来るべき工芸」の展望において重要な役割が与えられることになる。

五　悪人正機の浄土

純粋美術の対極にある民藝の復興を計ろうとする「来るべき工芸」の「序」で宗悦は、工芸の思想を「民衆の為に温かい福音を語るあの他力宗の易行道」をもってすると述べていた。彼はその道を「知識ある者には難行の道」となるとみていたが、しかし当の民藝論こそが、文字なき世界の理、すなわち理外の理をみていくことにおいて、まさに難行道を歩むものだった。宗悦はこれを近代知に依りながら思想的に組上し、「衆生への肯定、あの天才ならざる者への肯定。此至難な仕事を最初に果す事なくして、誰も工芸論を発足せしめる事はできない」と述べていた。そして民藝論の核心である工芸の美における悪人正機説を展開していた。

私は屢々あの道徳家が一切の者を善人にしようとする努力を目撃する。〜中略〜だが凡ての者に善人たる事を強いる事なくして、悪人がそのまゝに救われる道がないであろうか。天才たり得ない民衆がそのまゝに摂取される道がないであろうか。否々、凡夫たるが故に、必定救われる其誓いがあり得ないだろうか。天才よりも更に固く救われる誓いがないであろうか。

（「来るべき工芸　上一」『工藝の道』『全集』第八巻所収）

天才の美より更に固く美の誓いが結ばれるのは、云うまでもなく東洋陶磁の古作品が示している民衆的工芸の世界であり、そこに宗悦は言葉を転じて「若し聡《さか》しい者が美を産み得るなら、無学な者は尚産み得る」とする工芸の美における悪人正機説をもって、工芸界をも襲っていた近代美学のヒエラルキーを反転させた。そしてさらに次のように続けていた。

私は無学を余儀なくされるあの大衆の運命に固く望みを抱こう。無知に望みがあるのではない。彼等を守護する自然の叡智に固き信頼を有とう。その叡智に抱かれる彼らの運命に私は祝福を感じる。嘗てそうであった様に、工芸の美は今後も民衆の手に託されねばならぬ。〜中略〜私は民衆の無知の中から、聡しき者に優る智恵が輝くのを見よう。〜中略〜私は此世の智恵に工芸を託すまい。〜中略〜私は天才よりも尚輝かしい「民衆」の幻像を見、そうして知識よりも尚明るい「無心」の影像を目前にみつめているからである」（前同）

「誤れる工芸」の時代の到来において民衆は生命を封じられ、「遂に美を産み得ず、又美が何処にあるかをも見失って」(「来るべき工芸　中序」』)しまったが、来るべき時代において尚も民衆に輝く美の世界が訪れることを柳宗悦は祈願した。そしてその実践の思想において宗悦は、「民藝が甚だしく堕落してきた今日、何が美の目標であるかを示してくれるものは個人作者よりほかにない」(「概要」以下同)としたのだった。彼において個人作家とは、天賦の才能を有した「選ばれたる者」であり、「只天才のみが正しい個人作家」であった。若しその少数の目覚めた個人作家が、末世の今日において奮起することがなければ「世は更に暗くなる」のであり、個人作家は「美に対する正しき鑑賞や認識」をもって、「次の時代を再び民藝時代とする為の媒介」としての『重大な任務」を負わなければならないのだった

柳宗悦は、個人作家と無名の工人の在りようを、中世期ギルドの師匠(Master artisan)と工匠(Craftsman)の関係においてみようとした。個人作家は美の正確な審判者の立場において工人の踏むべき道を指し示す「僧侶」として、また工人は「美の教会」の僧侶たる個人作家の導きに従う「工藝の美の王国」を守る篤信な平信徒と位置づけられた。そのような「相互の補佐」の関係において個人作家は「個人に伴う幾多の欠如」を償い真の自由を得ることになる。一方、美に関する正しい理解を欠いた工人は、個人作家との「結合」において正しい美の道を誤りなく歩むことができる。進歩思想における民藝論批判はここに集中するがそれは後でみるとして、宗悦はそうしたかたちの「結合」は「協団の理想と合一する」としていた。

宗悦において工芸の問題は、「自ずから社会組織に転じる」(「来るべき工芸　下二」)のであっ

て、その組織として彼が挙げたのが美の共同体である協団＝ギルドだった。宗悦によれば資本主義の勃興によるギルドの衰退と、工芸の廃頽は並行して起こったものだった。そこに民藝論において協団＝ギルドの復興が目標されることになるのである。美しい工芸は必ず協団的な美を潜ませているのであって、彼は工芸を「協団的芸術」（Communal Art）と呼ばねばならぬと述べていた。協団的芸術は「協力の世界」、「結合の世界」、そして「共有の世界」であり、背後に自然法や制度、すなわち共同体の「掟」を潜ませた「秩序の美」において活きるものだった。

そのように「秩序の美」は「理法の許に生まれたのであって、任意に作為」されたものではなかった。それゆえに協団的芸術としての工芸は、時代や地域によって種々の異相を見せることになる。しかしそこには異相を超えて共通する「普遍の美」が見出されるのであった。普遍の美が潜む工芸は、「共有の美」の示現であり、その「差別に在って尚差別に終わらない公の美」において世界は「結合」することが可能となる。宗悦は後に民族問題をみるにおいて、ナショナルにしてインターナショナルな視点を有する平和思想家だと評価されることになるが、そうした思想は民族毎の異相を見せながらも、そこに共通する普遍的美を見つめた民藝論に胚胎していた。無論その普遍性は近代の個人主義の貫きにおいてではなく、前近代の協団的秩序の美の産物であることにおいて捉えられるものだった。宗悦において真の自由はその宗教的世界にこそ所在するものであった。

個人道にこそ自由の獲得があると云うかも知れぬ。そうして法則の下には、只服従の屈辱のみがあると難ずるかもしれぬ。併し宗教的経験は繰り返して教える。帰依にまさる自由はない事を。自我の主張が自我の拘束に終わらなかった場合があろうか。〜中略〜　捨身にまさる自由感はない。秩序への帰依、私はそこにのみ開放された個人を感じる。秩序の美より、更に自由な美は何處にもない。抑も自然への帰依が器を醜くした場合があろうか。そうして自我への執着が器を醜くしなかった場合があろうか。　放縦は自由ではない、自由は責任である。資本主義は秩序なき拘束を、個人主義は秩序なき自由を、そうして協団は秩序ある自由を私達に送る。私は真の自由を凡ての者が分有する為に、協団の組織を求める。

（「来るべき工芸　下六」）

ここにおいて宗悦は「来るべき工芸」は、ギルド社会主義の実現を目標にして進まなければならないと述べていた。ギルド社会主義は中世主義と云われる。しかし宗悦は、最も新しい形の社会主義が中世期に見出されるのであって、復古主義を唱えるものではないと主張していた。ところで社会思想としてのギルド社会主義は農業や工業、そして商業の「社会の公正に達する方法論」としてあるものだった。無論それは「正しい工芸を保証する為の方法」でもあった。しかし宗悦はこれをもってギルド社会主義の「最もよき方法」とすることに「尚満足する事が出来ない」。社会思想に宗教的な理念を投影させていく宗悦において、協団＝ギルドの意味はそこに尽きるのであってはならなかった。

協団は理念である。イデアである。私はそれを単なる方法とか手段とかに数えているものではない。協団そのものに一切の目的界を観じる。それは目標であって道程ではない。あの美を司る王国、私はそれを協団と呼ぶ。私達がかかる教会を構成するのではない。却てかかる協団によって私達が構成されるのである。美を産む為の団結ではない。団結によって美が許されるのである。～中略～　協団は理法である。見えざる者の意志である。協団は厳命Fiatである。私は帰依すべき者の影像をそこに見守る。それは抗す可からざる法である。そこに則る時にのみ、私達の義とせらる丶生活がある。協団自体は「無謬」Infallibleである。

（「来るべき工芸　下九」）

さらに宗悦において協団は「権威」であり、その無上なるものの姿において「工芸の美をして可能ならしめる原力」となるものであった。協団は「メシアニックMessianicな意義」をおびるものであり、その「救い」のうちにすべての作は「美の浄土」へと運ばれる。

言葉足らずの感ありで少し難しいが、プロティノスの流出説においてこれをみてみると、宗悦はまさに協団において、「根源的美」＝「一なる美」の「流出」をみようとしていたことが判然としてくるのである。「見えざる者の意志」とはすなわち、「一」なるものの流出のことであろうし、また協団における、「義とせらる丶生活」とは、「魂もそれ自身が美しくなっていなければ、美をみることができない」（前出『プロティノス「美について」』）ことにおいて、「節制の美徳」や「美しい自己」を美の流出の条件に挙げたプロティノスの思想を念頭に置いたものであったことは疑いないのである。また、「来るべき工芸」のすぐ後に宗悦は「聖貧に就て」（『全集』第三巻所収）という一文を書いていたが、そこで彼は協団をプロティノスいうところの「かの美を眺める道、方法」として位置づけるなかで、その性格をより明らかにしようとした。

「聖貧に就て」は昭和二年（一九二七）の『婦人公論』九月号に発表された。その一文で宗悦は、「想像」をもって「実在」を直観するとしたブレイクの「地獄の箴言」を引用しながら、「想像」は夢想ではなく、「真実にして永劫なものへの洞見」であると述べていた。そこで彼は正しい制度でありながらも実現においては「今は不可能な事」としてある中世期の社会を、「嘗て可能であった事なら、今不可能な事も、いつか可能な事となる」と記していた。

宗悦によれば中世期は聖者の時代であった。その「富」からの解脱を果たした聖者の「聖貧」なる姿は、社会的な「規範の力」を帯びるものであって、そこに彼は「社会の苦難を解く鍵」をみることができると説いていた。聖者にとって「貧」よりも豊かな「富」は考えられないのであり、聖者はそのことを自らの一生の姿において万人の前に示していったのだった。誰しもが認めるアッシジの聖フランチェスコは「無住所に真の住所があり、無所得にこそ真の所得」があることを教えていた。何ものをも欲しないときに、凡てが神に充たされるのであり、自らを棄て得る者のみが一切の「生命を握る」ことができる世界がそこにあった。

あらゆる経済学は「貧は苦である」ことを前提にしているが、宗悦は「経済概念ではなく経済概念からの離脱のみが経済の諸問題を解く」鍵となると主張していた。『神学的総説』（『神学大全』）においてトマス・アクィナスは、「利子」を禁じて、その罪を説いていた。それは教理に止まるものではなく、実際に教会法として実施されていたものだった。宗悦は今の経済学にとってこれほど実現不可能なことはないだろうとしながら、「宗教と商業との結合、今は僅かに想像にのみ描き得る境地」をそこに記していた。

中世ヨーロッパの聖人の姿をもって「聖貧」を説いた宗悦は、日本の「茶の湯」の世界をもそこに取りあげていた。彼のみたところ、「貧」なくして「茶」はないのであり、茶の美は「聖貧の美」であった。そこにおいて宗悦は茶道を美における聖貧の教えとしてみることができないであろうかと述べていた。茶道においては茶道具もまた「貧」を潜ませているものだった。「大名物」として珍重される茶器も元々は、「悉くが名もなく貧しい人々」の手になるものだったのであり、これをもって宗悦は、茶道の世界は「あのフランチェスコの教えを、同じく語っていると云えないだろうか」と思った。彼は「聖貧」をもってする協団をイメージしながら、「私は凡庸の世界に、民衆の世界に、貧の世界に、ゆき渡る救いの誓いを疑う事ができぬ」と記していた。近代化していく社会において悪しきものとされる「無学」、「無知」、そして「貧」なる存在は、悪人正機説をもってする工芸美の世界においては、そのあるがままの姿において美の浄土へといざなわれるものだった。

宗悦は「聖貧」の思想をもってすることで、時代のなかの「経済問題に対し思想問題に対し、価値の一転倒」を計ることができると説いていた。多くの社会論者は労働時間の短縮を論じているが、「それはたかだか資本下の余儀なき労働を緩和すると云う事」に過ぎないものであって、「労働の縮小に人生の幸福があると解するなら錯誤」であった。多くの社会経済思想は、「労働は苦痛」であるという前提に立っているが、そのような労働観はついには「労働への否定に終る」ものであり、そこに要求される「労働者に与えようとする余暇は、人間苦の解決とはならない」のだった。労働問題において本質とされるべきは「労銀」の要求や、労働時間の短縮などではなく、労働そのものの「深い意義」でなければならなかった。

働くことそれ自体に生活があるような労働の在り方を、宗悦は「真の労働」とみていた。フランチェスコはすすんで労働を尊んだが、それは「利」を求めんがためではなく、「労作それ自身に与えられた本務」を感じていたからだった。「働くのは彼自身の為たるよりも、彼を超えた人類の為」であり、「耕すのは得る為ではなく、自然の恵みを受ける為」。また「建てるのは自らが住む為たるよりも、神と住む為」であった。そこにおける労働は悦びを伴う「感謝の情」に満たされたものであり、「有り難い」、「勿体ない」、「かたじけない」、「冥利に余る」といった感情が、自ずと湧いてくるような働き方だった。「今日の苦痛と今日の争闘」があるのは、労働観に感謝や悦びの念が露ほどもないからであって、自らを主とした権利や個性を言い張るからに他ならなかった。「恩寵への意識」をもった生活なくして真の生活はないのであり、そこに宗悦は、背後にアダム・スミスの「見えざる手」ではなく「見えざる力」、「見えざる神の意志」が働く「真の労働」を「想像」した。彼において来るべき世は「富」をもってする経済概念からの離脱において、欠乏への恐怖ではなく、与えられる恵みを悦びとする社会だった。そこで樹立さるべき哲学は、「受動哲学」であった。

六　進歩主義と民藝論

「聖貧に就て」は、『工芸の道』所収の「来るべき工芸」の論稿を補完するものだったが、その「来るべき工芸」の掉尾で宗悦は、「相愛補佐の同朋的結合」をもってする協団なくして救済はないと述べていた。協団は宗教にたとえれば、第一に神の恩寵、第二に僧と平信徒、第三は教会からなるものであり、その結縁をもって「美の王国」は樹立されるのだった。すでに失われ、あるいは失われつつある共同体社会の産物である工芸を、「協団」という新しい組織において甦らせるという壮大な美の思想であったが、それは先にみたように近代化主義を「一転倒」させてはじめて開かれる道であった。宗悦自身がすでに予期していたことだったが、民藝論批判はそこに集中することになる。特に「美の教会」において僧侶と平信徒に例えられた個人作家と工人の関係が非民主的であるとして問題にされた。

出川直樹は前出の『民芸』で次のように述べて民藝論を批判していた。「幻の大伽藍である民藝の体系のなかの工人は、人間性を持たない木偶人形のような存在であり、彼らの創意も美意識も技術も無視されすべては他力のせいにされ、他力の救いも工人を素通りして作品のみに与えられる。民藝論において客観的事実とされる直観や正しさ、そして美のすべてが柳宗悦という個人に収斂してしまい、そこに普遍性はない。正確に時代の現実を直視せず、人間存在を無知無学にして手は持

っているが頭の中はからっぽとするような人間観は、人間の尊厳を著しく傷つけている」(『民芸』から要約)

また中見真理の柳宗悦と民藝論批判は以下のようであった。「根本には人間ではなく、神を中心とする世界観をもってした柳は、時代の流れを的確に読み取ることができなかったのか、民衆の主体性そのものを否定していた。悪人正機説に固執する民藝論においては知識人化する民衆の存在は否定さるべき存在であって、民衆はあくまでも悪人、つまり無知であることを要請され続けなければならない。民衆と知識人は相互的関係として位置づけられながらも、その差異化志向は階層的な上下関係を生みだし、関係を固定化することになる。そこで民衆は自らの力で美を生みだすことなく、従順で反逆心を欠いた存在に封じられる。加えて柳の民衆像は「聖貧」をもってする宗教的存在であり、それゆえ民藝論は近代化の与える恩恵を無視し、民衆の待遇改善をはかる近代的な配分的正義を考慮していない。柳は民衆が直面している問題を解決するよりも、民藝運動を成功させ、民藝理論を確立させることの方が重要だった。そのことは柳が特権階級だった自らを顧みることなく、民衆の置かれた境遇について悩むようなところがほとんどみられなかったことと関係がある」(『柳宗悦　時代と思想』から要約)

もっとも中見は同書の十年後に著した『柳宗悦　「複合の美」の思想』のなかで民藝論における知識人と工人の関係を、「差異化志向」ではなく「相互扶助」とみるなかで、それまでの見解を少し改めていた。また工人を社会的弱者として一般化する視点のなかで、そこでの近代的な「配分の正義」の問題は解決することは難しく、「これは民藝運動に限られた問題ではない」と述べていた。

しかし総じて民藝論は近代化の恩恵を評価しないことにおいては一貫するものがあって、これをもって中見は柳宗悦を「民芸」から「解き放つ」ことを自らの思想的課題としていた。そこで中見が依ったのは前書の大杉栄や石川三四郎ではなく、新たに柳思想に見出されるとしたところのクロポトキンの相互扶助思想であった。これをもって中見は再度アナキズムの脈絡で柳思想を捉える自説を披瀝していた。

そうした近代主義的な視点の堅持において中見は、同書でも民藝論における工人と知識人の関係を、本来無対辞の否定道であった悪人正機説を善人（＝個人作家）と悪人（＝工人）の二元に別ってとらえていた。前書より批判の切り口を柔らかくしていたが、しかし社会階級論的な進歩的近代思想を根底にした民藝論批判はそこに一貫していた。その点を踏まえてここでみておきたいのは、はたして柳宗悦が民藝の思想を育んだ時代において中見が問題にしていた「近代化の恩恵を受けることの可能な環境」が、どのように在り得たのであったろうかということである。『「国際化」のなかの日本』（「日本の近代4」）の著者である有馬学は、現代の価値観を過去の歴史認識に持ち込んではならないと戒めていたが、有馬学が発掘した文献資料によれば、関東大震災時にはじめて社会主義者の前に登場した「大衆」の姿を見るにおいて、そこに「近代化の恩恵」を「主体的に選びとる回路」などはほとんど幻でしかなかったことがわかるのである。

大震災に際しては大杉栄や伊藤野枝、労働組合員などが惨殺されたが、これに劣らず当時の社会主義者を震撼させたのは、平生は羊のごとく穏和にして労働運動などには決して姿を見せることのなかった「大衆」が、大震災を機に自警団という予想だにしない形で登場したことだった。自警団は「大衆」自身が自発的に組織し、その手で六〇〇〇人に及ぶといわれる朝鮮人を虐殺した。さらに自警団は、勇敢なる革命家のつもりでいた「運動者」にも鉾先を向けて、憎悪を示した。同書の孫引きになるが、『社会思想』同人の蠟山正道は「我が日本に於て社会主義が一般大衆から如何に取扱われているかは、去年震災時に於て暴露された所から明白である。～中略～憎悪視されていたのである」と述べていた。また建設者同盟の竹内五郎は当時の社会主義者たちが思い描いていた労働者大衆像は「単なる幻影」であったのであり、「幻影の大衆より大衆の実体」をみなければならないと反省していた。労働組合の組織率にしても極端に少なかった当時において、「近代の恩恵」云々の言説を受け入れる社会階級的な基盤はほとんどないに等しいものとしてあったのである。有馬学にならえば、大正の社会主義が発見した「大衆」は、「近代の恩恵」を要求してストライキを決行する労働者大衆ではなく自警団であった。大虐殺という歴史的に消すことができない事実の重さには暗澹とするほかないが、このようにしてしか歴史に登場し得なかった大衆の存在は、まさに日本近代の陰画であった。すでにみたように柳宗悦はこれを日本人の一人として重く受け止め、その蛮行を朝鮮に出向いて詫びていた。

中見や出川は柳宗悦が時代の流れを読み取れていなかったかのようにみていたが話は逆で、時代に流されることなく鋭敏に日本近代の姿を捉えていたが故にこそ柳宗悦は危機感を懐いたのだった。そこに確認しておかなければならないのは、宗悦は近代化によって人類は恩恵を受けたなどとは露ほども思っていなかったということだった。彼において近代は人間存在を寄る辺ない「個」に解体し、恩恵どころか「「虐げられた」（「誤れる工芸　四」）存在に陥れたと捉えられるものだった。

そこの見極めにおいて彼は、「現下の苦しい社会」（「聖貧に就て」）の元凶である資本主義や個人主義に対置される、協団的な社会を提起した。自由競争ではなく相愛の糸に結ばれる秩序、権利ではなく権威をもって尊厳される人間像が描かれる社会だった。

もとより柳宗悦は、「現代において与えられた特殊な恵み」（「誤れる工芸　四」以下同）としてある「意識的な悦び」、「知る悦び」を否定したのではなかった。ただ意識それ自体を相対化する意識がそこになければならないのであり、「主知に立つ限り、示し得る美は相対の域に」止まるものだった。宗悦は、「知は無知に優る。だが知は無心より勝ると誰も云い切る事は出来ぬ」としながら、「真に知に活きる者」は知に止まることなく、これを超えて「無念」の世界へと進まねばならないと述べていた。知の世界に止まるかぎりは理外の理の世界を覗くことは出来ないのであり、宗悦はそれを果たし得ない近代主義においては、真に自由である人間の姿をとらえることはできないとみていた。時代的に後付けの思想でしかない「近代化の与える恩恵」を強調し、そこに彼の文明論的な問いかけをみない思想において、その神秘思想の深奥が捕えられることはなかった。すでにみたように宗悦において、労働時間の短縮や配分的正義といったことに止まる社会経済思想は、たかだか資本下の「余儀なき」労働や不公平を「緩和することに過ぎぬ」ものであった。

柳宗悦は労働の観念を、社会経済的視点を排除して現れる始源的な姿においてとらえようとした。それを「聖貧に就て」で試みるなかで、真の労働は「働くそれ自体に生活」がある労働としていたが、そこにおける労働は「一切の感傷を許さぬ」、厳粛な「労働自体」としてあるものだった。彼はその姿をフランチェスコが創立した「托鉢僧団」（托鉢修道会）の僧たちの托鉢行為に見出していた。彼等は一切の財産を放棄し生涯乞食のうちに都市や農村を放浪し福音を説いて廻ったといわれるが、宗悦はその捨身の托鉢行為＝修行において真の労働は人間身体と即融して立ち現われてくると観ていた。その霊性を帯びた「労働自体」は、同時に宗教的なるものを顕現させるのであり、宗悦はその厳粛さのうちに教義信仰に先立つ初源の宗教の姿を観ていた。その彼が脳裏に浮かべていたのは、教義信仰を突破して、「吾れありと言い得るのは、只神のみである」としていたエックハルトのコトバだった。

「下手もの、美」において宗悦が直観していたように、人間の働く行為は神なるものへの帰依の姿として観ることができるものだった。すなわち民藝の思想において帰依は、教義的信仰を持たずとも、「南無阿弥陀仏」の名号を無心に称えるに等しい工人の熟練した技の域において果たされるのである。宗悦において、何ものにも囚われない人間の真の自由や自立した姿は、そのような前近代的な存在としてある工人の労働の世界にこそ所在していた。そこに見出される工人は、人間不在の「木偶」などではなく、心・技・体を一如にした、膂力たくましい身体的な人間であった。階級的な意識や利得などを勘定に入れない心身一如をもってするそうした労働は、配分的正義や労働時間の短縮といった「労銀の制度」のもとでの労働観では捉えることができないものとしてあった。

プロティノス云うところの「かの美を眺める道」を歩もうとしていた柳宗悦は、中世期イタリアの聖人や修行僧の姿に「節制の美徳」や「美しい自己」を見出し、そこに「義とせらる、生活」をみていた。しかし民藝論においては、民衆＝工人は宗教的な何事かをなすこともなく、そのあるがままの姿において至善の美である「かの美」の世界に近く在る存在だった。なぜならば民衆＝工人は身体的行為、すなわちその熟練の技の域において固有の自然や風土、そして伝統の美を潜ませた「一」なるものを顕現させる力を有していたからであった。自力と他力を渾然一体とさせて無心の姿をみせる民衆＝工人の、自由で自立した労働を妨げるものは何もないのであった。民藝論において強調される反復・多作の勧めはそうした「真の労働」を奨励したものだったが、しかしそれは「労銀の制度」と「意識の時代」においてはまさに難行道となるものだった。

人間中心主義からすれば、民藝論における労働観は近代の価値観を欠落させているものであって歴史に逆行すると写る。しかし宗悦は反近代的な自らの労働観を持して近代化の過程で失われていく一つの文明を擁護し、そこに連なる「来るべき世」を「想像」した。その宗悦の想像のよすがとなったのが、美の概念とてなかった時代の美、そしてその民衆世界に存するプリミティブな宗教の在りようだった。それらのものは幸いにも人々の生活のなかにいまだ尚保たれていて、容易に共同直観されるものとしてあった。その共同直観の場として宗悦が見詰めたのが「茶の湯」の世界だった。

柳宗悦は「聖貧に就て」で、聖フランチェスコや托鉢修道僧が見せていた「聖貧の美」は、日本の「茶の美」に通じるとしていたが、そのことは『茶の本』をもってした岡倉天心（岡倉覚三）の見方ともよく響きあっていた。周知のように同書は明治三九年（一九〇六）に、当時ニューヨーク在だった天心が、親友の米国人に奉げるかたちで書いたものだった。そしてそれが日本の同人雑誌「亡羊」に和訳掲載されたのは、奇しくも宗悦が「聖貧に就て」を発表した同じ年の昭和二年から翌三年にかけてであった。その書の冒頭で天心は、「宗教においては未来がわれらの背後にある。芸術においては現在が永遠である」としながら、芸術を真に鑑賞することにおいて、「人はおのれを美しくして始めて美に近づく権利が生まれる」と述べていた。そこに「茶」の世界は「審美主義の禅」であるとするなかで、茶の宗匠たちは「美を友」として世を送るにおいて、「常に宇宙の大調和と和しようと努め、いつでも冥土へ行くの覚悟をしていた」のだった。

そして第七章で天心は、茶道具などに果した茶の宗匠の審美眼の偉大さもさることながら、彼等が「処世上に及ぼした影響」はさらに計り知れないものがあると述べていた。すなわち、「人間は生来簡素を愛するものである」とした「茶」の教えは、「上流社会の慣例におけるのみならず、家庭の些事」に至るまで国民の生活に広汎に浸透していったとみていた。

プロティノスの美の思想を想起させるような『茶の本』だったが、柳宗悦もまた「聖貧に就て」とほぼ並行する、「工芸美論の先駆者について」(『工芸の道』所収)のなかで茶道に言及し、天心の『茶の本』とほぼ同じ見解を述べていた。そこに「茶」は「万般の風物に影響」を及ぼすなかで人々の生活にまで入ったが、それは「東洋の静かな精神に適合」するものがあったからであり、「茶」が貴ぶ「渋さ」の美は、「究竟の相」を示していて、そこに茶道は美の宗教であると述べていた。しかし宗悦において、「中期以後、茶道の真意は全くすたれ、形式に化して、原始の精神」は失われてしまったものとしてあった。そこで宗悦は茶の改革を唱えて行ったが、それは人間中心主義や経済原理が席巻する時代において、岡倉天心いうところの、身体的なる所作に現れる「正しい精神」を文明論的に復興させることを念じてのことであった。

見てきたように「正しい精神」とは、人々の間で広汎に共有されてきた「有り難い」、「勿体ない」といった土着的な宗教的心性であり、これを伝統工芸である物象によって直観しようとしたのが民藝の思想だった。したがってその世界の実相は、直線的な時系列に添って見ていく近代思想の脈絡では捉え得ず、「東洋の静かな精神」としてある「永遠の今」において直観されるものであった。しかし民藝の思想の根本を人間ではなく、神を中心とする世界観であるとみていた中見真理は、柳の民衆観は「本来実在しない理念的概念」（前出『柳宗悦』）にしか過ぎないとして、出川直樹等と認識と同じくしていた。

その脈絡で中見は、柳宗悦がはじめ『工芸の道』において民藝をして「民主的工芸」と呼び得ないかと考えていたことについて、民衆の主体性を認めていない以上は民主的ということはできないと突き放していた。民藝運動は僧と平信徒になぞらえる師匠と工匠の相互的な関係、すなわち卓越した指導者とこれに倣う工人、そして無心をもってする工人の境に自らを投じる知識人の関係のすがたによって切り開かれるものだった。しかし中見はその関係を当初、階層の固定化とばかりにみて全否定していた。これに先んじて柳宗悦を論じていた出川直樹もこの点を捕えて、つまるところ柳宗悦は卓越した師匠を工人より上に置く天才主義者であると断じていた。

いずれも伝統的な職能領域のシステムまでも社会階級的に捉えたものだったが、伝統工芸の実際を見ない、いわば民主教条主義とでも言うほかない見方であった。宗悦は工芸の領域に能や歌舞伎、武術などをも入れていたが、それらの領域はいずれも修練や修行によってはじめて花開く世界であって、個性や創意とかはその道が達せられた境ではじめて発露するものだった。そして改めて云うまでもなく、その前近代的なシステムは師匠と工匠の立場を固定するものではなく、そこに生じるダイナミックな順繰りの関係において伝統は継承されていくのだった。その伝統様式が民藝論において定式化されていたのはその思想が近代思想であることを物語っていた。ただしかしそこに反主知主義の思想を近代知の土俵で展開していた柳宗悦を捉えることの難しさもあったということができるのである。

ともかくも近代的人間観が欠落しているとみるなかでただ一点、出川は民芸という様式の発見をもって柳宗悦の功績としていた。これに対して中見は民藝論批判の一方で、柳の思想にみとめられる各民族の互いの伝統を尊重する平和思想はアナキズム的性格を有しているとして、これを「複合の美」の平和思想と称して評価していた。しかしその平和思想を「柳が直接どこから獲得したのかは明らかでない」のだった。そこで中見はとりあえずブレイクの芸術思想や神秘思想などの影響と見当していたが、後発の一書で中見はこれをクロポトキンの相互扶助の思想に求めていた。だがしかしその立論の根拠を中見は直接柳宗悦のテキストからではなく、学習院高等学科時代の柳が、『相互扶助論』や『パンの略取』を熱心に読んだ形跡を残していること、そしてクロポトキンの「相互扶助」と同義の「相互補助」を柳が多用しているという傍証をもって、自説の裏づけとしていた。

「複合の美」とは宗悦が『宗教とその真理』において宗教間の垣根を越える「共有の宗教」を掲げていたなかで、野に咲く多くの異なる花のように「互は互を助けて世界を単調から複合の美に彩どる」と述べていたところからきていた。中見はこれをアナキズム的な平和思想とみるなかで、自らの「国際関係思想という角度」からする柳宗悦論の核に据えていた。その観点からして民族の問題を扱うにおいて柳はそれぞれの民族の主体性を認めていたがために、「差異化志向」は民族自決の尊重と合致し、「歴史の進行方向に添う」ものとなり得た。しかし民衆と知識人の関係については、民衆の主体性を認めていなかったために差異化志向は固定した上下関係を生み出し、「時代の流れに逆行する」ものとなっていた。そこで中見は「アナキズム的精神から最も遠い距離」にあった「美の標準」の時代の柳思想を「いったん解体」し、「複合の美」の思想として捉え直すべきと主張していた。

中見は、「民衆の生活が幸福となるならば、芸術は犠牲になっても良いとすら述べて、民衆の待遇改善を最優先」させた大杉栄や石川三四郎のアナキズムと、柳宗悦の「複合の美」の思想との接点を見出そうとしていた。たしかに一時期、大杉栄は『白樺』派に期待するところあったのであり、その限りにおいて接点はあった。しかし両者の思想的立ち位置は対照的であった。大杉は自らが認めていたように「翻訳的社会主義者」であったのであり、その翻訳思想に一体化、過剰適応することをもってして「僕自身」を解放していこうとしたのだった。一方柳は大杉とは正反対にして、日本の伝統社会に根拠を置いた思想をもって時代を切り拓こうとしたのであり、その流れをアナキズム的精神で捉えることは無理というものであった。大杉と一時期、行を共にしていた荒畑寒村は、日本のアナキズムは大杉栄の個人的な力によることが多く、「大杉が死んだらアナーキズムは非常に下火になってしまった」(『反体制を生きて』)と回想していたが、想起されるのは、「聖貧に就て」において柳宗悦が、「労働自体」は「一切の感傷」を許すものではないと強い調子で書き付けていたことだった。穿ってこれをみれば柳が「感傷」とみていたのは、「労働運動は労働者の自己獲得運動、自主自治的生活獲得運動である。人間運動である。」（「労働運動の哲学」『大杉栄選　労働運動論集』所収）と述べていた大杉栄の、輸入思想に依拠した「人間的要求」をもってする労働思想だったとしても不思議ではなかった。

加えて、寿岳文章はブレイクが当初アナキズムの源流に位置づけられるウィリアム・ゴドウィンやメアリ・ウルストンクラフトなどと交友を結びながらも、やがて袂を別つことになったのは、理神論（ブレイクが嫌ったニュートンやロックを始祖とする「自然宗教」）に拠る無政府主義と、神と交信する「霊の仕事」をもってするブレイクに思想的に交わるものがなかったからであると指摘していたが、同じ理由で民藝論をもってした柳宗悦の思想とアナキズムが交わることはなかったということができるのである。中見は大杉や石川と柳の関係を示し得ないなかで、思想上の「共通点」や「類似点」、そして「可能性」をもって「接点」を論じていたが、しかし当の中見において柳の思想の核心である「美の標準」をもってする民藝論は、「アナキズム精神」の文脈では捕えられるものではなかった。

そこで中見は「近代化の恩恵を受けることとの可能な環境」のなかで、「複合の美」の思想を個人のレベルで成立するようにしていく必要があると主張していた。個性を認めない人間不在の思想の再・脱構築をもって柳の思想をアナキズムに回路させるというものであった。しかしそもそも人間存在の捉え方において中見と柳の思想に噛み合うものはなかった。柳は「個性を否定する見方は間違っている」（『工芸の道』「概要」以下同）としたうえで、「個性に止る事に満足するのは尚間違っている」と述べていた。「個性の無い事と個性を超える事とを混同してはならぬ」のであった。ここで見ておくべきは、その思想がすでに大正期から昭和初期の段階で発せられていたということである。人間不在をもってする柳宗悦批判の多くは敗戦後の時代思潮としてあった民主思想に依拠していたが、ひとり宗悦は戦前期においてそうした思想を相対化し、歴史的所与としてある近代を受け止めながらも、尚もそこに止まらない思想を構築せずしては、真の自由を所在させる霊的存在としての人間を捉えることは出来ないと考えていた。文明論的な視野をもってした民藝論がそこにあったのである。

繰り返すことになるが民衆は国民国家の形成過程において、否応なく「近代個」の存在と化していった。柳宗悦の視点からすれば、そこにおいて民衆は「近代化の恩恵」に与る機会を得たというよりも、前共同体社会における互酬的な生活基盤を奪われ、寄る辺なき個人の単位に解体されたということになるのである。民衆はその「個」の単位において国民国家の建前である平等主義のもとに機会均等的である学校制度に適応し、また軍国日本や資本主義に組み込まれていった。その仕組みのなかで知識や学歴は立身出世の手段となり、そこへの適応こそが社会的成功に結びついていくということが広く国民意識に刻まれていったのだった。そしてまた国家とは距離を置いた進歩的人間中心主義の思想においても、「近代個」としての人間存在を個性的人間の自己実現の前提とするなかで、結局は国家レベルの近代化と阿吽の関係において同じ道を歩んできたということだった。柳宗悦はそこに共通する思想の際限のない自己肥大化を、先駆的に批判していたということができるのである。

すでにみたように宗悦は学習院時代に軍国主義を嫌悪し、また東京帝大を卒業するに当たっては、「もう二度と大学には足を入れたくない」と兼子に書き送ったほどに、時代の制度や「知」の在りようを批判的にみていた。当時の大学の事情など知るところではないが、おそらくそこにおいては、すでに宗悦の『ヰリアム・ブレーク』を冷ややかにみたところの理知的、分析的、合理的をもってする近代思想が支配的であったのであり、そうしたアカデミズムの世界において心理学を専攻し、人間存在を霊的存在として捉えていこうとした宗悦に席などなかったのである。

柳宗悦が、旧社会の民衆世界を前面にした思想の構築を目指したのは、「近代知」とは縁遠い民衆こそが、無垢にして「一」なる存在を、いまだこの世によく映していると「想像」（直観）されたからであった。宗悦は「意識的な悦び」、や「知る悦び」は時代の恵みであるとしながらも、その「悦び」は人類史的には「特殊」なものであって、その特殊である「知は力なり」とする思想をもって、旧社会の一切を過去のもの、遅れたものとして否定していくことは許されざることであった。そのように近代文明批判を根底に置いた民藝論はポラニーやイリイチの思想と響くものがあった。それ故に宗悦は「民藝」を一旦は頭をよぎらせた「民主的工芸」ではなく、「民衆的工芸」としたのだった。その限りにおいて民藝は近代主義的なシステムではなく、「美の教会」である「協団」においてこそ果たされることになるのである。

柳宗悦は『工芸の道』に民藝論のマニフェストをしたためるのと並行して、運動の母体となる協団の設立を計っていたが、それは昭和二年（一九二七）初頭、京都の地で有志によって実践に移されることになる。その「上賀茂民藝協団」が発足するに当たって宗悦は、「工芸の協団に関する一提案」を起草し餞とするなかで、「認識の時代」における民藝運動の在り方を示していた。

第五章　民藝運動

一　上賀茂民藝協団

柳宗悦によれば、近代日本に西洋の純粋美術の概念がもたらされたのは明治二十年代半ば以降のことのようである。しかし工芸の美の本質は西洋美学において捉えることはできないと考えた彼は、「徒らに西洋の糟糠を嘗めずにすむ」（「私の念願」『全集』第八巻、以下同）」ところの、「東洋的直観の上に建設」される美の概念を構築しようと試みた。そこになったのが『工芸の道』だったが、その論稿を練るにおいて彼は河井寛次郎や濱田庄司に協力を求めていた。とりわけ河井には柳自らが読み上げる草稿を幾晩にもわたって聞いてもらったという。工芸の美の直観をコトバにすることにおいて、宗悦はそのコトバが工人の身体性を帯びた実感性と感応することをはかりにして物象の真に迫ろうとした。

コトバ＝ロゴスは肉体に宿るというヨハネの福音書の真実を工芸の世界で見詰めようとしたということができるが、それ故にこそ同書は哲学書でありながら工人の肺腑によく染み入ったのだった。さらにまた、その思想は西洋の美学を対象化すると同時に東洋思想を西洋に架橋し、文明論的に近代を超克しようとするものだった。その思想的指向性において柳宗悦の美の思想は、大正末期から昭和にかけた混迷の時代に、思想的立ち位置をめぐって懊悩していた知識人の心を捕えた。そしてモリスやフォーゲラー等のヨーロッパの工芸運動に比せられる民藝運動を担ったのは、そのような人間群像であった。そこに柳宗悦は『白樺』時代以来の旧友に加えて新たな同志と結んでいくことになる。

関西学院大学神学部出身で牧師だった外村吉之介は、はじめ「自我が人生一切の中心」（『民芸遍歴』）だと信じていた。しかし「個我の力量の限界」を感じ出すなかで折しも雑誌連載中だった『工芸の道』を読み、そこに外村の価値観は根底から覆った。これを機にして外村は宗悦を師と仰いだが、その宗悦の勧めで染織家を志し、昭和七年（一九三二）春から浜松の「ざざんざ織」の創作者である平松実のもとで修行をはじめた。宗悦の甥で後に女子美術大学の学長となる柳悦孝《よしたか》（宗悦の長兄悦多の遺児）も京都からこれに加わり、外村の教会兼住宅から共に平松の工房に通った。外村は昭和二十年（一九四五）春まで静岡に留まり、伝道の傍ら当地に伝わる手織りや染織技法を習得した。昭和二十四年（一九四九）に大原総一郎の招きで倉敷民藝館の初代館長に就任し、同四十年（一九六五）に熊本国際民藝館を設立した。また静岡生まれで東京高等工業学校工業図案科を出た芹澤銈介は、外村と同じく雑誌連載中の『工芸の道』を読むなかで、そこに長い間思い悩んできた工芸に関する疑問が氷解した。そしてさらに芹澤は、昭和天皇の即位を記念して昭和三年（一九二八）春に開催された御大礼記念国産振興博覧会（以降、「大礼博」と表記）に宗悦達が出展していた「民藝館」のコーナーで沖縄の紅型を見て感動し、そこに迷わず染織家の道を歩んでいくことを決心した。以来芹澤も宗悦を生涯の師と仰いだ。

『工芸の道』が工人にもたらした影響はこれに止まるものではなかったが、とりあえずは『白樺』時代以来、柳宗悦と交流し民藝運動を中心的に担った工芸家の名を挙げておきたい。そこには始めにバーナード・リーチがいた。そしてリーチを介して宗悦と結んだのが富本憲吉だった。陶磁器についてのはじめての論稿である「陶磁器の美」で宗悦は二人を高く評価し、「現代の陶工の代表」として紹介していた。富本憲吉は東京美術学校で建築と室内装飾を専攻したが、卒業後は英国に留学してロンドンの美術学校でステンドグラスを学んだ。かたわら美術館通いをして留学の目的であったホイッスラーやモリスの作品に触れた。そして当地での交友関係のなかでリーチを知った。明治四十四年（一九一一）に帰国した富本は早速、来日中のリーチを訪ねた。そして翌年早々、富本とリーチは偶々李王家蔵の朝鮮陶磁器を見るなかで二人してその偉大さに驚いた。とりわけ欧米風になった当時の日本に失望していたリーチは、朝鮮の地に渡り現地で焼物作りをしたいとまで言い出した。しかしとりあえずは日本で製陶技術を身に着けようということで落ち着き、師匠探しをはじめた。そこで探し当てたのが六世尾形乾山だった。

富本憲吉自身は、焼物づくりは古来道楽の極致であるとしてリーチの企てに反対していた。しかし通訳としてリーチの製陶の手助けをするなかで技術的な実験をせざるを得なくなり、果ては自らが作陶家の道に足を踏み入れることになった。明治四十五年（一九一二）中、富本は岩村透発刊になる『美術新報』に「ウィリアム・モリスの話」を寄稿したりしたのちに東京を離れ、故郷の奈良生駒郡安堵村で作陶生活に入った。リーチの技術的な問い合わせに答えるために楽焼から始めたが物足りなくなり、大正四年（一九一五）に本窯を築くと陶器、ついで磁器を焼いた。昭和二年（一九二七）に東京に移り、以来当地で二十年間作陶した。晩年には京都で仕事をしたが、生涯一貫して「素人」の立場を矜持し、模様の作家、色絵磁器の作家として工芸史に印される多くの作品を残した。柳宗悦との同志的な関係は昭和十年ごろまで続いたが、機械工芸の可能性を追求した富本と、これを入れない宗悦とはついには決別した。

一方、生涯にわたって民藝運動と共にあり宗悦没後は「日本民藝館」の館長を務めた濱田庄司は、大正七年（一九一八）の東京神田におけるリーチの作品展会場でリーチと知り合い、その縁で当時我孫子に在住していた宗悦と親交するようになった。河井寛次郎と同じく東京高等工業学校の窯業科を出ていたが、在学中に二年先輩の河井から声を掛けられて以来変わらぬ交友を重ねた。同校の出身者はほとんどが会社勤めの技師や教員を目指したが、卒業後の濱田は河井の就職先であった京都市立陶磁器試験所に一旦職を得たものの、結局は辞職して「陶器家」を志した。大正九年（一九二〇）の夏にリーチが十一年に及ぶ日本での生活を切り上げて帰英するに当たっては共にイギリスに渡り、セント・アイヴスの地でリーチの築窯を手伝い自らも作陶した。濱田は三年後の大正十三年三月に帰国したが、帰国を決心したのは関東大震災の報に心痛したからであったという。帰国後は京都の河井を頼った。柳宗悦もまた大震災の余波で京都に移っていたなかで、そこに濱田は宗悦と河井を結んだ。しかし濱田が帰国する以前、すでに柳と河井の間には互いを認識し意識するところがあったのだった。その最初の出合いにおいて二人の間には気まずいものがあった。

河井寛次郎の『炉辺歓語』によれば、河井は濱田を通じて宗悦の事は早くから知っていた。河井は濱田が渡英した同じ年に釉薬の技術顧問をしていた京都五条坂の清水六兵衛の窯を譲り受け、これを鐘渓窯と名づけて仕事を始めていた。そして翌年の大正十年（一九二一）五月に最初の作品展を東京の高島屋で開催した。中国古陶磁の技術技法を自在に駆使した一連の作品は江湖の喝采を博して、河井自らも誇るところがあった。ところがそこにひとり柳宗悦だけはこれを評価せず、工芸関係の雑誌上で中国古陶磁の模倣に過ぎないと酷評していた。それを知った河井は当然反発し腹を立てたが、しかし折しも神田の流逸荘で宗悦達が開いていた「朝鮮民族美術展覧会」を覗くなかで、朝鮮陶磁の美の何たるかと、これを推奨している柳宗悦の鑑識眼の確かさに驚いた。

河井は会場でニッカポッカのズボンを履いたハイカラな人物が宗悦に違いないと見当をつけたが、しかし一言も言葉を交わすことなく備え付けの募金箱にいくばくかの寄付金を投じて会場をあとにした。宗悦もまた当の河井が「やってきよった」と察していたそうだが無視した。しかしその後帰国した濱田のとりなしで宗悦を訪ねることになった河井は、柳宅の床の間の李朝の白磁の香炉ほか置いてあるもののすべてに「うなった」のだった。そして何にもまして河井の眼を引いたのは二体の木彫の地蔵菩薩像だった。河井はそれを眼にした途端、感動のあまり何かを「わめいた」らしい。仏像はかの木喰仏にほかならなかったが、宗悦はその様子を見るなかで河井に対する心が解けて、以来二人は深く契った。

柳兼子の回想によれば、河井寛次郎は人間的に裏表がなく、かつ情に厚く陽気で、「根っから親切」（「柳兼子夫人に聞く」）な人物であったというが、その河井の存在と作品に魅せられた若い工芸家達の存在があった。民藝運動を実践的に担って行こうとした「上賀茂民藝協団」に集った面々であった。柳宗悦は民藝の理論の構築と並行して、「ただの理論ばかりではなく、実際に仕事を始めよう」（「四十年の回想」『全集』第十巻）と志していたが、その企ては「工芸の道」の雑誌連載開始に先んじる昭和二年（一九二七）三月に、京都市上賀茂町の古い一軒の社家を借り受けるなかで旗揚げされた。メンバーは河井寛次郎に連なる青田五良・七良兄弟（織物と金工）、鈴木実（染織）、黒田辰秋（木工）であった。リーダー格は同志社中学教員の青田五良だった。

『柳宗悦全集』の第八巻と第九巻月報の「上賀茂協団のこと」（上）・（下）で青田五良の足跡を詳しく追っていた吉田孝次郎によれば、青田は当時五円の大枚で河井寛次郎の作品を買い求め、以来五条坂の河井の窯に足しげく通うようになったらしい。同じく黒田辰秋もほぼ同時期に河井に触発されることがあってその門をたたいていた。そこに青田と黒田は河井を介して柳宗悦と結んだ。青田は宗悦の長男宗理の家庭教師として週三日は柳宅に通うことになったというが、合わせてその日には河井と黒田も共に柳宅を訪れた。そうであれば宗理の学習もさればこそ、席を改めたところで専ら宗悦を座長にして民藝論議が交わされたであろうことは想像に難くなかった。大正十四年から十五年にかけてのことだったというが、大正十五年四月一日付の「日本民藝美術館設立趣意書」の冊子制作には青田と黒田も加わっていた。青田は柳を知る以前の同志社大学在学中に丹波黒田村で丹波の地織、屑糸織を習得しており、その青田の手になる地織が挿絵の背景に使用されていた。そして黒田は趣意書の表題を刻していた。

吉田孝次郎によれば青田五良は苦学しながら同志社中学、同大学予科を経て同大学法学部経済学科に進んだ。大学では絵画部に所属し、『白樺』を愛読したという。青田は柳宗悦を京都に招いた能勢克男の教え子であり、そうした線からも宗悦との縁はあった。協団の旗揚げ時に青田五良は最年長の二十九歳。京都の漆匠を父に持ち木工芸の道にすすんだ黒田辰秋は二十二歳の若さでこれに加わっていた。鈴木実は二十一歳の同志社大学の学生だったが、青田の助手として協団のマネージャーを務めるべく参加した。吉田はそこに青田七良を数えていなかったが、七良は旗揚げ後の参加だった。ともかくもそこに参集した工人達は、民藝論の位置づけにおいて、工芸を再び無名の民衆の手に返すことを使命とする「数人の目覚めた個性」であった。協団の発足にあたって宗悦は彼らに「正しき工芸」のダイジェスト版というべき「工人銘」(『全集』第八巻所収)と、「認識の時代における「工芸の道」」を指し示す、「工芸の協団に関する一提案」という一文を与えた。宗悦はこれを「親しい少数の友に送る為に起草した」としながら、「ここに現れた思想が、多くそれ等の友に負うている事を深く感謝したい」としていた。「来るべき工芸」の足掛かりとなる「協団」への期待と希望の表われだった。

「工芸の協団に関する一提案」(『全集』第八巻所収)において宗悦は、すでに知恵の実を食べてしまった「知識ある私達」が、個人的美意識を挿まない「無心の民藝」に挑もうとして当面するジレンマと矛盾について述べていたが、その「難問題に解答を与えようとするのが、今度のギルド(組合)の生活」であるとしていた。そしてギルドにおいて試みられるべき「三つの道」を示し、その道を段階的に踏むことで「始めて真の工芸道に達する事が出来ると信ずる」とされていた。三つの道とは、「一、修行Discipline 自力道 二、帰依Surrender 他力道 三、協団Communion 相愛道」

であった。

第一段階の修行とは、自我意識の内省的な「訓練」を意味していた。「認識の時代」においては知識を否定すべきではなく、「認識力を活かす道」において「正しき美」とは何かをめぐる自覚と内省がなされるのでなければならなかった。すなわち「美を知って後」に作る「修行の荷は古人より重い」のであって、それは「思想的苦行精進」を伴うものだった。工芸道における苦行精進は「玄」の世界、「無」の世界まで深められなければならないのであり、その道を宗悦は自力的な修行と呼ぶとした。

しかし自力は転じて他力に至る必要があった。自覚にはまだ自我意識が残るのであり、「無」に至る道において自我は進んで放棄されなければならなかった。なぜならば、「凡てを自分で為し得ると思うのは錯誤」であって、「自己の放棄は自己への否定ではなく開放」であるからである。その自己放棄、すなわち捨身が「帰依」であった。古作品においては「自然への帰依」こそが「美の保証」をなしていた。美しい古作品は「自然に忠順」であったのであり、そこに現れている国民性や地方性は伝統という「血液から来た」ものだった。そしてその「凡夫にも許された」帰依は易行道であり、他力道となるものだった。工芸道において、「若し此道が許されていなかったら、救いは遠い」のであった。

だがしかし、工芸道においては自力的な修行や自然への帰依だけでは足りない。それは協力と団結、そして「相互補助」の営みをもってする生活にまで進むのでなければならなかった。そうした生活の在りようにおいて、「一番必然であり鞏固であり且つ深いもの」が「協団」であった。そこにおいて宗悦は先に『工芸の道』でみた協団の思想的な意義について多くのページを割いていた。重複してこれをみるのは避けるとして、ただ協団が民藝運動の実践の場として位置づけられるなかで、彼は協団運営についてのアイデアをそこに提起していた。

日本民藝美術館の設立はいまだ成っていなかったが、宗悦は民藝美術館と協団が「結合する事は理想的」であり、美術館の建設が成るならば同じ場所に協団を計画すべきであるとしていた。民藝美術館に収蔵されることになる古作品は、工芸の「取るべき方向、踏むべき道を、日々示してくれる」はずであり、そこに見つめることが出来る伝統は、何をもって「正しい創作であるかを暗示」することになる。工芸において創作は、「過去への反逆でもなく絶縁でもない」のであって、「真の創作」は「よき伝統のよき継承とよき発展」において成るものだった。伝統とは単なる過去のものに留まるものではなく、「そこには人間が長い歴史中に築き上げた本質的な美の、客観的表現がある」ことにおいて、「私達はその本質的な美のみは継承して行かなければならない」のであった。加えて協団は、工芸作家ばかりではなく、ギルドや工芸を思想的、歴史的に探究する者等が「一群」となって、「よく補い、互に互を助けて、更に深い世界に入る事」ができる態様をとるものでなければならなかった。

そうした展望において宗悦は、この度の協団の企ては小さなものであり、「国家的ギルドの理想からは遠い」と見えるだろうが、だがしかし「波紋は一点の中心から起る」のであり、「私達の企てようとするのは本質的な出発そのもの」であると述べていた。昭和三年（一九二八）二月三日付の「工芸の協団に関する一提案」を宗悦は数十部謄写版刷して、知友に配布した。翌月、上賀茂民藝協団は柳宗悦や河井寛次郎、そして大阪毎日新聞京都支局長の岩井武俊等の支援を得るなかで発足した。順調な滑り出しで、宗悦は後年、「有り難い事に夢は着々と実現し、一、二年のうちには展示会を催す迄に成果を挙げた」(「四十年の回想」)と回想していたが、吉田孝次郎はその成果を次の三つの仕事においてみていた。

「その一」は昭和三年春に芹澤銈介に工芸の美の啓示をもたらしたところの、大礼博に出品された「民藝館」の調度品の制作だった。同館は博覧会の事務総長を務めた工政会の倉橋藤治郎の勧めで柳達が出品したもので、建坪三十五坪余り、平屋瓦葺の「和風であって而も現代の生活に適した」(「三国荘小史」『全集』第十六巻、以下同)小住宅というあつらえであった。予算は一万円也であったが、内六千円は建物、瓦、垣等に当て、あと残りの四千円は建具に二千円、家具、什器類に二千円とそれぞれに振り当てられていた。宗悦はこの「中流の家庭を目当」にした小住宅の家具什器は、日本各地で「現に作りつゝある民藝品」をもって充てるとしていたが、それらの品々は昭和二年十二月下旬から、柳、河井、濱田らが仙台、盛岡、弘前、秋田、新潟、丹波篠山、鳥取、安来、松江、津和野、萩、下関、福岡、佐賀、久留米、伊万里、長崎、熊本、鹿児島の各地を旅して蒐集したものだった。くわえて時代が移り生活様式が変化するなかで従来の器物では間に合わない洋風の什器類は西洋の模倣ではなく、「日本の姿において」新しく作ることとされるなかで、それらは「同人の作品によって捕捉する」として食器類は富本、河井、濱田らが焼物で作り、織物全般は青田が、木工・漆器類は黒田が担当した。またこれとは別に朝鮮の物も必要ということになったが、それらは浅川伯教、浅川巧が現地で調達して届けた。

「民藝館」の企画の主旨は、工藝と建築が脈絡なく「分離」しているのは「近代の欠陥」であり、元来建築は家具や什器と一体になった「総合的工藝」であることを示すというものであったが、他に類例のない出展だったので注目をあつめ皇族や政府の要人をはじめ著しい数の来館者があったという。館外には各地の民藝品を展示即売する店も設けられたが、希望者が多く大半の品を売り尽くした。大成功の企画だった。しかし三月から五月にかけての六十五日間に及ぶ展覧会の会期末が迫るなかで、建物のその後の処理が問題となった。しかし幸運なことに、この件も倉橋藤治郎の知人の実業家山本為三郎の好誼で建物は大阪の山本邸内に別荘として移築されることになった。大阪府東淀川区の三国町に移築されたということで「民藝館」は「三国荘」と改称された。建物は一部改築され、調度品なども追加されたが、それらの仕事も改築の設計をした濱田庄司ら同人の手によって行われた。

ところで「民藝館」の大礼博への出展は、前年の昭和二年六月における、「吾々の協同の而も最初の出版」(「民藝館の生立」『全集』第十六巻)となった『雑器の美』の刊行、並びに同年同月に東京銀座の鳩居堂で開催された「日本民藝展覧会」の開催に続く、黎明期民藝運動の一連の流れのなかに位置づけられるものだった。そしてその成功は次なる民藝美術館建設の足掛かりとなるものだった。後に「日本民藝館」建設のパトロンとなった大原孫三郎は、山本の招きで三国荘を訪れたなかで柳等の運動を知った。

吉田が挙げていた「その二」としての協団の仕事は、昭和四年(一九二九)三月に大阪毎日新聞京都支局の支援のもとに京都大毎会館で開催された「日本民藝品展覧会」であった。吉田が発掘した同新聞資料によれば、青田はこの展覧会で説明役を務めていたが、そこに柳、河井に次ぐ重要な人物として紹介されていたという。展覧会は会期三日間で千五百名の入場者を数えて大盛況だった。大阪毎日新聞は大受けを狙ってか紙面で展覧会の正式名称を使わず、「下手物工藝展覧会」の見出しをつけて報道した。展覧会の開催に当たっては五十八ページからなる民藝の挿絵目録が作成され、合わせて「日本民藝品図録」が発行された。

「その三」は、宗悦がハーバード大学の招きで米国に発った後の昭和四年六月に前の企画と同じ京都大毎会館で開催された、「民藝協団作品展」だった。後援した大阪毎日新聞の京都版は社説で「民藝復興」という小見出しで作品展の社会的な意義を報じていた。支局長の岩井武俊は、これらの民藝が今の時代に果して産業として成り立つかは疑問としながらも、「楽しんで働き作る産業時代の出現を期待する」として支援していた。会期二日間の入場者は先の企画に増して二千名を超え、出品物はほとんどが売約になった。

以上をもって吉田は、上賀茂民藝協団は民藝運動の先駆をなす仕事としていた。しかし吉田は協団の活動は民藝運動史上、ほとんど評価されることがなかったと指摘していた。そこに吉田は活動を掘り起こすなかで潰えた協団に光を当てようとした。しかし上賀茂民芸協団の評価をめぐっては、仕事とは別の事情がそこに介在していた。民藝協団は昭和四年八月、発足二年半にして突如解散していたが、柳宗悦の後年の回想によると、「協団に必要な道徳的基礎に疾患」(「四十年の回想」)が現れていた。

宗悦が道徳的な疾患としていたのは、青田五良と民藝に関心を持って協団に出入りしていた同志社の女学生との間のモラルを欠いた男女関係のことのようであった。しかし事情を知っていたはずの黒田辰秋は、これを後々まで話したがらなかったということで真相は藪の中だった。ただ宗悦の留守中に騒動の尻拭いをさせられた兼子によれば、青田には女性関係をめぐって「いろいろな評判」(「柳兼子夫人に聞く」)があったということで、兼子は青田をして、「なかなかずるかった」と厳しく回想していた。おそらくその辺りの事情から協団同人の青田に対する不信感が胚胎したようであった。しかし吉田は協団解散の原因を人間関係の軋轢だけではなく、そもそも、「柳の協団思考」が、「試論として存在価値はあるというものの、あの時期に直ちに行為化した時、当然起こる現実世界の拒否反応」が顕在化したと見るべきであろうとしていた。経済的には一見成功していたかのように見える協団だったが、実際には多くの援助に依存していたのであり、吉田は自立とは程遠い運営であったと指摘していた。そこに吉田は協団が二年半で解散になったればこそ、その責任を青田に負わせることで、協団の理念面の指導者としての柳宗悦の傷は浅くて済んだのではなかったかと述べていた。

「現実世界」の常識の物差しをもってすれば、ある意味もっともな吉田の指摘だった。しかし責任問題云々について言えば、事情はすこしちがった風に見ておかなければならないだろう。協団の企てにおいて柳達は経済的、思想的に、すすんで時代における非常識を貫こうとしていたのであり、そのことは吉田が追跡していた民藝協団解散後の、当の青田の消息においても見てとることができるものだった。吉田によると青田は上賀茂民藝協団が解散した後、経緯は不明ながら数名の協力者を得るなかで再び「上賀茂染織協団」と称する協団を立ち上げていた。青田はその新しい協団において織と染に没頭したという。協団に対する青田の思い入れの深さが窺われるのであるが、青田は時代の常識に逆らって他の誰でもない自らの一個の主体を賭けて、協団の実験に挑んだと見ることができるのである。その反時代的な仕事の成果を青田は昭和九年に『上賀茂織の概念』という一書にまとめていたが、しかし志し半ばにして青田は肺を病み、翌年十一月、享年三十七歳にして逝った。興味深い民藝運動史余聞、あるいは外伝であった。

上賀茂民藝協団の解散について宗悦は三十余年後の「四十年の回想」のなかで、「今でも惜しい気がする」としながらも「協団に対するよい教訓を受けた」と総括していた。それはそれとして、『柳宗悦全集』第八巻所収の「工芸の協団に関する一提案」には挿絵がないので窺い知ることができないが、『民藝四十年』に収められていた同文中には、「丹波布」の挿絵が配されていた。同文には織物についての一言の記述もないのであって、その挿絵の計らいが協団員だった青田五良を偲んだものであったことは明らかだった。同書の編集は浅川巧の長女浅川園絵の手になるものだったが、そこには柳の青田に対する言葉にならない思いもまた込められていたと見ることができる。

昭和六年（一九三一）のことになるが宗悦は「挿絵の取り扱い方」（『全集』第十巻、以下同）という一文で、挿絵は「優に一つの仕事」であり、「創作的な作物たり得る」としていたが、一方で、「本の挿絵は常にその著者の偽りなき懺悔」であると述べていた。懺悔とはある種奇妙な言い方だったが、宗悦はそこで挿絵は著者自身が選ぶことにおいて、「著者そのまゝ」であり、「著者は彼が語る対象物を如何に取扱っているかを挿絵に於て偽る事が出来ない。著者は彼以上をも彼以下をも其挿絵に現わす事が出来ない」としていた。さらに宗悦は挿絵を、「よし他人に選ばせた場合でも、他人に選ばす事を自ら選んでいるに過ぎない」と述べていた。挿絵を多用した柳宗悦の、意味深な挿絵観であった。

浅川園絵は父巧の没後も継母の咲子と朝鮮に住んだが、敗戦で引き揚げてくると二人は柳宅に身を寄せ共に日本民藝館に勤務した。命からがら引き揚げてきたなかで二人には巧の形見ひとつとてなかったが、そこで宗悦は手元に置いて離すことのなかった一枚きりの巧の写真を、兼子は音楽会開催などの打ち合わせなどで巧と交わした手紙などの一切を園絵に譲った。園絵に対する宗悦の信認は篤く、宝文館から『民藝四十年』の企画を受けた際に折しも中風で倒れて横臥生活を送っていた彼は、園絵は「かつて私の年譜を編纂した経験があり、おそらく誰よりも私の著述に詳しい」(『民藝四十年』「後記」)としながら、同書の「本文の取捨や順次、のみならず挿絵の世話、校正その他凡ての事務一切を浅川さんの配慮に委ねた」と記していた。宝文館版の『民藝四十年』は絶版後の一九八四年(昭和五十九年)に岩波文庫に収められた。岩波の出版物は西洋思想に偏して東洋思想を軽んじていると苦言を呈していた柳宗悦の初めての岩波文庫本だった。

上賀茂民藝協団は瓦解したが、しかし昭和六年(一九三一)六月に外村吉之助に宛てた書簡で宗悦は、「小生上賀茂の事で苦い経験を有っていますが、仕事の結果からすると、それが非常な成功であった事を疑いません」として、尚も協団という理念を放棄せず再起の機会を企てたいと書き送っていた。そしてその企てを宗悦は、協団の理念を共にし、かつ自らに厳しく他者を責めない気質の外村吉之助に期待した。昭和六年六月から翌月にかけての書簡で宗悦が外村に浜松での織物修行を勧めていたのは、当地での協団再起を期してのことであった。しかしそれは後でみるように滑り出しよかったものの結局は実らなかった。

おそらくそうした経緯を踏まえて宗悦は『民藝四十年』のなかで、民藝運動は「別にギルドの如き形をとっているわけではないが、そういう形式以上の繋がりが、お互いの心にある」（「後記」）と記していた。また「四十年の回想」では、「相互の理解と尊敬と協力とが一切の仕事を護持している」としながら、そこでなされた事業は、「私なき友情の賜物でないものはなく、報酬を求める行為からは決して生まれて来ない出来事」であったとその歩みを振り返っていた。そのことは中世をモデルにした柳の近代思想としての協団＝ギルドのイメージにおいてではなく、はからずも民藝運動の歩みのうちにこそ協団の理念が映っていたことを物語るものだった。そのように「私なき」個人の志の紐帯によって実現したのが、次にみる雑誌『工藝』の発刊であり、日本民藝館の建設実現だった。

二　吾々の道

大正十五年（一九二六）四月に設立趣意書を発表して以来、日本民藝美術館の設立は柳宗悦をはじめとする同人の悲願であった。しかし「下手物」や「民藝」という言葉が巷間の口の端にのぼるようになっても、美術館設立の目処はなかなか付かなかった。そうしたなかで柳らは自前の美術館設立は諦めて、当時進められていた東京帝室博物館の大規模な再築計画に相乗りすることを思いついた。世界の著名な博物館はどこにおいても工芸関係の数室を備えており、日本でもいずれはその必要性が迫られてくるはずである。そうであればこの機会に同人が蒐集した民藝品の全てを博物館に寄贈し、新装なった博物館の一室でこれを陳列公開していけばよいというものだった。

おそらく先の朝鮮民族美術館設立のときと同じような伝手で、宗悦は当時宮内次官だった関屋貞三郎を介して博物館の館長と面談する機会を得た。そこに「民藝」の趣旨を説明すると同時に蒐集品の寄贈を申し出た。これに対して館長は申し出を前向きに受け止めたいとしつつも、まずは係りの専門家と相談し、かつ実際の品物を見た上でのことにしたいと返答した。その流れのなかで大島館長は同博物館の歴史部長を伴って、京都大毎会館で開かれていた民藝品展覧会に足を運んでいた。しかし話はそれまでだった。その後博物館側からは是とも否とも、何の音沙汰もなかった。

博物館側の暗黙の意向を察した柳らは、もともと官制の博物館に民藝品を寄贈するといった案そのものが間違っていたと反省し、改めて「吾々はやっぱり吾々の道で進もう」(「民藝館の生立」『全集』第十六巻)と決意することになる。ところが朗報は期待した国内からではなく海外からもたらされた。博物館一件とほとんど同時期の昭和四年三月初旬に、宗悦の下に米国からハーバード大学に招聘したい旨の電報が突然届いた。発信したのはハーバート大学付属フォッグ美術館のラングドン・ウォーナーだった。宗悦はこの招聘を受けることにしたが、そこで民藝美術館の企てと、並行して進めていた「民藝」の機関紙の発行は一時停滞することになった。しかし結果的に宗悦の米国行は民藝思想の普遍性を海外で確認するという得難い機会となった。

岡倉天心の『茶の本』の「解説」をしていた福原麟太郎によれば、ウォーナーは明治三十七年(一九〇四)から十年間ボストン美術館に務めた岡倉天心の、米国における「第一の弟子」であったとされる人物である。柳宗悦より八歳年長の一八八一年(明治十四年)生で、若くして東洋美術の研究を志すなかで一九〇三年に来日し岡倉天心の下、日本美術院に集っていた横山大観、下村観山、菱田春草らと交友した。滞日二年にして帰国するとボストン美術館等を経て一九二三年(大正十二年)に母校のハーバード大学付属フォッグ美術館の東洋部長に就いた。以来ウォーナーは中国や日本をしばしば訪れたという。

宗悦がウォーナーと会したのは、ウォーナーがフォッグ美術館の東洋部長として来日した大正の末から、少なくとも昭和の早い時期にかけてのことであったと思われる。出会いの経緯は明らかでないが、昭和四年二月の時点ですでに帰米していたウォーナー夫妻に柳が出していた数通の書簡からすると、ウォーナーは来日中に宗悦との間で中国・朝鮮等の東洋美術については無論のこと、日本の民藝や木喰仏、さらには柳の美の思想の初発を彩るブレイクの芸術などについて話題を共にしていたことがわかるのである。おそらくその交友関係のなかでウォーナーは柳の思想と仕事を高く評価したのだった。ウォーナーは帰国すると夫妻して柳にブレイクの画集や文献資料を贈り届けていたが、それらが届いた頃を見計らったかのようなタイミングで、フォッグ美術館に一年間の予定で招聘したい旨の電報を打っていた。

宗悦はかねてより米国の国柄については好い印象を持っていなかった。しかしウォーナーの招聘については、「名誉ある機会」（昭和四年三月二十二日付、ウォーナー宛、『全集』第二十一巻上、以下同）を与えられたとして率直に喜んだ。そしてその招聘応諾の返信で彼は、「東洋と西洋の出会いのために何か役だつ事をするというのは、私の長年の夢」であったとしつつ、「東洋と西洋の出会い」を実現させる上で、「日本は恐らく他のどの国よりも地球の両側について多くを知っている」のであり、その「特別有利な立場」において米国の人々のために役に立てれば幸甚であるとしていた。しかしそれはあくまでもウォーナーという存在があればこそのことであり、「友よ、もし貴殿と奥様がケンブリッジにおられなければ、私は米国行を躊躇ったかもしれません」としながら、そこに改めて東洋に関心を寄せるウォーナーの同志的友情に感謝の意を表していた。

米国行を決意するに当たって宗悦はアメリカの大学は九月から新学期が始まるということと、また濱田庄司が五月中旬にロンドンで作品展を開くことにしていたことを勘案し、五月から八月まで欧州に滞在しその後渡米するという計画を立て、その旨をウォーナーに書き送った。ついで自らの大津絵についての初めての著作である『初期大津絵』と、同じところで出版されたばかりの浅川巧の『朝鮮の膳』をウォーナーに送る手筈を済ませると、宗悦は濱田と連れ立って日本を発った。二人は昭和四年（一九二九）四月二十二日に京都を発し釜山を経て京城に入り、当地からシベリア鉄道に乗った。宗悦は道中記を民藝運動ゆかりの大阪毎日新聞京都版と越後タイムスに寄稿していたが、それによると二人はおよそ二十日間の道中を楽しみながら五月十日夕刻にロンドンに着いた。迎えたのは濱田の作品展開催の協力者とみられるバーゲンなる人物と、リーチだった。リーチが窯を構えるセント・アイブスからロンドンまでは三百マイル（四百八十キロメートル余）ほどもあり、リーチとはすぐに会える望みは少ないと考えていた宗悦にとって喜びは大きかった。再会は十年ぶりのことだった。お互い様のことであったが二人とも齢四十を超えすこし老けたなかで、宗悦の目に「仕事や思想や周囲と闘って来た跡」（「欧米通信」『全集』第五巻、以下同）を見せるリーチが写った。大英博物館に近いところに宿をとった一行は、話して尽きない一夜を過ごした。

念願のリーチとの再会を果たした宗悦だったが、東京とは比較にならないほどごった返してひしめき合う大都会ロンドンの様子に圧倒された。しかしすこし慣れて冷静さを取り戻すと、西洋の良きものとしての美術館や博物館を経巡った。そこで彼はブレイクの作品はもとより、図録等で親しんだ名画の実物を目の当たりにして感興を新たにした。なかでも洋行の目的のひとつであった工芸調査では、ウィリアム・モリスの一室も設けられているビクトリア＆アルバート博物館での収穫が大きかった。同博物館は中世以降近代までの各国の美術品や工芸品を四百万点をも擁していて、宗悦はその膨大なコレクションにおいて世界の工芸を俯瞰的に見ることができた。彼は民藝論が普遍的な美の思想であることをあらためて確信した。すなわち無名性をもってする中世時代の工芸品は、「嘗ては地上のどの賤が家も美の王国の一部を占めていた」ことを物語っているのだった。

美術館や博物館に加えて店数の多い骨董屋を渉猟するなかで宗悦は、朝鮮のものには及ばないものの「健康で質素で共に暮らすのに甚だい、」英国の家具を見出したり、英国の下手物と言えるスリップ・ウェアーの陶器を蒐集したりした。そして加えてリーチのおかげで大成功をおさめた濱田庄司の作品展と、こちらは企画が悪かったなかでそれほどでもなかった河井寛次郎の作品展の開催に立ち会い、またリーチが紹介したいとした工芸家と面会するなかで、その作品のすべてに目を通した。その上で彼は英国における工芸は、「吾々が通過した問題にまだ引っかかっていて、どれも中途半端」で、「工芸の思想もラスキン、モリス以後進んでいない」との感想を持った。

　モリスについて宗悦は『工芸の道』に配した「工芸美論の先駆者に就て」（全集第八巻、以下同）の一章で、ラスキンとともに美における社会運動の先駆者として高く評価していた。とりわけラスキンの後継者に位置づけられるモリスの、「モリス商会」におけるギルドの実践は自らの志と同じであるとしていた。しかしそれはあくまでも「美の社会運動」の側面についてであって、肝心の何をもって「美」とするかという一点において宗悦はモリスの仕事を退けていた。宗悦は「凡ての工人をして美術家たらしめようと努力」したラスキンに対して、「凡ての美術家をして工人たらしめようとした」モリスの思想を評価していた。しかしながら「モリス商会」の作品は一人モリス個人の美意識に発していて、「用を二次にして美を主として工夫された」ものであり、そうした仕事を彼は、「美術家が試みた工芸と云う迄」、「単に美術家が工芸に名を変えたと云う迄」と断じていた。そうしたモリスの作品を退けるなかで宗悦が見出したのが英国の古家具類であり、当地では低く見られていたスリップ・ウェアの陶器だった。スリップ・ウェアとは主に十八世紀の英国で焼かれた実用陶器で、スポイトなどに含ませたスリップ（泥漿）を器面に垂らし、それを先のとがった筆状の道具ではねて矢羽状の模様を描いたものである。それらの作品は民藝の思想によって掬われるものであり、柳においては工芸の本流に位置づけられるものだった。

　宗悦は日本を発つ直前のリーチ宛の書簡で、渡英を「東洋と西洋が出会う絶好の機会」だと思うと書いていた。濱田と河井の作品展開催はその一環となるものだったが、彼はこれとは別に日本の民藝の写真を持参していた。当地ではこれが評判となり、「大いにセンセーション」（「欧米通信」）を起したという。なかでも瀬戸の石皿や行燈皿の写真に強い関心を寄せたビクトリア＆アルバート博物館の学芸員は、日本の民藝品を博物館で購入できないかと宗悦に相談してきた。これに対して彼は日本の焼き物とスリップ・ウェアとの交換を思いついて提案した。しかし博物館側としては品物の交換は無理であって、その代わりに寄付金を募ってそれらの品物を集めてくれることになった。宗悦もまたこれに応えて行燈皿等の蒐集を日本の同志に依頼した。スリップ・ウェアへの彼の思い入れは強く、日本でそれ等の作品集を作り、これを日本の民藝品を高く評価した英国人に示してその美しさを逆に訴えたいとの考えを持った。そうした宗悦の企てを「驚喜」したのは云うまでもなく、民藝の思想をもって母国で制作し西洋と東洋の掛け橋となることを願っていたリーチだった。

欧州において柳一行はもっぱら英国を拠点にして各地を訪ねて見聞を新たにし、同時に思索を重ねた。美術館巡りのほかには大学、地方の工芸家村、陶工場などを訪れた。そしてリーチが住むセント・アイブス、海を越えてパリやベルリン、さらにはスエーデンへと足を延ばした。スエーデン行は濱田ともう一人、民藝運動に深く関与した医家の式場隆三郎と合流して向かった。当地では親日家と東洋学者の案内で、欧州行の目的のひとつであったストックホルムの北方民族博物館（ノルディスカ博物館、宗悦は北方博物館と表記）と、世界初の野外民族博物館とされるスカンセンを訪れた。そのなかで柳一行が心打たれたのは何と言っても北方民族博物館だった。スエーデン、フィンランド、ノルウエー、デンマークなどの欧州北方民族の衣類や家具、農具などの膨大な蒐集は、

「真に驚異に値する」（「欧米通信」、以下同）ものだった。そこに宗悦らは創始者ハゼリウスの偉業を称えるなかで、日本民藝美術館設立を目指している同人の仕事が「健全な正しいもの」だということを確信し、「更に心を燃えるのを感じた」。

ただ日本民藝美術館の構想において宗悦は、ハゼリウスが残した仕事を「もう一度篩にかけて、その精髄を示す」のであらねばならないとしていた。民藝の思想において蒐集は量において完成させていくのではなく、質において洗練されるものでなければならなかった。その点において宗悦はスエーデンの民族博物館は、「民藝に最も健全な美の積極的表現があるということを熟慮してはいない」とみていた。しかし小さな国だが平和で困窮者や犯罪が少ないスエーデンは快適で、宗悦一行にとって三日間の滞在は一生忘れ得ぬ「非常に幸な時」となった。その満足感のうちに宗悦はこの後すぐに濱田と式場と別れ、ひとり八月十七日夜に船便で米国へと向かった。

ニューヨークに到着したのは八月二十六日朝だったが、宗悦は早速メトロポリタン美術館を訪れ、翌日にボストン郊外のウォーナーの家に落ち着いた。彼の眼に米国は欧州と比べて何もかもが潤いなく見劣りして見えたが、美術館だけは欧州より一段と内容が充実していて、とりわけ招かれたフォッグ美術館や、ボストン美術館が所蔵する日本美術の充実ぶりには感心させられた。ハーバード大学図書館の蔵書も豊富であった。彼はしばらくの間ウォーナーの家から美術館に通勤したが、九月末に下宿に引っ越し一人暮らしを始めた。日課は朝九時から夕方五時まで美術館に詰め、そこで週一回のハーバード大学での講義や、課せられた十ヵ所ほどの各地での講演の下準備、その他ウォーナーの天平仏研究やウォーナーの伴侶ロネーヌ夫人の高麗焼研究の手助けなどをした。マサチューセッツ州ケンブリッジでの生活は甚だ規則正しく、そして非常に多忙であると彼は日本に書き送っていた。

はじめ宗悦は大学の講義の準備にもっとも意を注いだ。用意したのは二題目で、一つは「大乗仏教の精神」、もう一つは「茶の湯」の世界をもってする「日本に於ける美の標準」というものだった。ただそこに宗悦は自らの英語力をもって、大乗仏教といった東洋思想を学生に伝え得るかどうかに不安を懐いていた。そこで宗悦はキリスト教圏の学生にわかり易いような講義をと苦心した。たとえば大乗と小乗の違いを説明する際に、これをマルコ伝とヨハネ伝との差異に近いと述べるようにしたのだったが、そうすると大体の概念はすぐに伝わった。彼の講義は学生たちに好評で、宗悦は自らのキリスト教、特に中世期の神学についての知識が大いに役に立ったとしていた。以後彼は気を楽にして講義に臨むことができるようになったが、そのことを宗悦は濱田庄司に宛てて、「比較しつゝ話して行く方法は、西洋人には非常にいゝのだと云う事が分った」（十月二十三日付、『全集』第二十一巻上）と書き送っていた。そしてその自信のうちに宗悦は、「東洋の美を其宗教や芸術を通して正しく紹介する事」（十二月十七日付、濱田宛）の必要性を自覚し、「それで僕は此仕事の為凡てを犠牲にして努力」（前同）したのだった。

その努力は確実に報われた。宗悦は翌昭和五年（一九三〇）一月の、「日本に於ける美の標準」の最終講義で「民藝の美」について講義した。この題目について彼は、おそらく米国人には理解が難しいのではないかと考えるなかで万全を期し、主旨を五十枚近くの原稿にまとめてこれを一時間ほどかけて読み上げた。学生たちは終始静かに聞いていたが、彼が講義をし終わり降壇したとき予期しない出来事が起こった。顔を真赤にして興奮した様子の学生たちが口々に何かを言いながら彼を取り囲んだ。よく聞くと、こんな講義は聞いたことがなく、「今まで分っているようで分っていなかったことをみんな云ってくれた」（「欧米通信　米国より　その六」、以下同）と柳の講義を称えた。

自室に戻ってからも学生らは宗悦を取り囲み講義録の出版を乞うたりしたのだったが、民藝の思想が米国の学生の心にこれほどまでに響くとは予想だにしないことだった。宗悦は「名状し難い幸福」を感じつつ、「吾々がこの二三年、お互に語り合い練り合ってきた工芸への思想は、知らない間に本質的な普遍的な真理に触れていたのだ」と同志に思いを馳せつつ確信した。そしてその日の出来事を彼らに知らせていた。それによると米国の学生を感激させた講義の締めくくりの言葉は、「ゆくゆくは、天才抜きの美術史を僕はぜひ著述したいと願っております」（昭和五年五月二十三日付、リーチ宛、『全集』第二十一巻上）というものだった。翌昭和六年に宗悦と雑誌を出すことになる寿岳文章も同じ様な手紙を受け取っていたが、その寿岳によれば宗悦の英会話はきわめて自然にしてなめらかで、しかもそれは、「表面のなめらかさでなく、思想の深さがそのまま言葉となってあらわれる趣き」（「柳宗悦――わが思い出の英語人」『柳宗悦と共に』所収）があったという。

民藝論という日本の美の思想が米国の学生に「純粋に思想的な共鳴」をもたらしたという実感において、宗悦はその思想の意義を「国際的な性質を帯びた仕事」と位置づけうるという考えを抱いた。彼の確信において宗教と芸術の問題についての「光」は、「日本から出てい丶」のであり、その思想の実践は、「日本がすべき仕事」であり、そこに「宗教史も芸術史も日本人によってこそ書き改められなければならない」ものとしてあった。民藝論の根底に流れている思想は世界におけるそれぞれの民族の固有の文化を尊重するものであり、そのことの強い自覚において日本は世界に貢献すべきであった。宗悦はそれを自らの愛国心が湧いたものとしていたが、その愛国心は、文学をもって「世界の救主」になると考えたロシアのドストエフスキーや、また『草の葉』をもって米国を賛美したホイットマンに通じる普遍的な愛国心であって、単なる「利己的な愛国者の声」ではないと述べていた。

ハーバード大学での講義の成功は宗悦自身を「いたく鼓舞」し、また「思索にとっても画期的な刺激」をもたらしたのだったが、彼は講義を終えるとケンブリッジほかの各地で「日英工芸展」を開催し、またフォッグ美術館では「大津絵展」を開いたりした。そうした催事の合間に宗悦は美術館巡りを盛んにしていたが、そこに加えてホイットマンやハーンの文献蒐集に余念がなかった。とりわけホイットマンについては貴重な『草の葉』の初版本を入れて蒐集は二百点に及んだ。およそ八十冊を集めたところで彼は式場隆三郎に、「買い過ぎて悲喜交々というところ」(『越後タイムス』「欧米通信」全集第五巻)と書き送っていたが、三月に渡米し夫のもとに着いた兼子が持参した金子はそれらの本代にすぐに消えた。はじめ宗悦はハーバード大学の学期が終った時点で再び渡英し、リーチを伴って日本に帰国することにしていた。リーチからは再三待っているとの手紙が届いていたが、金を使い果たした宗悦は約束を反古にするほかなくなっていた。父親譲りの蒐集家であることを自認していた宗悦だったが、それは量ではなく質においてなされるべきとする白戒のもとのことであった。しかしホイットマンを偉大な「協存」の詩人と仰いでいた宗悦において、その蒐集は手当り次第抑えられないものがあった。そうした顛末のなかで昭和五年七月中旬に柳夫妻は米国を離れ、同月末に横浜に上陸した。宗悦が帰国したことで民藝運動は再び動きはじめるが、それを見る前にここで敗戦後の日本で「日本の文化財保護の恩人」とされることのあった、ラングドン・ウォーナーにまつわる「伝説」について少し触れておきたい。

岡倉天心の『茶の本』の解説のなかで福原麟太郎はウォーナーについて、「さきの大戦でわが国の古都を救う提議をしたというラングドン・ウォーナー」と記していた。福原はこれを伝聞の域で書いていたが、それは太平洋戦争時に奈良や京都が空襲を免れたのは、ウォーナーが日本の文化財をリストアップ（通称「ウォーナーリスト」）して、これを政府に示し日本の古都を空襲から除外するよう進言したからであるとするものだった。その説はウォーナーの友人で日本の西洋美術史研究の祖とされる矢代幸雄が、昭和二十年（1945）十一月十一日付の朝日新聞にそうした内容の談話を発表したことに端を発していた。以来このことは国中に知れ渡り、ウォーナーは日本の文化財保護の恩人であるとする世論が形成された。翌昭和二十一年にウォーナーが米軍司令部の日本古美術管理の顧問として来日した際には、国中こぞってこれを大歓迎したという。しかしウォーナーはマスコミ等の取材に対して、自らが日本の文化財保護について政府に進言した事実はないとして一貫してこれを否定していた。恩人説は噂であり、自分がやった仕事ということであれば単に軍にリストを作って提供したに過ぎないとしていた。しかしそれはまた謙譲の美徳であるとする日本人の受け止め方において、ウォーナーリストの美談に疑問が呈されることはなかった。一九五五年（昭和三十年）六月にウォーナーが七十三歳にして没すると、日本政府は外国人に与えられる最高の栄誉である勲二等瑞宝章を授与した。また民間においては日本の文化財保護の恩人としてのウォーナーが顕彰追悼され、奈良や鎌倉の地で供養塔や顕彰碑が建立された。

しかし、『日本の古都はなぜ空襲を免れたか』を著した吉田守男は、ウォーナーリストにまつわる美談は、日本におけるウォーナー恩人説を聡く利用したGHQ民間情報教育局による情報工作であり、事実ではないとしていた。吉田の調べによればウォーナーリストは確かに存在したが、それは日本の文化財の保護を目的にして作成されたものではなく、敗戦後の日本が中国などから略奪した文化財を返還する際に、若しそれらに損傷があった場合はそれと当価値の日本の文化財をもって弁償させるためのものであった。実際のところウォーナーリストに記載がありながらも被災した文化財は少なくなかった。奈良や京都も小規模ながら空襲に遭っており、それらの古都が大規模空襲を免れたのは軍事戦略的に温存されていたからであり、若し日本のポツダム宣言受諾が遅れていれば、当の京都に原爆が投下されていたかもしれなかったという恐るべき事実がそこに示されていた。そのように吉田守男の「ウォーナー伝説」批判が歴史の真実を衝いたものであったとすれば、日本人にとっては苦い真実であった。

ところで吉田守男の調べによればウォーナーの日本文化財保護説は、驚くことに戦前にも一部の知識人の間で噂としてあった。それは日本敗戦直前の昭和二十年七月三十一日付で志賀直哉が友人に出していたハガキに窺われるものだった。そのハガキで志賀は、噂だから事実かどうか分らないが、米国の博物館の役人が奈良と京都は爆撃せぬようにとトルーマン大統領に進言したところ、約束は出来ないが考慮には入れておくと答えたという話があるとしていた。そしてそれが本当であれば「敵ながら文化を尊重する事、感心」（吉田守男著、前同書）なことであり、おそらく件の役人はボストンのウォーナーと思うと記していた。

そのハガキに志賀直哉がウォーナーの名を挙げていたということは、すでにその人となりを志賀がよく知っていたことを物語っていたが、その情報発信源が柳宗悦であったことは明らかだった。昭和四年十月末に宗悦は米国から次のように「通信」していた。


ご承知のワーナーは日本びいきだ。先日推古時代の講義の時に、日本の芸術は支那の芸術の前に小さいという一般の批評に対して雄弁に抗議を挟んでその美を説いていた。そうして日本人の受容れる力の強いことには決して模倣と云うようなものではなく、それ自身が類例稀な価値ある能力なのだと云うことを熱心に説いていた。講義の最中、大きな幻燈に法隆寺の金堂が写って現れた時、僕は思わず涙の出るのを抑えることが出来なかった。

（「欧米通信　第四信　米国より　その一」『全集』第五巻所収）


日本の同人たちがこれ以前にワーナー（ウォーナー）について情報を共有していることを前提にした宗悦の書きぶりだった。もちろん志賀もその同人の一人であったが、大正十四年（一九二五）から昭和十三年（一九三八）まで奈良に住んだ志賀は、その間の昭和六年四月にウォーナーが奈良の仏像研究で来日した際には、住まい探しをするなどして援けていた。

昭和三十年のウォーナーの死に際して、宗悦は新聞に「ウォーナー博士の死」（『全集』第十四巻所収）という一文を寄稿していたが、そこで宗悦は、ウォーナーは「日本にとって、掛替えのない僚友」であり、「私にとってもまたとない心友であった」と追悼し、その最後の著書である『不滅の日本芸術』（寿岳文章翻訳）は、ウォーナーをこそ「不滅」にさせているとしていた。そしてそこに、「第二次大戦にさいして、爆撃から奈良と京都を救ってくれた」のはウォーナーであり、「その正義に、感謝してもしきれぬ思いを感じる」と記していた。戦後すぐにウォーナーが日本民藝館を訪れた際であったろうか、宗悦はその感謝の念を直接本人に伝えていた。それに対してウォーナーは、「決して自分一人の力ではないと繰返し述べた」が、宗悦はこれを謙遜と受け止めどこまでも、「ウォーナーが最も熱心な主張者であったことは疑う余地がない」とみていた。しかしウォーナーにしてみればこの一件、恩人説を信じ込んでいる宗悦の意を削ぐことなく、そこに自らの良心を潜ませた言い回しをもってこれを婉曲に否定するほかなかったとみることができるものだった。

そうであれば「ウォーナー伝説」は当のウォーナー自身をも欺くなかで、占領下日本の草の根ナショナリズムを巧妙に掬いつつ、周到にも文化国家たる米国のイメージを日本人の心に擦り込んでいったとみることができる。宗悦もまたウォーナーの人柄に親しく接していたが故に、情報工作としての「伝説」を露ほども疑うことはなかった。酷な言い方をすれば冷徹な国家意思を見ることにおいて甘いものがあったということができるが、しかし自らの「愛国心」を持して同志と共に歩んだ「吾々の道」において、宗悦自身が日本の国家主義に足を掬われるようなことはなかった。吾々の道とはもとより「工芸の道」であったが、昭和五年の夏に宗悦が米国から帰国すると、しばらく停滞していたその道が急な展開を見せて開けていった。

三　雑誌二題――『工藝』と『ブレイクとホヰットマン』

柳宗悦は渡米する以前から同志と計り工芸関係の雑誌の発行を模索していたが、それが成らないうちにハーバード大学に就いていた。同人有志は柳の留守中も引き続き雑誌発刊を試みていたが、おそらく経済的な事情もあって立ち消えになっていた。しかし宗悦が帰国するとまた熱が上がったなかで今度は首尾よく発行の目処がついた。留守中に骨を折っていた青山二郎の労が実り、雑誌は聚楽社の秋葉啓によって発刊される運びになったのだった。これを契機として民藝運動は上賀茂民藝協団や大礼博への「民藝館」（三国荘）の出展といった草創期を経て、次なる展開を見せていくことになる。

雑誌の「刊行趣意」（『全集』第二十巻所収）は昭和五年（一九三〇）冬に発表された。それによると装幀は型染布表紙で月刊五百部限定刊行を予定し、市販はせず定価は送料込みで一部一円にして半年六冊分前納の会員制の雑誌となっていた。執筆責任者は富本憲吉、河井寛次郎、濱田庄司、石丸重治、青山二郎、柳宗悦の名が挙げられていたが、志を同じくする人々からの寄稿も得たいとしていた。雑誌ははじめ『民藝』と題されていたが、雑誌発行の功労者だった青山二郎の意見を入れて『工藝』になった。ただ工芸の本流は「民藝」にあるのであり、従って雑誌は「工芸中の民藝を主要な題材」とするものだった。青山は後に民藝運動と袂を別つことになるが、その萌芽が雑誌発行の時点にすでにあったということかも知れなかった。

雑誌編集の基本方針は工芸美の問題や歴史、技法や新旧の作品の挿絵による紹介と解説、書評、展覧会評をもってするものだったが、講演や自前の展覧会開催なども編集同人の仕事の一つだった。そして挿絵については柳宗悦の意向を強く入れて、（民藝の美に対する）「発言を抽象的ならしめない為に、出来るだけ多くの挿絵によって、具体的に私達が解して正しいとする美の標準」を示し、「そうして読者の直観に直接訴えたい」とされていた。また、「此雑誌それ自体を、事情の許す範囲において出来るだけ工芸的な作品として読者に贈りたい考え」であり、そのために「装幀とか版組みとか駒絵とか、それぞれに留意する」ことが云われていた。発刊の趣旨に添って雑誌第一号は昭和六年（一九三一）一月に、装幀に拘りをみせて発行されたが、以降これに携わったのは民藝同人の作家たちだった。

主なところでは第一年次十二冊の装幀を担った芹澤銈介をはじめ、吉田璋也、外村吉之介、柳悦孝、鈴木繁男、川上澄生、棟方志功といった人々の名がそこにあった。彼らの手になる型染めの布や織物、漆描きの和紙、版画などで装幀された雑誌は、新民藝の仕事として高い評価がなされた。なかでも鈴木繁男は昭和十二年（一九三七）十二月発行の第七十三号から昭和十七年（一九四二）一月の第百八号までの三十六刊分の表紙を担当していたが、その作業たるや和紙に漆で手描きした「漆絵紙」を毎号千冊分作成するというもので、並大抵の仕事ではなかった。宗悦は第百八号の「編輯後記」でその労をねぎらうなかで、「和紙に漆絵を施したものとして、今迄是程の結果をみせてくれたものはなかった」として、雑誌『工藝』の表紙作りにおいて出色するものがあったことを記していた。

紙面作りにおいては各号特集が組まれた。そこに主題の写真挿絵が配され、その挿絵の解説と関連する論稿を載せるといったかたちがとられた。言葉に先んじて挿絵を重用し、直接読者の直観に訴えるとする「刊行趣旨」の実践がそこにあった。そうした編集において雑誌『工藝』は、「全体が殆ど共通な体験の記録であり信念の主張」となるものだった。「共通な体験」とは、等しく日本人たることにおいて体験される美の世界での出来事となる筈のもので、それは宗悦においては「公有の自我」、西田幾多郎でいえば「場所」の体験といってよいものだった。しかしその難解であった西田の「場所」の所在を、彼は具体的な民藝の挿絵をもって明示していこうとしたのである。

風土における日々の暮らしのなかで普段使いされてきた工芸品であったがために、美の対象となる事がなかったのが民藝だった。しかしその挿絵が雑誌に載る契機のなかで読者に美の直観が働くようなことがあれば、その直観は日常生活の場面では意識に上ることのない風土の基層を彩っている「公有の自我」が体験（直観）されたことを意味していた。みてきたように「公有の自我」とは自我意識（柳は「私有なる自我」としていた）が放下した境で観相されるのであり、宗悦においてそこの主格同一の位相で直観された美こそが民族固有の「美の標準」となるものだった。その意味で挿絵は共通の体験（直観）を喚起する媒体となるものであり、挿絵の扱いにおいて宗悦には譲れないものがあったのである。宗悦は、雑誌『白樺』が「一つの仕事をしたのは、当時類のなかった程挿絵を豊富に入れたからだとも云える」（『工藝』第十二号「編輯余禄」『全集』第二十巻所収）とするなかで、『工藝』の編集においてもこれを踏襲した。

その拘りのなかで挿絵写真を撮ったカメラマンは佐藤濱次郎、坂本萬七、土門拳などだった。宗悦に親炙してその仕事ぶりを間近に見ていた水尾比呂志によれば、宗悦は写真撮影には努めて立ち会うようにしていて、その場での関係は映画製作時の監督とカメラマンのようであったという。宗悦は撮られた写真原稿を自らがトリミングして版に付したが、色刷りのものには特に意を用い、製版者には執拗なほどの注文を付けていた。物象の真に迫る挿絵づくりの試みだったが、普段は無意識の淵に沈んでいる「公有の自我」＝「場所」の所在を視覚化し、「美の標準」を明示しようとする宗悦の執念がそこにあった。

『工藝』の創刊号では民藝を特徴づけている陶磁器の「石皿」（瀬戸の煮染皿）が特集されていた。以降の号で取り上げられた工芸品類もほとんどがそれまで世に紹介されたことのなかった作物、ならびにそれに関連するジャンルのものだった。数的にはやはり陶磁器類が多かったが、その他民画をはじめ、木工、布、金工、絵馬、染織物、漆器、紙、そして木喰仏や建築物、植物染料、文字、版画などが取り上げられていた。そこにみられるものは常識的に工芸品と見なされるものだけではなく、宗悦の目に映った西洋美学の範疇にない「工藝的なるもの」も含まれていた。

挿絵を中心にして編集された『工藝』だったが、挿絵以外にも同人作家の手になる小間絵や、また布や紙などの実物を添付する試みもなされていた。雑誌としては例を見ない費用度外視の編集や、また一円の定価は高いとみるなかで周囲には継続発行を危ぶむ声があった。創刊して間もなく宗悦は読者の一人から、編集方針は好いが紙などの質を落して定価を下げてもらえまいかと言われたことがあった。しかし宗悦は工芸の雑誌はそれ自体が工芸品でありたいのであって、「読んだらあとは屑屋のものだと云う様な定義は此雑誌に通用させたくない」（第四号「編輯余禄」以下同）と返していた。そして雑誌『白樺』時代に親しんだオーブリー・ビアズリー等が、一八九四年に創刊した挿絵入り文芸誌『イエロー・ブック』も、はじめは『工藝』と同じ様な非難を受けたが、「三四十年後の今日になると、馬鹿に光り出してきて今も買手が絶えない」ことを挙げていた。そして「質を悪くしてもかまわない物もあろうが、それでは済まされないものが世の中にたくさんある」のであって、後者である『工藝』の定価一円はその作りからして、「非常に安い」ものだった。

『白樺』時代以来のアート・エディターとしての矜持を持って、宗悦には雑誌編集に対する「明確な自信」（第十二号「編輯余禄」以下同）があった。ただ『工藝』の創刊時に宗悦は、「経済的におよそ幼稚な吾々に、先の見通しがあるわけではない」なかで、とりあえずは三百人ほどの会員が集まれば上等とみていた。そしてあとは「熱があれば仕事を成り立たせる事が出来よう」としながら刊行に踏み切っていた。しかし活路はその妥協のない編集の貫きにおいて開けていった。雑誌は創刊年の四月の時点で創刊号が早くも売り切れとなり、急遽百冊を増刷する運びになった。そして第五号からは規約を改め、月刊発行部数六百部とした。しかしその後の号も次々と残品がなくなるなかで、発行部数は八百部、一千部と増やされていった。そして三、四十年後を待つまでもなく雑誌『工藝』は、日本における『イエロー・ブック』となったのだった。

雑誌『工藝』は創刊時から企画のほとんどを宗悦が行ったが、はじめ実務は青山二郎と石丸重治が担った。装幀家・骨董鑑定家として知られた青山は、大正期末に朝鮮の陶磁器に興味を持った縁で宗悦に親炙した。「日本民藝美術館設立趣意書」には民藝蒐集の担当者五名中の最年少者として名を連ね、その誰しもが認める鑑識眼をもって民藝品の蒐集に当たった。青山は慶応大学の教員で宗悦の甥に当る石丸重治が大正十三年（一九二四）十二月に発行した同人雑誌『山繭』にも加わっていた。余談ながら青山二郎と批評家小林秀雄の交友はよく知られているが、二人を引き合わせたのは府立一中の同級生で小林と親しかった石丸だったという。青山と石丸は宗悦よりひと回りほど年少だったが、宗悦は彼らを有為の若手とみて東京での雑誌編集を彼らに託した。しかし京都からあれこれ編集に注文をつけてくる宗悦に対して、青山と石丸は反発して編集の実務を降りると言い出した。

この一件では、宗悦や民藝の仕事を早くから支えてきた工政会の倉橋藤治郎が青山と石丸に同情して、宗悦の「専横なやり方」（昭和六年一月二日付柳宗悦発・濱田庄司宛『全集』第二十一巻上、以下同）を強く非難していた。そうした事態のなかで宗悦は、「お互に個人作家の病いが出すぎる。僕も其一人に違いないと考え汗顔の至り」と反省し、「今後一切は小生は何も注文せず、凡てを青山石丸に頼み、只忠実に寄稿家として僕は毎号執筆する様にしたい」と観念していた。しかし結局事態は収まらず、雑誌編集のお鉢は柳に回ってきたが、はじめ彼はこれをためらった。というのも『工藝』の発行から十日遅れの昭和六年一月二十日に、宗悦は寿岳文章と、『ブレイクとホヰットマン』という雑誌を創刊していて、毎月二冊の雑誌の編集に携わるのは無理があると思ったのだった。しかし発行人の秋葉啓や河井寛次郎が継続発行を強く主張し、また先のロンドンでの個展の収入を元にして益子に居を定めていた濱田庄司からもよい返事があったので、宗悦はこれに鼓舞されて編集を引き受ける決心をした。いざ編集をやってみると、事はすらすらと運び「時には休養したいと思う時があったが、試みたいと思う事の方が多いので、停滞する暇がなかった。それにこの雑誌を悦んでくれる人が案外多く、やり甲斐がある様に感じた」（「雑誌『工藝』発足」『全集』第二十巻以下同）のだった。

昭和六年（一九三一）一月創刊の雑誌『工藝』は昭和二十四年（一九四九）の第百二十号まで数えて終刊した。先述のように雑誌のすべての企画は宗悦がおこなったが、編集の実務に携わったのはそのうちの十七年間だった。雑誌は月刊を目指していたが、戦争のために発行遅れが多々あった。終刊に至ったのもストックしていた紙や銅版等が戦災に遭ったことに起因していた。昭和三十三年（一九五八）に雑誌『工藝』の頃を振り返るなかで宗悦は、「此雑誌は古本の値が非常に高いのを見ても、今尚熱心な読者がある事がわかる。外国の図書館ですら備え付ける所がふえてきた」と意を強くしながら、一、二年のうちに再起したいと念願していた。しかしそれは終にならなかった。

『工藝』と時期を同じくして創刊された雑誌『ブレイクとホヰットマン』は、翌昭和七年（一九三二）十二月までに二十四冊発行された。はじめ宗悦は刊行予告のパンフレットで、若し購読申込人が五百人に満たないときは遺憾ながら刊行を中止するとしていた。甚だ特殊な研究雑誌であるので刊行を危うんだのだった。内心彼は申し込み数が二百五十人ほどあれば、何とか刊行に踏み切るつもりでいたようであった。ところが第二号を出した段階で、発行元であった東京の同文館から定期購読の会員数が早くも五百名に達した旨の連絡があった。部数を少なく見積もっていた柳は自らの予想が外れたなかで、こればかりは有り難いと喜んだ。しかしそのことがあっても『工藝』のように発行部数を増やすことはなかった。理由は次に見るようにおそらく雑誌制作に手間が掛かりすぎることにあった。

「創刊の趣意」（『全集』第五巻所収）によれば雑誌は、伝記、評論、翻訳、書誌の四部門からなり、ブレイクは寿岳文章が、ホイットマンは宗悦が担当することになっていた。ただ雑誌編集を主として担うのは寿岳で、宗悦は「自分は助け役」（創刊号「雑記」）という役割分担だった。雑誌は『工藝』と同様に工芸品としての作りがなされた。そこで装幀は宗悦が黒田辰秋に彫らせた木版をもとに意匠を凝らし、紙は寿岳が選んだ越前産の和紙を用いた。寿岳の「柳宗悦を語る」（『柳宗悦と共に』所収）によれば五百部の雑誌は全部手作りで、製本は柳宗悦・兼子夫妻と寿岳文章・静子夫妻の四人で行った。書誌学者としての寿岳文章は仕事に厳しく、誤植などは決して許されないとする几帳面ぶりだったが、そのことで最初に音をあげたのは宗悦だったらしい。

宗悦より十一歳年少だった寿岳文章は英文学者であると同時に和紙研究の第一人者だった。寿岳は十代の関西学院在学中に早くも宗悦の、『宗教とその真理』ほかを愛読していたが、東京在だった宗悦をはじめて訪ねたのは二十三歳時の大正十二年（一九二三）のことだった。関西学院高等学部英文科の卒業論文に寿岳はブレイクを取り上げていて、ブレイクの文献を宗悦に見せてもらうために上京していた。その後寿岳は「木喰五行上人研究会」に入ったりしていたが、二人が急速に親しくなったのは昭和二年（一九二七）十二月に伊藤長蔵が主催し宗悦もこれに加わって開催された、京都博物館におけるブレイクの百年忌記念展の際だった。当時寿岳は京都大学に在学していたが、そこでもブレイクを卒業論文にしていたことから、寿岳は宗悦と共に寝食を忘れて記念展の準備に没頭した。その関係のなかで宗悦と寿岳、そして同じくブレイク研究家の山宮允との間で研究雑誌を出そうという話が持ち上がった。三人は『工藝の道』の発行元であった「ぐろりあ・そさえて」の主人の伊藤長蔵に働きかけをしたりしていたが、しかしそれが実らないなかで宗悦は渡米していた。

宗悦は渡米したが、寿岳文章はひとり宿願を果そうとしてブレイク研究誌を個人雑誌として出すことを決意した。そしてその旨を米国の宗悦に知らせたのだったが、折しもホイットマンの文献蒐集をしていた宗悦はその報を受けて閃くものがあった。つまり「ブレイクとホヰットマンとを合せて一つの研究雑誌を出したら両方の読者が加わるから、経済的にも原稿からもずっとゆとりがとれはしないか思った」(『ブレイクとホヰットマン』第一巻第一号「雑記」『全集』第五巻所収　以下同) のだった。そして何よりもブレイクとホイットマンは「詩形やら表現やら思想やら類似が多く縷々互に連想される詩人」であった。そしてまた寿岳と宗悦は共に京都に住んでおり、共同編集するのには都合がよかった。宗悦はそのアイデアを寿岳に伝えると、折り返し是非そうしたいと返事があった。帰国した宗悦はこの企画を同文館に持ち込んだが、幸いすんなり同社からの発行が決まった。

宗悦は雑誌の定期購読を呼びかけるパンフレット (『全集』第五巻所収) のなかで、ブレイクとホイットマンの思想に見出すことができる普遍性と永遠性について述べていた。ブレイクは、「神秘的宗教性」において、ホイットマンは「宇宙的民主性」において普遍性を有しているのであり、また「将来の人類が則るべき幾多の真理が彼等によって予告されている」ことにおいて、そこに共通した永遠性があると述べていた。そして、「同じ一つの魂が内に向けられて心霊を見つめる時ブレイクとなり、外に放たれて民衆に呼びかける時ホヰットマンとなったと言えないだろうか」と思いをめぐらせていた。そしてそこで強調されていたのが、二人の詩人は「東洋人によって見直されなければならない」ということだった。

その点について宗悦は創刊号の「雑記」で重ねて、外国文学を取り扱う場合においては、ただ精通するだけではだめなのであって、そこに「一度豊富な東洋の思想や経験からそれ等を吟味」するなかで、「東洋人としての吾々に肉となり血となるものを書く」とか、「新しい幾多の真理」を「開発」していくところまで入らないと、「何も文学が身につかない」としていた。その東洋の思想に照らしてホイットマンは、「唯一人米国で禅の高みに到達した人物」（前出 リーチ宛書簡）とみられる詩人だった。ホイットマンは「生くるもよし、死するもよし、勝つもよし敗るゝもよし、招かるゝもよし、拒けらるゝも亦いゝ」（「ホイットマンに就て」『全集』第五巻所収、以下同）とする存在であり、その「自然さ」は「健康の美」をもってする民藝と響きあうものであり、宗悦は、「民藝の美を彼の言葉で謳う事が出来る」としていた。中学時代から親しんできたホイットマンの文学を、宗悦は自らの東洋思想において「肉となり血」と成しえたということが出来るものだった。

はじめ雑誌は経済的にも安定し、原稿も順調に集まった。ホイットマン研究家であった長沼重隆は伝記を、また堀井梁歩はホイットマンの詩の翻訳を載せるなかで、それぞれにこれを出版に繋げていた。書誌学の寿岳文章もこの雑誌を足掛かりにして、「ぐろりあ・そさえて」から『書誌学とは何か』を、また岩波文庫からは『ブレイク抒情詩抄』を出した。宗悦も「ホヰットマン研究入門—ホヰットマン書誌」を連載し、雑誌終刊後にこれに加筆して二冊の私家本を作った。そうした仕事において宗悦は、昭和七年発行二年次第五号の同雑誌の「雑記」で、「日本からい丶仕事が生まれる事を熱望する。軍国主義で世界に勝ったところで始まらない。仕事で勝ちたい。精神的な、思想的な、科学的な又芸術的な仕事で勝ちたい。此日本から光を出したい」と述べていた。

しかし時代は柳宗悦の願いとは裏腹に昭和六年（一九三一）九月の柳条湖事件をもって満州事変が勃発するなど、いよいよ世相は暗かった。その満州事変について宗悦は同年十一月発行の雑誌第十一号の「雑記」において、「此頃は段々軍国主義の風潮が盛で、中学の生徒等にもその方の教育をしこむ事が流行している。満州事変で油がそ丶がれたのだと思う」と書き付けていた。そして、「僧侶は戦争を広め、兵隊は平和を求める」としたブレイクの句を引きながら、「めったに死なない将校達や非戦闘員の愛国者が、下積になる兵隊達の事を考えずに、むやみに軍国的言論を弄ぶのは感心しないし、卑怯だとも思える」と記していた。自らはガンジーに心を引かれていた宗悦だったが、寿岳文章は宗悦は生まれながらの反軍国主義者で、「戦争および戦争に関係のあるようなものを先天的にきらうという傾向が非常に強かった」（前出「柳宗悦を語る」）と、宗悦没後に回想している。

雑誌は初年度においては経済的に成り立っていた様子だったが、二年目になって退会者や会費滞納が出るようになり次第に苦しくなっていった。そして二年次の第十一号で、次の第十二号をもって終刊する旨が予告された。そこに結局、連載中だった長沼重隆のホイットマン伝、寿岳文章のブレイク伝、そして宗悦のホイットマン書誌は雑誌において完結することはなかった。宗悦は「折を見て完結したい」としていたが、雑誌最終号の「雑記」で、「此様な特殊な研究雑誌が二ヶ年も続いたのは奇蹟」であるとしながら、「読んで面白くない書誌を二ヶ年も続け読者に迷惑をかけた事と思うが、多少在来の研究を訂正し追加し得たかと思う」として、控えめながらも雑誌発行の意義を記した。

四　「公有」の蒐集

挿絵を中心にして編集された雑誌『工藝』について水尾比呂志は、昭和十一年に日本民藝館が実現するまでは、この雑誌が民藝館の役割を負うていたというが、これに先立つ昭和六年（一九三一）四月に「日本民藝美術館」と称する美術館が静岡の地で開館していた。全集第十六巻所収の「日本民藝美術館消息」や「民藝館の生立」などによれば、場所は浜名郡積志村有玉（現在の静岡県浜松市東区有玉南町）在の高林兵衛の邸内であった。高林家は江戸初期から続く素封家で十四代目の兵衛は和時計の蒐集家として知られていた。その高林と宗悦を引き合わせたのは染織家平松実の実弟で、当地で教職に就いていた中村精《せい》だった。黒田宏治、阿蘇裕矢共著の「浜松の民芸運動の現代的評価に向けて」（静岡文化芸術大学研究紀要 vol.13）によれば、中村は宗教哲学研究が縁で柳宗悦と文通していたが、大正十五年（一九二六）四月に宗悦が有志に送っていた日本民藝美術館設立趣意書も受けとっていた。

その趣意書に感激した中村は、昭和二年（一九二七）一月中旬に宗悦を浜松の自宅に迎え、開業医の内田六郎や地元の詩人らと民藝論を聞く機会を設けた。そして翌日、中村は宗悦を有玉の高林家に案内した。宗悦より三歳年少だった当主の高林兵衛は父親譲りの工芸品の愛好家で、普通の家庭ではまず見られないような什器類を普段使いしていた。そこに中村の期待通りに高林は宗悦の思想に感銘し、「遂にはその古格ある伝来の建物を民藝館として使用する」（「民藝館の生立」）ことを申し出た。高林の民藝熱はこれに止まらず、同年末に先にみた大礼博に「民藝館」を出展する話が持ち上がると、そこでも館の建築を買って出た。施工に際しては自らがお抱えの大工と瓦師を率いて上野公園の会場に馳せ、屋根瓦も遠州産のものをわざわざ貨車で運び込んだ。さらに高林はこれに先立って宗悦が「民藝館」出展に備えて地方工芸の調査を行った際には、内田六郎を会計係にして「多大の援助」（「日本民藝美術館消息」）をしていた。

そうした前振れがあって日本民藝美術館は開館したが、建物は築三百年以上になるという八十坪ほどの高林邸を解体した部材が用いられた。茅葺の古民家然とした建物で、そこの正門に誂えられた長屋門の門柱には宗悦の筆になる「日本民藝美術館」の木札が掛けられた。建物と一体化したかたちの工芸の在り方を理想としていた宗悦は、「民家に民器を置き得るなら、之にもました必然さはない。その建物は真の意味で自然な茶室とも云えた。仕事の第一歩として吾々はそこに品物を列べることになった」（「民藝館の生立」）と述べていた。しかし昭和十年（一九三五）に書かれたその一文の掉尾で彼は、「私なき同氏の好誼を今も忘れる事が出来ない」と過去形で高林に謝しながら、静岡における民藝美術館は「事情あって二ヶ年近くの後之を閉じた」と述べていた。その「事情」

を彼は何も記していないが、宗悦が昭和七年中に外村吉之介に書き送っていた書簡でおよその事がわかる。

昭和七年（一九三二）の四月から浜松の平松実の工房で染織の修行と「協団」の立ち上げを模索していた外村吉之介は、宗悦にまめに現地報告をしていた。それに返信した宗悦の書簡をみると、同年五月から六月の時点ですでに宗悦と高林の関係は冷めていたことがわかる。その頃高林が何らかの「誤解」をして宗悦を避けるようになっていたなかで、宗悦は高林に二度にわたって長文の便りをしていた。しかし返信はなく、宗悦はついに外村に、「港やも将来なく、美術館も影うすく甚だ残念」（六月十一日付『全集』第二十一巻）と書き送っていた。「港や」とは、柳らが地方民藝の振興策として民藝店の出店を計った際、昭和七年一月に佐藤進三と秋葉啓が東京西銀座で開いた「みなと屋」のことだった。出資者は高林兵衛だったが、宗悦は実務を担った佐藤進三のモノを見る目の無さと、「事務のほうの不得意」（六月二十六日付）は、きっと信用を失くすとみていた。先の『静岡文化芸術大学研究紀要』に付された年表によると、高林は日本楽器の鳥谷成雄の仕事を支援していたが、その鳥谷の木工品等を「みなと屋」で取り扱うことを宗悦は嫌っていた。

『同研究紀要』には遠州民芸同好会の伊東政好になされたインタビューが載せられているが、伊東は生前の平松実と親しくしており、日本民藝美術館閉鎖の経緯を聞くことがあった。それによると、事業家だった高林は浜松の民藝同人の手になる工芸品を百貨店で販売するよう宗悦に提言したり、自らが民芸村を構想するなかで、古美術蒐集同好の益田孝や松永安左エ門といった財界人に資金協力を呼びかけたりしていた。伊東は「そのあたりから柳宗悦との間に軋轢が生まれ」、関係が切れていったとみていた。実業家としての感覚をもってする高林と、「協団」の理念のもとに事をなそうとしていた宗悦の間には、おそらく相容れない溝が生じていた。

結局のところ高林は民藝運動から離れたが、そこで宗悦が心配したのは、「協団」の行く末だった。先の六月二十六日付の書簡で彼は、「協団に危険が来れば九割迄は人事問題」としながら、尚も希望を外村に託すなかで、「人事に迷わず、仕事に精進」するよう鼓舞していた。宗悦の考える「協団」のメンバーとは、外村吉之介、柳悦孝、平松実、そして出身地の静岡市で染織家を志した芹澤銈介の四人だった。すでに民藝美術館の存立があやしくなってきた際ではあったが、四人の仕事は昭和七年の十一月八日から三日間、岩井武俊の援助のもとに京都大毎支局で開催した「染織新作家展」で発表されていた。『工藝』第二十四号の宗悦の編集余禄によれば、芹澤銈介は型染め、平松実は着尺、外村吉之介と柳悦孝は敷物や肩掛け等を出品していた。売れゆきは上々で、続けて翌十二月初旬に大阪の高島屋で開催した第二弾の展覧会も成功を納めていた。束の間ではあったが、仕事において一定の成果をみせた「協団」だった。しかしこれを支援した高林が民藝運動から手を引いたことによって、遂には遠州静岡の地での協団の夢は潰えることになった。高林邸の日本民藝美術館は翌昭和八年（一九三三）の夏頃に閉館し、「みなと屋」も約二年で閉店した。

上賀茂民藝協団に続く「協団」の挫折だったが、高林兵衛と柳宗悦の確執については柳兼子の証言もあるのでこれもみておきたい。兼子によれば高林は、民藝美術館を「お上の仕事にしたい、関係つけたい」（「柳兼子夫人に聞く」、以下同）と主張していたが、宗悦は「政府に関係すると、主義から何から、品物そのものから何から　～中略～　政府くさく」なるので嫌だとしきりに言っていたという。「お上の仕事」を宗悦が嫌ったことは先の東京帝室博物館の一件において明らかだった。そしてさらに兼子は蒐集品の取り扱いをめぐって生じた高林の「誤解」もそこに挙げていた。

蒐集魔というべき宗悦は高林の蒐集になる和時計を「垂涎三千丈」としながら、「あれをおれたちのほうに並べるといいんだがなあ」と言っていたという。無論それは人のものを取ろうということではなく、「宗悦は自分で、自分の手でもってそこのいいとこをポイントをつかんで保管したい気」から出たことだった。物は単に蒐集するだけではなく、見せ方、陳列の仕方にいたるまで一貫するものがなければならないとする宗悦の蒐集思想の表れだった。しかしこれを理解しなかった高林は、宗悦の蒐集欲の犠牲になるような気がしたのではないかと兼子はみていた。しかし物の蒐集において宗悦は、「法や道は此世界でも踏まれなければならない」とする確たる自戒を自らに課していた。はたして高林兵衛との一件を意識してのことであったか、宗悦は昭和七年十一月の『工藝』第二十三号と十二月の第二十四号に、「蒐集に就て」(『全集』第十六巻所収)という一文を寄せた。

そこで宗悦は、「蒐集は心理的には興味であり、生理的には性癖」であるとしながら、ありがちな蒐集における「予算への忘却」は「常識的には愚の骨頂だが、此愚かさに達してこそ妙味がある」と述べていた。「此世の凡ての素晴らしい事は、利害を超えた所で生い立つ」のであり、人がそのような愚かな行為をするのは、「自分を忘れ得るい丶性質がある」からであった。自己忘却のうちに物を集める者は、「他の自分」、「自分の故郷」を物のなかに見出している。集めた物と「自分」との間には「遠く深い因縁」があるのであり、それ故に蒐集家は「その機縁を作る」ために物を購買する。しかし彼の蒐集道の道筋において蒐集はそうした「個人的意義」に止まるものではなく、物は「社会的意義をも加え」、「公共のもの」となったときにはじめて「全き保証」を得るものだった。

しかしながら蒐集には欲望や煩悩などもろもろの危険が伴う。欲望が病的に嵩じれば非道徳的なことになる。そこに宗悦は「利を見越した」蒐集や私有に閉じて結局は死蔵に帰す蒐集を「不純」としていた。そしてまた「蒐集する物につく病気」として、「アインシュタインの使い残した白墨だとか、伊藤公のシガーの吸い殻だとか」いった「結局は奇態な趣味と云う迄」の蒐集、郵便切手などの「一種のものに凝る」蒐集、高価さを誇る蒐集、選択の基準を「銘」に置く蒐集、そして骨董商などの他人の勧めに頼る蒐集などを病的蒐集と「診断」していた。

柳宗悦において物は単なる性癖や世間的な評価などによってではなく、鍛え抜かれ研ぎ澄まされた「本来無一物」をもってする直観において、よく選択されるものでなければならなかった。「直かに見届ける」ことによって集められた物は、必然的に個々の美が響きあう「統一された蒐集」となる。ただ集めるだけでは物は意味に活きることはなく、「整える事」が重要だった。宗悦はそれがなったときに蒐集は、単に物を集めるだけに終始する「守る蒐集」から、「創る蒐集」に入ると述べていた。

蒐集は見方の所産である。物が在って選ぶと云うより、選ばれる故に物が在ると云う方がいゝ。見方が切り開かれ、基準が高まるなら、蒐集は創作の圏内に入る。之によって未だ知られなかった価値世界が、新たに追加され増大される。かくなれば一つの開拓であり啓発である。埋もれた真理や美が明るみに出されるのである。今迄匿れていたものが現れるのである。

（「蒐集に就て　下篇」、以下同）

かくして「創る蒐集」は、在来の価値の顛倒を迫り、時代に先んじて「新しい世界」に入る。

かくなれば蒐集は単なる個人的な意味ではない。興味に止るが如きものでもない。既に公な仕事である。蒐集は私有を越えて、普遍的な価値を此世に贈るのである。物があると云うよりも、蒐集によって物が創造されると云わねばならぬ。良き蒐集家は第二の造り主である。

蒐集道の極め付けであったが、宗悦は改めて蒐集に伴う「様々な心の病気」には「用心せねばならぬ」と諌めていた。そして、「珍しきに溺れ、物を集め数える」だけで「遂には交わりをさえ汚す」ことが少なくないのは残念なことであるとして、自らの苦い体験を滲ませたような書きぶりをしていた。あるべきはそれとは千里の径庭を隔てた、日常の生活が「活々し澄み深められる」蒐集、「自己以上の深さ浄さを物に感じる」なかでなされる「永遠なるもの」の賛美となる蒐集だった。「良き蒐集家は敬虔」であり、その敬虔さこそが蒐集に光を与える。

宗悦は「蒐集は物より心に多く関係」するとみていたが、その真実を自らの蒐集行為において鮮やかに体験していた。兼子によれば宗悦はもともと、「きれい好きで手でも始終アルコールでふいて、神保町の古本屋から古本を買ってきても、一枚、一枚を、脱脂綿かガーゼにアルコールでもって湿してふいてるくらい」（「兼子夫人に聞く」、以下同）だった。そうであればきれい好きというよりもすでに潔癖症の域であった。ところが「下手物」を集めだすようになると宗悦は、「まるで違っちゃった」のであって、そこに「呉服屋の裏に引っかかってた、子供のお寝しょしたふとん」などを平気で家に持ち込んだ。

宗悦は大正末に京都に転居すると朝市で古着や織物を買い漁った。熱中したのは幕末から明治にかけて織られ、おもに布団表として用いられた通称「丹波布」という織物だったが、裂織（別名「ぼろ織」）や屑絲織（別名「やたら織」）なども集めていた。それらは汚れたままで売られていて、においまで放っているような代物だった。当然のことながら兼子はこれを大いに嫌った。この一件については宗悦も、（兼子が）「どんな病人の使ったものだか知れないという。一理あって、中々臭いにおいに悩まされることもあった。医者の吉田璋也君が心配して、全部消毒の強制執行に及んで、家庭の紛擾も、めでたくけりがついた」（「京都の朝市」『全集』第十六巻所収、以下同）とおよそ三十年後に回想している。

下手物中の下手物にまつわる蒐集物語といってよいが、興味深いのは、その汚れて臭かった「ぼろ織」や「やたら織」のうちに宗悦が「自己以上の深さ浄さ」を直観し、知らずして自らの過剰な「きれい好き」を克服し得ていたということだった。そうした意味において兼子にとっては大迷惑であったが、宗悦において蒐集は自己治癒行為ともなっていた。

また宗悦は丹波布を用いて、やはり熱心に蒐集していた江戸期の民画である大津絵の幾本かを表具していたが、それはまさに「創る蒐集」と云ってよかった。その古裂と民画の取り合わせは「大変よく似合」っていて、同人の評判も上々だった。彼は、直観の下に「集まる品はそれぞれに自分の兄弟なのである。血縁の者がここで邂逅するのである」（「蒐集に就て」）としていたが、大津絵と丹波布は確かにそこにおいて「邂逅」していた。以上の他にも宗悦は蒐集にまつわる機縁や命数の不思議とも言うべき話を、昭和三十一年（一九五六）に刊行した『蒐集物語』（『全集』第十六巻所収）において詳しく披露しているが、割愛するほかない。はたしてそれらの品々は日本民藝館に収蔵されることとで、「凡ての人の所有」になった。

ところで、これに先んじて一旦は成っていた浜松の民藝美術館跡は茅葺が銅板屋根に変わったものの、当地で現存し観光名所になっているようである。また高林兵衛が携わり大礼博に出品された「民藝館」を移築した「三国荘」は戦火に遭ったと見られていたが、これも現存していることが平成十年（二〇〇八）に建築史の研究者によって確認されている。当の高林兵衛は民藝運動から手を引いた後、同志とともに農村医療の拠点となる病院建設に奔走した。昭和十三年（一九三八）にめでたく遠州病院が開院すると、亡くなるまで会長を務めた。また高林が蒐集していた和時計はその後国立科学博物館に寄託され、宗悦が嫌った死蔵や散逸を免れ、「公有」のものになっていた。

一方、民藝美術館という足場を失くした「協団」のメンバーは、当地出身の平松実を残してそれぞれの道を歩むこととなる。外村吉之介と柳悦孝は昭和七年七月に高林兵衛の斡旋で、積志村西ヶ崎の元銀行の建物を工房兼メソヂストの教会にしていたが、昭和九年（一九三四）四月に袋井町大門に移った。閉館した民藝美術館の収蔵品もそこに持ち込まれたために、二人は狭隘なスペースで不自由な生活を強いられたという。袋井時代に外村吉之介は掛川の葛布と出会い、その葛布織によって仕事の新境地を開いていった。手仕事と伝道にいそしんだ袋井での日々は十年ほど続いたが、戦争の激化や昭和十九年（一九四四）十二月の東南海地震で罹災したために、外村と悦孝は翌昭和二十年早々福井に疎開した。戦後になると外村は八月の終戦から間もなく、父孫三郎とともに民藝運動を支援した大原総一郎の招きで倉敷市へと転じ、悦孝もその後女子美術大学に移った。もう一人、宗悦がその仕事を高く評価すると同時に、「物と陳列とのことが最もよく分る私の友達の一人である」（「湯釜」全集第十六巻所収）としていた芹沢銈介は、官僚にして民藝運動の中心を担った水谷良一の支援を得て上京し、昭和九年四月に東京蒲田の水谷の地所で工房を開いた。

かくして宗悦が念じた浜松における「協団」の夢は、民藝美術館という船の沈没の渦に呑まれて消えていった。二度目の挫折だったが、宗悦の意を受けて中心を担っていた外村吉之介の傷心は後々まで消えないものがあったようだ。『静岡文化芸術大学研究紀要（vol.15）』によれば、磐南文化協会の鈴木直之は倉敷に移った外村吉之介を訪れ、浜松における当時の民藝運動の様子を一度ならず聞くことがあった。しかし話が肝心の「協団」のことに及ぶと、外村は毎度、「うーん」と口を閉ざして何も話すことがなかったという。しかし鈴木は外村がのちに、「倉敷本染手織研究所」という合宿制の学校のようなものを立ち上げていたのをみるなかで、それは協団とは言えないまでも、宗悦の構想に近いものを外村が以後も持ち続けていたことの現れと見ていた。研究所は若い女性が一年ほど共同生活をしながら共に染織技術を学んでいくシステムになっていたが、昭和二十八年（一九五三）の設立以来今日まで命脈を保ち、毎年若い研修生を全国から受け入れ続けているそうである。そうであればそこに、「協団」の思想の熾火で点った明かりが、今になお灯り続けているのを見ることになる。

五　日本民藝館

紆余曲折を経てではあったが、美術館建設の機会はついにおとずれた。昭和十年（一九三五）五月十二日のことであったというが、東京市目黒区駒場に新居を構えたばかりの宗悦宅を、倉敷紡績社長の大原孫三郎が秘書の武内潔真とともに訪れた。母屋はまだ完全に出来上がっていなかったが、玄関構えには栃木の日光街道に在った農家の長屋門が移築され鎮座していた。益子に濱田庄司を訪ねた折であったか柳宗悦はその建物を見知っていて、折しも売りに出たのを幸いに濱田の仲介で手に入れていた。野州地方にのみ見られる珍しい石屋根の長屋門であったが、当日はそれの披露会だったのかも知れない。集ったのは秘書連れの大原と、柳たちの仕事をいつも大原に語っていたという山本為三郎（後にアサヒビール社長）、濱田庄司、そして前年の四月に来日し同月二十日には帰英することにしていたバーナード・リーチだった。

卓を囲んで一同話しを弾ませたなかで話題が民藝のことに及んだとき、大原はやおら口を開いて柳たちに、「十萬円ほど差上げるから、貴方がたの仕事に使って頂きたいと思うが、凡そその半額を美術館の建設に当て、残りの半分で物品図書等を購入せられてはどうか」（「民藝館の生立」、以下同）と申し出た。宗悦は「その折の大原氏の慇懃な言葉と、尽きない好誼とに対して、私達は充分な辞さえなかった」というが、早速その日の夕に彼は京都の河井寛次郎に電話を入れて、至急上京するよう促した。

かくして、山本為三郎、竹内潔真、河井寛次郎、濱田庄司、森数樹、水谷良一、そして柳宗悦の七名はその後度々会し、美術館建設の段取りや運営方針などについて協議を重ねた。まずは敷地であったが、それは長屋門の真向いに道を挟んで位置し、柳の自邸と同じ番地の凡そ五百五十坪からなる地所が首尾よく契約された。建物は同年十月に起工し翌昭和十一年（一九三六）九月に竣工、そして同年十月二十四日に晴れて開館に至った。

ほとんどの美術館は西洋風になるのが常だったが、二階建て百六十坪からなるその建物は柳の意向を入れてどこまでも和風に拘っていた。設計には宗悦自身が専門家の助言を仰ぎながら加わった。竣工成ると本館建物の門柱には芹澤銈介の筆になる「日本民藝館」の木札が掛けられた。開館時の館は陶磁器二室、木竹工一室、染織類二室、朝鮮品一室、新作品一室、絵画一室、草工品一室をもって構成され、宗悦が自らのために建てていた長屋門は西館となし、主に応接室として用いることになった。開館当時の蔵品は二千五百点ほどであったようだが、うち約千点がそれぞれの陳列室で展示された。

ところで館名を「日本民藝館」としたことについて宗悦は、開館記念特集号の『工藝』第七十号（昭和十一年十月二十四日刊）で、「誤解を避ける為に」としながら次のように「一言」していた。

吾々は何も此の頃流行の国粋的な意味から、「日本」の名を附けたのではない。全く必然さからであって、排外的な意味はない。まして吾々の信念では最も日本的なるものは同時に最も国際的であると考えるのである。だから西洋的なものは、最も東洋的なものと調和するとも云える。美しさの世界では両極は不思議に結び合う。陳列品で私達は此の真理を具体的に示したい。此の真理があればこそ日本的なるものの価値を宣揚していいように思う。

（『全集』第十六巻所収）

しかしその「日本的なるもの」をもってする民藝館の趣旨を当時理解した日本人は少なく、むしろ外国人の方が高い評価をしていた。宗悦が耳にしたところでは、「純日本的な品物の美術館に初めて逢えた悦び」（「民藝館の来館者」『全集』第十六巻所収、以下同）、「こんなに物が美しく飾ってある美術館は他にない」、「大きな帝室博物館より此の民藝館の方がずっと好き」、といった外国人の声だった。ラングドン・ウォーナーなどは、民藝館は「世界で最も美しい美術館の一つ」（『日本民藝館』「経済その他」）と称賛していたが、宗悦はウォーナーばかりでなくそうした外国人の声を多く聞いたという。日本敗戦の翌年に民藝館が占領軍に接収されることが決まった際、間一髪でこれを免れ得たのも民藝館を高く評価した外国人のおかげだった。民藝館にとって僥倖の至りだったが、そうしたエピソードは一方で、自国の文化を対象化してなおも内側から捉えていくことの難しさを物語ってもいた。宗悦はそれを民衆的工芸の美の裡に見出していたのだったが、すでに美の世界は西欧流に美術と工芸にカテゴリー化されていた。そうした時代のなかで宗悦は先の「一言」の続きで、館名に「美術」を冠すると、趣旨を徒に「混乱させる」おそれがあり、単に民藝館としたと述べていた。

宗悦は民藝館の収蔵品の九割までが、美術館などでは一度も展示されたことのないものであることを強調していたが、自他ともが認める他に例をみない日本民藝館だった。初代の館長に就いた彼は自らが蒐集したものの一切を館に寄贈し、同時に財団法人の申請手続きをした。法人認可は開館翌年の秋のことだったが、彼は、「財団法人としたことによって館を客観的に永存させることが出来、全く私有財産から離れ得たことは有難いこと」(『日本民藝館』「民藝館の設立」)であったとしていた。宗悦の望み通りに館は晴れて「公有」になったが、昭和二十四年(一九四九)に還暦を迎えた際に彼は、土地家屋その他の私有財産全てを民藝館に寄贈し、更に六十九歳を迎えた昭和三十三年(一九五八)には著作権の一切を民藝館に委譲していた。

志を立てて十年にして成った日本民藝館だったが、開館に際して宗悦は先の『工藝』七十号に「民藝館の使命」という短い一文を寄せて次のように述べていた。館で陳列するのは「美の標準」を見せている民藝品に重きを置くが、しかし個人作や高貴な品であっても、それらが健康の美を宿したものであれば取り上げる。また民藝館は物を扱うのみならず、陳列自体が一つの技量であり創作であることにおいて、物はその陳列において活きるのでなければならない。そこにまた新たな創造が生まれる。すなわち民藝館は、館全体が一つの作物となるように育てていくところである云々。さらに加えて宗悦は新作品や地方工芸の支援をそこに挙げていた。

美術館としては異例の当為性を前面にしたものだったが、そこで宗悦がなそうとしたことは、昭和二十九年(一九五四)に私家本として日本民藝館から発行された『日本民藝館』(『全集』第十六巻所収）に詳しい。戦前から戦後にかけての民藝館に関する宗悦の一連の文章が収められているが、そこには一貫して変わることのない民藝館の思想が流れていた。その主要論文で宗悦が強調していたのは、「美の標準」を具体的に示すものとして民藝館で陳列する品々の多くが、徳川時代の民衆の手になる作物であるということだった。近代の価値観をもってすれば、それらは忌むべき封建時代の遺物のようなものであった。しかし宗悦は封建時代においてこそ日本固有の文化や手工芸は大きく発展し、歴史のなかではじめて純粋に日本的なものが創造されたとしていた。その理由を彼は、鎖国下において民衆が外国からの影響を受けることがなかったことと、またその時代に仏教が民衆のなかに広く行き渡ったことにおいてみていた。

日本の歴史を顧みますと、飛鳥期や天平時代に仏教は栄えましたが、それは朝廷のものであり、続く鎌倉時代は貴族のものでした。それが民衆のものとなりかけて来たのは鎌倉期で、之が充分熟したのは足利を経て、徳川時代に及んでからだと思います。文学も音曲も絵画も、この期間に民衆の地盤に下りて、見事に繁栄し、特にこの三百年の間に於て、手工芸は大きな発展を遂げました。

（『日本民藝館』「民衆文化」、以下同）

鈴木大拙の『日本的霊性』に通じる日本仏教史の辿りかただったが、宗悦は仏教が民衆のものとなったなかで醸し出される「宗教的気風」が、彼らの「仕事に責任を抱かせ、製作に道徳を要求させた大きな原因」となったと述べていた。多くの史家や共産主義を掲げる人々は、封建制下の「民衆生活の呪われた面のみを強調」する。しかし「自由そのものと言いたいほどの作品が現にある」ことは、「封建の力と雖も、民衆の自由の凡てを奪い得なかった」ことを示していると宗悦は論じる。また封建時代の生産形態は多くは半農半工であって、それは近代の眼からすれば「古い様式」と見える。しかし彼はそのことが工藝を救っていたと云う。

工藝が農業と結びつくことは、工藝を救った大きな力なのを感じないわけにはゆきません。それは大地に立った仕事、自然の法に従う仕事、頭のみでなく体全体を働かす仕事、その農事が人間を正直にさせ、真面目にさせ、率直にさせたことは否むわけにゆきません。〜中略〜時来れば大地たる野良に働き、時来れば家に在って家族とともに働くその風習は、その土地の気候風土に即した無理のない生活法でありました。それがため半農半工の形態は、作品を健康なものにしました。

そのようにして育まれた「当時の日本民衆の保持した文化は、極めて豊富なもの」であった。しかし時代のなかで固有の日本文化が顧みられることはなく、等閑に付して誰しもが無関心であるのは、「近代に於ける過剰な西洋崇拝のため」であると宗悦は断じる。時代の価値基準は新しきものや、ことに重きが置かれている。しかし宗悦において「仕事に真実さがある限りは新旧の別はない」のであった。日本の民藝品は「国民の文化度」を遜色なく世界に誇ることができる物象であり、これを内外に示していくのが民藝館の使命だった。昭和十四年（一九三九）のことになるが、宗悦は「国民精神の問題がやかましく云われている時です。併し抽象的なそれ等の議論よりも、どんなに具体的な品物の方が、強く鮮かに日本の特質を語るでしょう」(「日本民藝館案内」『全集』第十六巻所収)と述べていた。明治以降の脱亜入欧のどん詰まりの局面で、また「新体制」を掲げ、「国民精神総動員」をもって愛国心を煽る時代の虚を衝くものだった。のみならず、そうした宗悦の近代批判は戦後日本に対しても文明論的になされたのであって、その意味で民藝の思想において戦前戦後は地続きで捉えられていた。

柳宗悦は、人間の手になる数々の「具体的な品物」を直観でとらえることをもって思想を構築してきた。その柳において人間の手は、「決して過去の相ではなく、何か人間的な本質的なものを持って」(『日本民藝館』「手仕事」、以下同)いて、「時代に左右されない普遍な性質」を宿しているものだった。それ故に「それに帰りたいという求め」は常に繰返される。手仕事=工芸はそのように「直接人間の心に繋がりを持つ」ことにおいて、「只技術問題や経済問題のことではなく、やはり精神問題がその根本」をなすものだった。

その人間精神が「品物の性質に及ぼす影響は、誠に甚大」(前同「宗教と制作」以下同)であり、宗悦は工芸の美はその精神のあり様に左右されるとしていた。美の真実が物語っているのは、「正しい美しさ」の背後にはいつも宗教的な性質を帯びた「人間以上のものへの敬畏の念」がみられるものだった。仏教的にいえば、その美は「本来無一物」にして「二元の争いから自由」な相、すなわち「無碍」が形をなしたものであり、そのようにある美のうちに人間は「心の居場所」を見出すことができる。民藝館は美の標準を具体的に示していくところであるが、さらに進んでそれらの品々の「美しさの源となっている心の世界を語る場所」、「美の宗教に触れる会堂」となることを宗悦は念願していた。

また民藝館は時代の現実に当面するなかで、その運動の一連の展開において、「古作品への正しい認識から新作品の正しい発展」（前出「民藝館の使命」、以下同）へと進まねばならない任務を帯びていた。具体的には地方工芸と密接な関係を築くなかで、その成長を援助し作品を世に紹介せねばならなかった。時代においてそのことは焦眉のことであり、「私達にとっての眼目は寧ろ新作品への準備である。進んではその生産であり発展である。農村の経済的生活との密接な関係である。それ故私達は未来を約束する新作品の展観にも意を注がなければならぬ。過去との繋がりよりも、未来との繋がりが一層重要」（「民藝館の生立」）であった。そうした取り組みを宗悦たちは早くも昭和二年頃から始めていたが、それは日本固有の生活文化が失われつつあるなかで、地方工芸の発掘や再興、そして振興をはかっていくことを使命にした文化革命運動とみることができるものだった。宗悦はこれを自らが往年与した文学界における『白樺』の運動を工藝の面において継承する、「一つの精神運動」（『日本民藝館』「経済その他」）であると位置づけていた。

民藝館は常設展示のほかに特別展を企画したが、開館一年目には隔月でこれを開いた。第一回の開館記念展は「現代作家工藝品展覧会」と題し、河井寛次郎、濱田庄司、富本憲吉、芹澤銈介、外村吉之介、川上澄生、棟方志功、柳悦孝らの作品、そして島根ほか各地方の新作を集めて展示した。二回目以降は、「日本農民工藝品展」、「日本現在各地民窯展」、「新作展及李朝陶磁展」、青森地方に伝わる刺し子の「こぎん及菱刺展」、「本染大ふとん類特別展」などを開催した。

展覧会出品の作品は希望があればそこで販売されたが、新作品は主として別の事業として計られた民藝店で取り扱われた。日本初の民藝店は昭和六年（一九三一）五月に東京京橋で開店した「水澤」だった。店主は京都大学出の「若き美学者」（『工藝』第十一号）の水澤澄夫だったが、しかしこの店は「みなと屋」よりさらに短命にして半年で閉店した。二連敗の民藝店の試みだったが、ようやくそれに適う店ができたのは、医家の吉田璋也が昭和七年六月に鳥取で開店させた「たくみ工藝店」だった。外村吉之介によれば店名の「たくみ」は、前年に朝鮮で亡くなっていた浅川巧の名から採ったものだった。さらに翌昭和八年（一九三三）十二月に、「たくみ工藝店」は東京西銀座に進出し、「銀座たくみ」の前身である東京支店を開店させた。これを皮きりにその後民藝店は北海道から九州までの各地で漸次増えていった。

柳宗悦は資本制度下の商業主義をして、「封建制度よりも、遥かに多くの害毒」（『日本民藝館』「民衆文化」）を工芸に及ぼすと捉えていたが、民藝店はこれに抗した試みと云えた。またそれとは別に、昭和九年（一九三四）六月に、民藝運動を牽引する母体として設立されたのが「日本民藝協会」だった。東京に本部を置き、宗悦が会長に就いたが、実務を担ったのは式場隆三郎や吉田璋也ら民藝の同人で、式場は精神病理学を専攻する精神科医、吉田は耳鼻咽喉科の開業医だった。二人は宗悦より八歳年少の新潟医学専門学校の同窓生で、雑誌『白樺』を愛読し、大正九年（一九二〇）に共に宗悦を我孫子に訪ねていた。式場と吉田は生涯にわたって民藝運動とともにあったが、式場はその専門の方面からするゴッホ研究や、「裸の大将」とか「日本のゴッホ」といわれた山下清の「ちぎり絵細工」の才能に注目し、これを指導支援し広く世に紹介した障害児教育の貢献者としても知られている。昭和十四年（一九三九）に日本民藝協会の機関誌『月刊民藝』が創刊されると編集を引き受けた。一方、昭和六年（一九三一）に出身地の鳥取で医院を開業していた吉田璋也は、鳥取を拠点にして地方工芸の発掘や振興に大きく貢献した。昭和十三年（一九三八）に軍医として中国北方に従軍すると、その地で民藝運動を展開し、中国工芸の研究や指導、そして「華北生活工藝店」を北京で開店させたりした。戦後復員してからは、もっぱら鳥取地方の工芸振興に尽くした。

日本民藝協会は発足後の昭和十七年（一九四二）一月に機関誌名を『民藝』と改めるなかで地方支部制をとり、各地に支部を設立させていった。同年八月には青森支部、十一月には岩手支部と角館支部、翌昭和十八年三月には静岡県支部、五月には栃木県支部が設立された。目覚ましい展開だったということができるが、そこには逼迫した戦時下において、従前からの工芸や美術の団体が解散させられ一元的な統制機関に統合されたのに日本民藝協会はこれを免れ、独自に運動を展開できたという背景があった。無論それは民藝運動が思想的に時の「新体制・翼賛運動」に迎合した結果ではなかった。

第六章　此岸に彼岸をみつめて

一　もう一つの日本

全国の民藝の状況に通暁していた柳宗悦の実感において日本文化の固有性は、「欧米の焼き直しが臆面もなく出ている」（「地方性の文化的価値」『全集』第九巻所収、以下同）東京などの都市部ではなく、むしろ近代化に取り残されている農村にこそ命脈が保たれていた。そのことにおいて農村は日本の固有文化を「建設する貴重な単位」と位置づけられるのだった。しかし時代のなかで農村は米国発の世界恐慌の煽りを受けて昭和五年（一九三〇）ごろから農業恐慌に陥り、さらにまた大凶作に見舞われ疲弊しきっていた。そうした時代状況に宗悦は直接触れてはいなかったが、日本民藝館の使命として農村の経済的生活との密接な関係を挙げ、そこに成った新作民藝品を世に広く「展観」させていくことを喫緊の課題としていたのは、農村の現況に強い危機感を抱いていたからにほかならなかった。

先にみたように宗悦がはじめて東北・山陰・九州地方の民藝調査をしたのは、昭和二年末から三年にかけてだった。東北地方はその後まもなく飢餓地帯と化したが、同時期に彼は日本民藝協会とともに当地の手工芸品の調査・振興活動を一層活発にさせていた。活動は日本民藝協会単独ではなく、農林省積雪地方農村経済調査所や財団法人雪国協会との協力関係のもとに行われた。かつて「お上」と一緒の仕事を嫌った宗悦だったが、東北の手工芸の振興策は民藝運動の理念のもとに展開される運びとなり、連携はスムーズだった。その流れのなかで昭和十二年（一九三七）三月発行の『工藝』第七十四号は、東北地方の蓑を特集していた。その号に寄せた一文で宗悦は時代における工芸振興の方策について、あらまし次のようなアイデアを出した。

民藝の美を宿している蓑は今も雨や雪をしのぐ重要な民具の一つであるが、時代のなかでいつかは消え去る運命にあるのは確かであろう。しかしただ廃れるままにしておくのではなく、時代に合わせて、例えば円座や小敷物などの製作において、「その材料と編み方とを適応したら、立派な作物が生まれるであろう」（「蓑のこと」『全集』第十一巻所収、以下同）。そう述べたうえで宗悦は、「私が特に農村の副業としてかかる品の発展を熱望する所以は、之によって啻に北国の貧村が潤うのみでなく、真に地方的な産物として栄えると思えるからである。〜中略〜農村は須らく土地の材料と伝統の手法とを活かし、これを現代の生活に即した品物に置きかえることをせねばならぬ」と主張する。彼は日本固有の手仕事の保存と再生という持論を展開していたが、当の蓑の伝統技法がいかなる新作民藝に活かされたかは明らかではない。しかし宗悦自らが日本民藝協会とともに携わった秋田の角館に伝わる樺細工の伝習の試みにおいては、「十二分の成功」を収めた。

「戦時下の地方文化運動」（『文化とファシズム』赤澤史郎・北川賢三編　所収）という論文で北川賢三は、昭和十六年（一九四一）初頭に秋田県で結成された「北方文化連盟」の活動を取り上げている。

北方文化連盟は大政翼賛会運動の一翼を担う官許の文化団体と位置づけられるものだったが、北川によれば同連盟の代表の富木友治は文化運動を国策協力運動に直結させることには反対で、あくまで自律的な運動を目指していた。その活動のひとつが、「樺細工など手工芸の調査研究と技術向上のための伝習」だった。富木は日大芸術科の学生時代に宗悦の東洋芸術史の講義を受講し強い感銘を受けていたというが、おそらくそうした縁で昭和十七年一月に宗悦は文化連盟の冬季講習会に招かれ、「手工芸概論」を講じていた。そしてその成功裡に東京で樺細工の伝習が行われることになった。

同年五月、富木が推薦した若手職人二人が上京、日本民藝館前の柳宅の一室で十八日間にわたって樺細工伝習会が開催された。日本民藝協会からは静岡の鈴木繁男が参加し、宗悦自身も折を得てはこれに加わった。伝習方法はまさに民藝理論の実践であった。樺細工を特集した『工藝』第百十二号で宗悦が述べていたように、「先ず私達の方で材料と手法との性質を工人達から教わり、よくそれを飲み込む、~中略~そうしてそれによって、どんなものをどんな風に作るか、その知識や着想を今度は工人達に飲み込んで貰う」(「樺細工の伝習」『全集』第十一巻所収、以下同)といった相互的伝習が行われた。かつて武士の内職から始まったとされる樺細工の製品は主として印籠や胴乱などであったが、柳たちが試みたのは時代の用途を意識した大小の箱やなつめ、茶筒等々であった。試作品の出来は良かった。宗悦は「正しい道筋さえ通れば、目前に相当の結果が得られると云う確信を掴む」ことができると自信を深め、この種の伝習を日本固有の工芸のあらゆる部門に広げていかなければならないとしていた。

ところで北方文化連盟と日本民藝協会の提携になる樺細工伝習会は、折からの「新体制」の時代においては大政翼賛運動の一環として位置づけられる。日中戦争が泥沼化し、世界情勢も独・伊主導の全体主義が台頭するなかで、これを見据えた国策として打ち出されたのが昭和十五年（一九四〇）年六月の「新体制声明」だった。その新体制の理念に文明論的・社会経済的に共振するなかで宗悦は、推進母体の大政翼賛会文化部下にあって民藝運動を展開していった。

経緯は後で見るとして、同年十月に当時の内閣情報部（のちの情報局）が発行した「新体制早わかり」によれば、「新体制」の趣旨はおよそ次のようであった。世界は今、大動乱、大転換の真只中にあるが、それはフランス革命後の自由主義、民主主義をもってするイギリス的秩序が行き詰まったなかで、世界が全体主義的な新秩序になりつつあることを示している。日本も時代の趨勢に乗り遅れることなく、独・伊と結んで日中戦争を完遂し、大東亜の新秩序を完成させて行かなければならない。そのためには高度国防国家の建設が必要であり、これを阻害する明治以降の自由主義的な政治機構や経済制度は根本的に改めなければならない。新体制は万民翼賛の体制をもってする国家的事業としての昭和維新であり、推進母体は大政翼賛会という機関によってなされる。新体制のもとで経済は、日本の美徳である「勿体ない」という気持ちの深化において統制経済を徹底し、自由主義的な経営を職能奉公本位・公益本位に転回させる。文化面においては個々人の娯楽や営利に供することを目的とせず、国民文化の昂揚という原則のもとに振興をはかっていく。そして地方は、国家の単位細胞であるという協同結束の精神のもとに、新たな組織確立を計っていかなければならない。

新体制の本来の目的は高度国防国家建設にあったが、その点を宗悦がどのようにみていたのかは窺い知ることはできない。というより満州事変に際して彼は雑誌『工藝』紙上で軍国主義を批判していたのだったが、言論統制が一段と厳しくなった時代においてこれを公然と口にすることはすでに不可能だった。「新体制声明」が単に軍国日本の宣揚に終始したものであったとすれば、宗悦はただ沈黙を守るほかなかったはずだった。しかし声明が脱亜入欧をもってした日本近代の歩みを反省し、伝統に根ざした新秩序を構築していくとする点において、宗悦はそこに民藝の思想的実践の場が拓けると考えた。日本固有の美を破壊する資本主義や個人主義を否定し、ギルドのような共通の「美の標準」がそこに定まる「協存体」を念願していた彼にとって、新体制はまたとない機会と映った。

昭和十五年（一九四〇）十月発行の『月刊民藝』に寄せていた「新体制と工芸美の問題」（『全集』第九巻所収）という一文で宗悦は、「民藝の理念を完成する為に、何か国民的な正しい社会組織が必要であるとの考え方は、吾々が早くから抱懐した思想」であったとしながら、「今回国家が要求する新しい制度は、民藝の理想を実際化する上に、絶好の機会に恵まれたように思える」と述べていた。そして、「吾々の場合は新体制への迎合とか、在来の立場の放棄とかを意味するもの」ではなく、また「吾々の立場は時勢に引きずられる消極的なものではなく、寧ろ新しい体制を正しい方向に深める積極的な仕事であるとの信念を動かすことが出来ない」と述べていた。その信念をもって彼は、「今や国家を挙げて正しき美、健全なる美、質素なる美を顕揚すべき時期は到来した。此の機会を失しては千年の悔やみを残す」と記して一文の掉尾としていた。

ところで戦後、事実の検証もなくこの一文をとらえて、戦時下の民藝運動があたかも戦時体制に無批判に追随協力していたかのごとくする見方が一部に起った。それを意識してか水尾比呂志は、宗悦は誰しもが抗し難い新体制の時流を逆手にとり、「新体制への協力という形をとるかに見せかけながら、実は新体制を民藝運動化せしめようとする、いわば大きな戦いに挑んだ」(『評伝柳宗悦』)のだと擁護していた。しかし宗教美学者としての宗悦がそこに政治性を発揮して、時流を「逆手」にとろうとしたかは疑問である。おそらく彼はそこに何の謀りもなく言葉通りに、「新しい体制を正しい方向に深める積極的な仕事」をしようとしたのだった。それが分別を越えた「一」なる思想をもってする柳宗悦流というものだった。はたして政治的・経済的状況をも民藝運動の展開において「正しい方向に深める」ことが可能であったかはさておき、文化運動の局面でこれをみれば民藝運動は翼賛壮年団等の観念的な日本精神称揚などとは無縁にして、困難な時代の状況に「もの」をもって正面から向き合う独自の運動を展開し得ていた。そしてその活路は幸いにも当の大政翼賛会自体に存在していた。

新体制の「中核体」として昭和十五年十月に発足した大政翼賛会には文化部が設置されていた。民藝運動はその文化部公認の団体として活動が可能だったが、そこの部長には戯曲家、演出家、小説家、翻訳家など多彩な肩書を有する岸田国士が就いていた。北川賢三の研究によれば、文化部の政策や運動の目標はもっぱら部長の岸田にゆだねられていたというが、その岸田のもとで翼賛会文化部が最初に提示した方針が、昭和十六年(一九四一)一月発表の「地方文化新建設の理念と当面の方針」というものだった。その方針において「新体制」のもとでの文化の建設は、全国民的な基礎に立つ生産面にふれた新しい文化を創造することにあるが、その創造は伝統の自覚から出発するのでなければならないとされていた。日本文化の正しい伝統は、今日においては中央よりむしろ地方文化のなかにあり、そこに郷土の伝統と地方の特殊性の尊重、郷土愛と公共精神の高揚、集団主義文化の発揚、地域的生活共同体の確立等々の地方の文化振興策が必要とされたのだった。

北川賢三によると岸田は文化の価値基準として、科学性・道徳性・芸術性、そしてその相互的調和に重きを置いていた。岸田はその基準をモノの文化価値にも当てはめて、品物は利用価値・合理性・道徳性（まやかしやインチキがない）・芸術性の如何によって評価が左右されるとしていた。北川は岸田の文化の価値基準は日本精神を強調する文化論とは区別されるものであり、柳宗悦の民藝論に通底していたと指摘し、「戦時下のもう一つの日本文化論に共通する認識を含んでおり、共鳴を呼ぶ条件が存在したと考えられる」と述べていた。はたして翼賛会文化部の方針は地方文化人のあいだで反響を呼び、続々と文化団体が結成されていった。そしてそれらの団体は大政翼賛会に属する官許の団体ではあったが、他の国民運動団体のように全国画一的に組織されたものではなかったことから、強制力は比較的少なく、翼賛運動のなかでは、「やや特異な性格の運動」と位置づけられるものだった。北川賢三に従えば、民藝運動も翼賛運動下にありながら、「もう一つの日本文化論」を掲げるなかで困難な時代の局面を切り拓こうとしていた。

おそらく時代の思潮が観念的な日本精神に染まっていたことを意識してのことだった。宗悦はその拠って立つ思想の骨子を「もの」と「こと」の関係において明示していた。「もの」は、「具体的なもの」の意、一方の「こと」は「抽象的な事柄」とするなかで宗悦は、「もの」を主にして「こと」は従の関係で見ていかなければならないと主張していた。なぜなら、「もの」によって喚起される直観は、「理知より、一層本質的なもの」(『「見ること」と「知ること」』『全集』第九巻所収)を感知するからである。宗悦において「直観より鋭利な審判者はない」(「『もの』と『こと』」前同)のであり、如何なる問題も「こと」より「もの」の洞察、すなわち直観をもってするのが基本となるべきものだった。戦時体制下における国民精神総動員運動などの「できごと」は、まさに「もの」よりも「こと」を先にしたものであって、そこにおいて標榜される「日本」は単なる抽象的な観念でしかなかった。

柳宗悦がみたところ明治以降の日本はあらゆる面で外来の思想に依拠し、日本に根拠を有しない「こと」にのみ重きを置いてきた。そこに日本人が失った「最も著しいのは直観力」(『工芸文化』『全集』第九巻所収)だった。その直観力を欠いた「こと」をもってする道において日本の固有性・独自性は失われつつあるというのが宗悦の認識だった。その彼において「新体制声明」が見立てていた「イギリス的秩序」の行き詰まりは他所事ではなく、すすんで脱亜入欧の道を踏んで外来の「こと」を主にしてきた日本近代の行き詰まりであった。

危機の時代の処方箋として伝統的な国民文化を新秩序の基礎とするという「声明」の受け止めにおいて、宗悦はそこに思想的活路を見いだそうとしていた。しかし、「声明」が示していた危機の時代における国家的方策の第一義は、全体主義化している世界の「バスに乗り遅れるな」ということに尽きていた。「声明」を起草していたのは近衛文麿のブレーンが集った昭和研究会だったが、彼等の当初の構想は独・伊そしてソビエトを範にした一国一党の政治体制であった。そこに挫折して大政翼賛会に落ち着いた経緯はさておき、彼等が計った昭和維新には脱亜入欧をもってした日本近代を文明論的に問うといった問題意識はなかった。また宗悦が期待していたであろう、翼賛運動の核の一つだった経済新体制確立要綱も財界の反発を受けて骨抜きになっていた。そうした時代状況を見据えてか、宗悦は日米開戦が迫っていた昭和十六年の秋口に、民藝運動をして「私たちのひそかに誇りとすることはこれが外国の思想に発したものではなく、日本自らが産んだものだと云う事実」(『工芸文化』)を強調するなかで、「余りにも追従に傾く今日の思想界や造形の世界」を批判していた。

戦時体制下において民藝運動は官許の運動として展開された。しかしそれは水尾比呂志がみていたように、翼賛運動を民藝運動化していくような一面を見せていた。それを可能にしていたのは、具体的な「もの」の提示をもってした民藝運動は、同床異夢ではあったが殖産興業という国家の要請に即応する能力を有していたからだった。昭和十五年十月、日本民藝協会は、「新体制の手工芸文化組織に対する提案」をしていた。これを受けた農林省積雪地方農村経済調査所は、地方工芸振興の協議会を日本民藝館において主催した。同会には農林省、商工省、外務省などの政府機関の関係者をはじめ、東北六県副業主任官、青年団青年学校係官、財団法人雪国協会、東北振興会社、三越百貨店、たくみ工藝店等々の公的機関や民間団体から四十数名が参加した。趣旨説明は柳宗悦が行った。彼は持論の日本的な性質を保有している東北六県と九州の一部、そして沖縄の工芸がとりわけ重要であるとしていた。その提案を受けて手工芸振興の指導的立場に立つ関係者からなる委員会が設立されることになり、宗悦をはじめとする民藝同人もこれに加わった。

翼賛会運動のお墨付きの活動において民藝運動は、雑誌『工藝』や『月刊民藝』という自前のメディアを駆使して日本固有の手工芸品の調査研究を進め、同時にそれらの工芸品の展覧会や販売会、そして樺細工伝習にみられる新作民藝の制作などを試みていた。そして戦時体制下において民藝運動がもっとも力を入れていたのが、先の提案で宗悦が重要としていた日本の北と南、すなわち東北各県ならびに沖縄地方の手工芸の調査研究だった。日本の辺境と目されていた地方の手工芸品においてこそ、宗悦はじめ民藝同人は日本固有の美が色濃く残されていると見ていたからだった。なかでも沖縄の工芸文化は宗悦を虜にした。

二　沖縄の富

柳宗悦は学習院中等科時代に旧琉球王家の尚昌侯爵と同級であったが、その縁によってか琉球紅《びん》型《がた》の美に魅せられていた。大正期に朝鮮での仕事に目鼻がつきはじめた時点で彼は、次に沖縄の美術や工芸の調査を志して尚昌侯爵に相談していた。返事は支援するから是非にということだったが、しかし尚昌侯爵が急死したことで計画は頓挫した。念願の沖縄行がかなったのはそれから二十年近く経った、昭和十三年（一九三八）の十二月末のことだった。民藝運動の主要メンバーだった内閣統計官の水谷良一の知友で、当時内務省から沖縄に出向していた山口泉の招きによるもので、その機会をとらえて宗悦は河井寛次郎と濱田庄司を伴って渡沖した。

はじめ宗悦は沖縄の工芸については紅型以外の知識には乏しかった。加えて大正十三年末から毎年冬場に壺屋の工房で作陶していた濱田庄司の情報では、沖縄にはすでにめぼしいものは残っていないということだった。そうしたことで新発見の期待はあまりしていなかった。ところが一日、那覇の道具屋や古着市を覗いたなかで、そこで眼にした沖縄独自にして類例のない手織や草木染などの工芸品に宗悦は心を奪われた。その驚きと悦びのうちに宗悦一行は翌年一月中旬までの滞在中に、朝鮮で李朝のものを漁った時以来の情熱をもって沖縄工芸の蒐集を行った。そしてこれを生み出す沖縄の風土・風俗をみるなかで次々と明らかになった沖縄の文化は、宗悦の眼に「混沌とした日本工芸の現在に琉球が存在することは奇蹟」（「なぜ琉球に同人一同で出かけるか」『全集』第十五巻所収）と映った。新発見に驚喜した宗悦一行はその後、昭和十五年夏までに四回にわたって訪沖することになる。民藝同人の沖縄調査は本島のみならず久米、宮古、八重山の諸島にまで及んだが、その成果をもって昭和十五年十月発行の『工藝』第百号は前号に続いて沖縄を特集した。宗悦はそこに沖縄研究の成果をまとめた論文、「琉球の富」（『全集』第十五巻所収）を載せた。

その「序」で宗悦は、琉球とは「支那から長い間そう呼ばれていたのに由る」としながら、そこに文化的にも中国の影響が大きかろうと想像されるが事実は逆で、言語も風俗も建築もほとんどすべてが「大和の風」をとどめていると記していた。沖縄の文化を捉えるにおいて宗悦は、日琉同祖論の伊波普猷と同じ見方をしていたということができるが、彼はさらに、自らが本懐とする宗教美学の眼差しでもってこれを捉えていた。その一文を宗悦は沖縄の墳墓の考察から起していたが、そこに彼は自らの美学が湧くところの、「清濁を分つ宗教の教え以前の泉」を見つめていた。沖縄累代の祖先を納める霊墓より立派な墳墓を他に見たことはないとするなかで宗悦は、「ここに沖縄の凡ての生活の不思議な泉」を見るとしていた。沖縄の墳墓は「死によって真の生に入る霊魂の住居」であり、「霊と霊との触れ合いを心にひしひしと味わう」ことができるところだった。

次に彼が見ていたのは沖縄の都である「首里」、そして「本葺瓦」だった。沖縄の本葺瓦は奈良の三月堂や唐招提寺の屋根の美しさを今に残しているもので、その古格をとどめる首里は他のどんな都市よりも自然と歴史と人文とが調和し統一した姿を見せていた。そのような都市は内地ではもはや見ることができないもので、その「稀有な存在」は宗悦の眼に「夢の如き場面」として映った。墳墓と同じくして沖縄の都は大和の風というより、もはや宗悦自らが理想として思い描く「美の王国」の顕現だった。そしてまた学問的な裏付において宗悦が大和の風とみていたのが「琉語」だった。彼は伊波普猷らによって研究されてきた「おもろさうし」に拠ってこれをみていた。

柳宗悦は工芸品と同様に古語がよく残されているのは東北や沖縄などの地方であると考えていたが、とりわけ沖縄の方言には鎌倉から足利期の大和言葉が色濃く残っているとみていた。そのうえで宗悦は、方言・地方語は「民情の直接な表現であって、若し沖縄が彼自らの言葉を棄てるなら、沖縄自身の特色は失われ、個性なき沖縄に陥って了う」と主張していた。地方語は「国民性を守護する大切な基礎」であって、時代のなかで沖縄人は共通語をよく会得しなければならないが、「同時に沖縄語をも熱愛」すべきであった。宗悦はさらに和歌、音楽、舞踏，琉装、そして工芸の領域を見ていくなかで、本土ではすでに失われ失われつつある大和の風が、いまだ沖縄には色濃く残っており、それらの文物こそが沖縄の富であり財産であるとしていた。

宗悦は文化的に立ち遅れた貧しいところとされてきた沖縄は、自らが有する「富」の自覚において「不必要な卑下」を払拭していかなければならないと考えていた。しかしそうした沖縄文化の擁護をもってする宗悦や民藝同人の訴えは当地では多くの反発を招いた。当時沖縄では県の方針のもとに標準語励行・方言撲滅・琉装廃止運動がしきりに行われていた。明治末期に由来するといわれる標準語励行運動は、はじめは行政当局によってではなく、学校現場の教師の自発的な取り組みからはじまったようである。それが昭和の戦時体制下になると運動は官民一体となって推進されるようになった。

そうした背景のなかで、昭和十四年（一九三九）四月の第二回訪沖時に宗悦は、当地で開催された座談会の席で、方言撲滅・琉装廃止運動は理解できないと発言した。方言論争の発端だった。これに対して沖縄側から詰問者が続出し、埋もれた沖縄文化の発掘の功績については感謝と敬服を捧げるが、しかし沖縄口（沖縄方言）と琉装についての柳宗悦の論には絶対に承服できない。標準語を十分に話せないと沖縄県人は他府県で苦労し、出世も遅れる。今日までせっかく標準語の奨励徹底、琉装廃止に努めてきた以上、今日の御説は受け取れない等々の発言が相次いだ。それに対して民藝同人側からは主として河井寛次郎が発言し、標準語は徹底して習得されてよい、しかしその為になぜ沖縄口を廃止する必要があるのかと反論していた。しかしその席ではそれ以上の議論にはならなかった。

再燃したのは、翌十五年（一九四〇）年一月の、第三回訪沖時に行われた観光座談会の席だった。そこで再度、民藝同人が方言廃止運動反対を表明した際、同席していた県警察部長は標準語の徹底は県の方針であるとして理解と協力を求めた。しかし宗悦ら民藝同人は譲らなかった。そしてそのことが県に伝わると、沖縄県学務部は「敢て県民に訴う、民藝運動に迷うな」という声明文を発表した。声明文が出されると沖縄の新聞には連日賛否両論の投書が寄せられた。その場面で感情的な反論や曲解があったなかで、その元となっていた声明文を糺そうとした宗悦は、県に公開討論会を求める「国語問題に関し沖縄県学務部に答えるの書」を新聞発表した。ところがその経緯のなかで、あろうことか宗悦は危険人物として拘引される事態が起こった。容疑は言論問題などではなく、宗悦一行が某所の高台から首里郊外の写真を撮ったというスパイ容疑だったが、実のところ沖縄における民藝運動に対する脅しだった。しかし最初に宗悦を取り調べた検事は、彼の沖縄に関する論考に感心し感謝の言葉まで述べたという。それがあってか、カメラは没収されたが宗悦自身は起訴猶予処分ということになった。

方言論争は沖縄にとどまらず内地にも飛び火して、東京在の沖縄県人の集会が開かれた。知識人もこの論争に加わり自らの立場を表明していたが、その部分では大半が柳宗悦と日本民藝協会の主張を擁護した。当の沖縄においては民藝同人の主張に賛同した有志による感謝会が開かれるようなこともあった。しかし当時沖縄で同じ時代の空気を吸っていた大城立裕によれば、知識人を含めて県民の大半は県側に近かったようだった。文化論をもってする柳宗悦や民藝同人と、「県民一般を繁栄にみちびく教育行政とはおのずから別の立場」（「柳宗悦らによる沖縄言語論争」『全集』月報七所収）であり、そこに交わる契機は少なかった。この問題は結局のところ国民総動員の戦時体制下において沖縄県が方針を改めることはなく物別れに終わった。昭和十五年の夏以降、宗悦と日本民藝協会はそれぞれに方言問題を提起した動機である沖縄の文化の再認識を訴える文書を発表し、問題に終止符を打った。

明治政府の琉球処分以来、否応なしに日本近代に組み込まれてきた沖縄の複雑さを孕ませた方言論争の顛末であった。しかし国民国家成員一色を強いる近代化策に疑問をもってした宗悦らは、その後も島民が見向きもしなかった手工芸品の蒐集を盛んにして止めることはなかった。なかには論争の煽りで島の宝を島外に持ち出すなどという非難の声が上がったりしたが、しかし「島民の名誉を護持する」（前出「四十年の回想」以下同）それらの品々を、「何時か感謝される日のある事を信じて」、宗悦一行は得難い機会を逃さずに蒐集を続けた。そしてそれと同時に沖縄の風土・風物を写真や映画に記録した。映画は二本立ての『沖縄の風物』と題して仕上がったが、それが東京で上映された際にはベストテンに入ったという。しかも映画は文部省推薦になっていた。それらのことを思い出しながら宗悦はおよそ二十年後、「皮肉な事であった」と回想した。

戦前沖縄の民藝運動・方言論争については、一部で沖縄の近代化を阻害するものであったという根強い批判がなされてきた。しかし文明論的に近代を問うなかで、固有の文化を具体的な「もの」において語っていった民藝運動が果たした役割は今日においても動くものはないのである。柳宗悦は戦後、当時の沖縄民藝をして「黄金時代」であったと振り返っていたが、その沖縄の膨大な量の手工芸品や記録類は民藝同人の尽力で日本民藝館に収蔵されたなかで戦火を免れた。そしてそれらの品々は戦争で灰燼に帰した沖縄の戦後復興に大いに資することになった。何より沖縄の人々自身がそれら固有の文化遺産に光を当てて行ったことによって、沖縄は独自の民藝王国として全国に知られるようになったのだった。記録されるべき民藝運動の功績だったと言うことができるが、そのことを汲んで沖縄タイムス社は昭和三十二年（一九五七）年夏、沖縄文化の功労者として柳宗悦に感謝状を贈った。

三　『工藝文化』――「一」なる美の国

昭和十六年（一九四一）夏から翌年夏にかけて宗悦は、『工藝の道』以来のまとまった工芸論となる『工藝文化』と、昭和十五年前後の日本の手仕事の現状を紹介した『手仕事の日本』を手がけていた。前著は同十七年に文芸春秋社から刊行され、文部省推薦図書となって版を重ねた。一方後者は、青少年向けに書かれた読みやすい一書であったが、文中に「平和」という言葉を添えただけで不可の検閲を受けるなど、再三書き直しを余儀なくされていた。そこに原稿はようやく「検閲者の眼に穏当」となったが、愈々逼迫していた戦時下において出版は叶わず、成ったのは戦後の昭和二十三年になってからだった。

一勝一敗だったが柳宗悦がその二著作で意図したことは、先の「新体制と工芸の問題」で述べていた、「新体制」を「正しい方向」に深め、「国家を挙げて正しき美、健全なる美、質素なる美を顕揚」することだった。『手仕事の日本』は果されなかったが、『工藝文化』（『全集』第九巻所収）は観念的な日本主義者とはおそらく同床異夢のうちに出版の運びとなり、新体制運動の一隅を占め得た。その書の「序」で宗悦は自らの思想を前面にして、「凡ての篇を通じ立論を抽象的に終らしめない為に、絶えず実例を挙げて具体的に説明」するとしながら、日本文化に根ざした民衆的工芸の美と、その美の基礎となる工芸文化を披瀝していた。

見てきたように民藝の美の思想は美学上の問題にとどまらず、根底に近代文明の超克をはかる社会思想を含んでいた。その主唱者柳宗悦の認識において、時代は「美醜正邪の二に既に躓き」（同書「四　美の国と工芸─未分道」）、出口の見えない迷路に踏み込んでいた。その行き詰まりの相は、かつては一切が対辞のない「一」なるものに包摂されていたものが人間中心主義の判別をもって二元に差別化、分節化されたことの「余弊」とみられるものだった。その二元に止まる世界においては必然、いずれかの立場に拠って「美醜正邪」を争うことになる。時代はすでにその争いの極相に達しているなかで、柳宗悦はこの世を再び「一」なる「美の国」にする方途として「工芸文化」を掲げた。そしてその二元の争いを超克しようとする宗悦を「鼓舞」したのが、時代のなかでいまだ息づいている沖縄の生活文化だった。

「琉球の富」で宗悦は、沖縄の文化に「清濁を分つ宗教の教え以前の泉」を見つめていたが、『工芸文化』ではこれを「綜合の時代」と言い表していた。綜合の時代とは、人間の生の営みに関わる一切のことが「一」にして「未分」であった時代の謂に他ならなかったが、宗悦はその時代を「沖縄の今」に見出していた。

此の地ではまだ文字を知らない人が残る。だが見事な歌が彼等から生れる。それも紙に書くのではない聲で唱い乍ら読むのである。節付けなくして読みはしない。唱うから歌が出るのである。それも只唱うのではない。必ず踊りながら唱うのである。踊るから唱へるのである。だが彼等は決して歌人ではない。音楽者ではない。舞踏家ではない。謂わばそう云う職業が分れる以前の人達なのである。文学と音楽と舞踏とが一体であった時代の続きである。

（『工藝文化』上篇「三　美術と工芸―綜合の時代」）

芸能が日常の暮らしのなかに織りなされ、生活に芸能があり、芸能に生活があるような沖縄の生活文化は、「芸能が分化せられていない原始の形態」を見せていて、「万葉」の時代が今に続いているようであった。そしてそれは「美の国の例証」となるもので彼にとっては驚くべきことだった。その「例証」は芸能に止まるものではなく、沖縄で多く織られている絣類にも見ることができた。宗悦はその大方文字も読めない女性達の手になる絣類を見ると、「私は少なからぬ鼓舞を貰う」（下篇「四　美の国と工芸―安全道」、以下同）と述べていた。彼のみたところ、それらの絣類には多少の「上下や出来不出来」がないとは言えないが、「醜いと思われる素地や色や模様が一つだってない」のだった。絣は伝統と経験に則った反復作業によって産み出されるが、宗悦はその美の秘密を、法則のもたらす「不自由性に由来している」と言う。織りの一切は自然なる「数理の法」で組み立てられていて、其の間に人間の自由を挿む余地はなかった。

個性美の立場からすれば、そうした伝統的な仕事は不自由な仕事でしかなかった。しかし宗悦は津軽地方の刺し子である「こぎん」の例をも挙げながら、数理の法を守った仕事には、「人間の自由から来る誤謬」をみることがないと述べていた。宗悦において、伝統に裏打ちされた「安全道」こそが普遍の美を保証する。西洋美学とは対極の個我意識を入れない「不自由」な美にこそ普遍の美が宿るのであった。彼において真の自由は、自己を放下することによってはじめて訪れるものであって、「自己を主とする自由は～中略～自己に拘束される新たな不自由」（上篇「三　美術と工芸―美術の限界」）に過ぎなかった。

沖縄や東北の民衆的工芸を例にして宗悦は、醜に陥らない美の道を示していた。しかしプロティノスに由来する「一」なる美を信じる彼においては、美と醜を分けただけではまだ不十分であった。彼は沖縄の絣や弘前の刺し子の美をさらに見極めていくなかで、遂に、「そここそは真とか偽とか、美とか醜とか云う区別を越えた世界」（下篇「四　美の国と工芸―安全道」）があるところと観じた。そして「美も醜も未だ分れない以前の境地に溯ればいいではないか。是が二つに分かれて後に仕事をすれば、美は醜への戦いになって了う。だから困難が振りかかる」（前同「―未分道」、以下同）と観念した。そして宗悦はすべての作物をその「未分」の境地に入れることが出来たら素晴らしい、「これは夢ではない」としていた。そこで宗悦は日本人であれば誰しもが見つめることができる初期の茶人達が発見し愛でた井戸茶碗を示して、夢ではないことの例証としていた。宗悦において、その「渋さの美」は、「美醜の二など未だ分れない境地に仕事の泉がある」ことを裏づけるものだった。

　宗悦が「美の示標」（下篇「二　美の目標―渋さの美」、以下同）としていた井戸茶碗は人間の美意識の産物ではなく、「もっと根深い所で、仕事が既に決定」されたものであった。「根深い所」とは、伝統や自然の恵み、時代のなかで息づく文化、そして工人の労働の在り方等々、自力の計らいを越えた領域であった。その美の「不思議な仕組」（前同「一―他力道」、以下同）に、「他力に助けられる工芸の一路」がある。その一路において、無名の工人達は他力の恩沢に浴して、「一」なる「美の浄土」に救われる。その救いの道程を示そうとしたのが、『工藝文化』の一書だった。そこで「工藝文化」は、平常性、健康性、単純性、国民性、地方性を社会的基礎とし、その上で成り立つ工芸は実用性、反復多数性、低廉性、公有制、法式性、模様性、非個人性、不自由性に活きることになる。その民族固有の文化に織りなされた工芸の姿において、「美術の立場から説くことの出来ない工藝的な深さ」（下篇「二　美の目標―不自由性」）、すなわち「一なる美」が曇りなく顕わになると宗悦は説いていた。

　言論統制が過酷となっていた時代のなかで柳宗悦は「平和」という言葉を直接的に使わずに、日本の古層を留めている沖縄や東北の工芸文化、そして日本人に共有される茶碗の美をみることを通して、時代を超克する「一」なる絶対平和の思想を説いた。二元の世界の極相の様子を見せている戦時体制下において、字面だけを追えば宗悦の工芸文化の主張は大いに推奨されてよいものだった。民藝運動自体もまた、そうした位置づけにおいて大政翼賛運動に位置を占めることができた。しかし戦後になると戦前の民藝運動のその局面が批判されることになる。特に批判の的となったのが、民藝の有力同人の吉田璋也や式場隆三郎らが華北や満州の地で主導した運動だった。

『「民衆的工芸」という他者表象』（『民族学研究』64-4）という論文で金谷美和は、民藝思想を「自己表象」と「他者表象」の二側の面において捉えた。「自己表象」とは、国粋主義的な日本文化論・日本人論のアンチテーゼとなる民藝思想の側面であり、金谷はその思想の「創造性」に一定の評価を与えた。一方、「他者表象」とは自らの文化論をもってして「他者を支配」する謂であり、金谷は日本民藝協会発行の『月刊民藝』（昭和十七年一月に『民藝』と改題）に寄せた吉田や式場の投稿を渉猟するなかで、そこに見られる「他者表象」を批判した。

金谷によれば、華北で運動を展開した吉田は当初、異文化の民芸品を発見する悦びと、中国民衆に対する共感を率直に語っていた。しかし昭和十八年（一九四三）以降になると、「中国の民芸を見いだした自分たち日本人の美意識を賞賛するという語り」となり、それと同時に中国の民藝を「日本文化」であると主張するようになっていったという。吉田の理屈は、「物は外国製でも、使い方によって、日本文化になることは、大名物が示している」というものだった。当地で民藝論が理解されなかった経緯のなかでのことであったようだが、そうした言説を金谷は、日本の植民地主義を支える「他者表象」とみて、吉田を批判する。また金谷は式場が、「質朴剛健な生活工芸」は戦時下においてこそ必要と主張し、満州の民藝運動を「大東亜新文化建設に寄与する強力なものにしたい」と念願していたと言い、「文化という領域において民藝運動は総力戦下の体制に協力した」と結論づけた。

一方で金谷は、水尾比呂志や熊倉功夫、鶴見俊輔らの論稿を検討し、当時、『民藝』紙上で盛んだった戦意高揚の傾きに柳宗悦は同調せず、意識して距離を置いたように見えると言う。水尾によれば、式場が主導した満州民藝協会の設立に際して柳は、多忙を理由に現地に赴かず箱根で執筆活動をしていたという。さりながら金谷は、日本統治下にあった朝鮮の独立に柳宗悦は否定的だったと断定し、柳の民藝思想が「植民地主義から全く自由であったとはいえない」と結論していた。柳宗悦の民藝思想にも「他者表象」が内在していて、その最初のほころびが沖縄の方言論争であり、そしてそのあとに来るのが大東亜共栄圏への寄与をうたった華北・満州の民藝運動であったと主張する。

華北や満州における民藝運動が「他者表象」に傾いていたとする金谷の分析には頷けるものがある。それを思想の主義化として見れば、そこに民藝論が陥ることを何よりも警戒していたのが柳宗悦自身だった。「民藝運動は何を寄与したか」（『全集』第十巻所収）という一文で宗悦は、「私達は何も最初から意識的に、ことを起そうとしたのではない。また主義を始めに築き上げて、その物差しでものを眺め、美を批判して来たのではない」、「眼で直下」に見届ける「直観的な出発」を尊重した民藝運動は「主義の運動ではなく、むしろ信仰の運動なのである」と主張していた。知るより前に「純一」を直観するという民藝理論の趣旨を柳はあらためて確認したのである。

その一文は昭和十九年（一九四四）一月に『工藝』第百十五号（版が戦災で焼失し、昭和二十一年に発行）に掲載すべく書かれたものだったが、「何に寄与したか」ではなく、「何を」と内向きの題にされていたのは、宗悦が同人を意識するなかで民藝運動の方向性を正しておきたいとの思いがあったことを物語っていた。戦後の民藝運動においても彼は、民藝論を批判する「外敵よりも寧ろ内敵」（「三度民藝について」『全集』第十巻所収）、すなわち「間違った賛成者」（「民藝の値うち」前同）、の方がよほど問題であるとしていた。

宗悦は直観を、概念や主義主張をいれない「立場なき立場」（「直観について」全集第十巻所収）としていたが、そうした彼の思想的な姿勢は異文化の工芸美を見つめるにおいても発揮された。朝鮮の工芸についてはすでに見たが、宗悦はアイヌや台湾の少数民族の工芸品にも普遍性を有する固有美を見出していた。昭和十六年九月から二ヶ月間、宗悦は日本民藝館で「アイヌ工芸特別展」を開催した。その特別展に際して宗悦は、「アイヌへの見方」と「アイヌ人に送る書」（『全集』第十五巻所収）を雑誌『工藝』に寄せていた。そこで彼は、日本で名の知られたアイヌ研究者に反発し、その言説にアイヌ文化の「凡てを見くだして見る」（「アイヌへの見方」以下同）態度があることを挙げていた。その民俗学者は、「アイヌの運命の為に闘おう」としているのでも、「自己を捨て忘れて、アイヌの為に憂い気づかっている」のでもなく、「自己の知識を増すことにのみ」意を注ぐ「利己的」な研究者と宗悦の眼に写っていた。自文化についての反省もなく異文化を一方的に差別して見ることを彼は強く批判していたのだった。

柳宗悦は異文化に接する方法について二つの道を示していた。まずは「相手の立場に立ってみること」（「アイヌ人に送る書」以下同）、そして「互が互を尊敬」できる契機を見いだすことだった。宗悦は、「自分の中にアイヌを見出し、アイヌの中に自分を見出さずば、本当の理解はない」としていた。そうした位相においてアイヌの美を観るなかで彼は、「原始的な方法」（「アイヌへの見方」以下同）で作られたアイヌ工芸のその神秘性と創造性に感嘆していた。その仕事は手先や頭だけの

「功策」ではない「信仰に色付けられた仕事」であり、「信が産む美」であった。しかるに先の民俗学者はアイヌの生活や信仰、行事等についての記録は残すが、はじめに優越感ありきのその仕事においては遂に、「積極的なアイヌ観」を持ち得ることはなかった。そこを見て彼は自分の眼で確かめたアイヌと民俗学者の姿を、自文化のなかでの宗教哲学者と在俗の篤信な信徒の、二相の在りように重ねて観ていた。

宗悦は長らく神学部を擁する大学で教鞭を執っていたが、そこで宗悦は信仰をめぐって神学者と篤信の信徒との間には異なる相があることを感じていた。神学を報じる学者の知識については疑いを差し挟むものではなかったが、彼が見たところ「彼等の理知と信仰との間に、正しい平衡」はなかった。一方で宗悦が接した多くの在俗の信徒には学問もなく、「信仰が何であるかの問いに答え得る者すらめったにいない」のであった。しかし彼等の多くは篤信なのであり、「（仏法の）有難さに涙を有つ人達」であった。宗悦は、そうした信徒を「信心の側から見るなら、如何に神学の教師達よりも純粋なものを有つかを否むことが出来ない」としていた。

「信と美」が織りなすアイヌ工芸を見るなかで宗悦は、その契機において自文化のなかに、来たるべき美の国の住人の姿が見つめられることに気付いた。その気付きのうちに彼は戦後すぐから、浄土真宗が産んだ「妙好人」の研究を始めることになる。ところで先の「民藝運動は何を寄与したか」の一文に「妙好品」という言葉が出てくる。これは「妙好人」に由来する宗悦の造語だったが、しかし昭和十九年（一九四四）一月の時点で宗悦はまだ妙好人の存在を知らず、これは戦後になって加筆されたものである。しかしその一文で宗悦が示していた民芸運動の理念は、戦後も引き続き運動の指針とされた。

ところで大政翼賛運動に処を得ていた民藝思想だったが、昭和二十年（一九四五）六月に翼賛会が本土決戦に備えた国民義勇隊へと発展解消したなかで、すでに民藝運動の出る幕はなかった。というより昭和十九年の段階で雑誌『工藝』と『月刊民藝』は物資不足のために発行不能となっており、日本民藝館も昭和二十年三月に閉館を余儀なくされていた。しかし日本民藝館は奇跡的に戦災を免れ、敗戦後の同年十二月には早くも開館した。その後民藝館は一旦、GHQによって接収命令が出されたりしたが、結局は米国赤十字社の代表だったブレイク夫人らの奔走で解除になり、運動の拠点は確保された。敗戦前後の柳や民藝同人の動向については水尾比呂志の『評伝柳宗悦』に詳しい。ここでは戦後における柳の思想展開を追っていきたい。

四　「美」と「信」の故郷

柳宗悦が「妙好人」の存在を知ったのは、おそらく昭和十九年（一九四四）十二月に刊行された鈴木大拙の、『日本的霊性』によってであった。鈴木はその著の第四篇で妙好人を取り上げていたが、宗悦の「妙好人の存在」（全集第十九巻所収）によれば、妙好人の伝記は江戸末期から明治、大正期にかけて存在するが、これを宗教哲学の面から考察した最初の人物が鈴木大拙であった。恩師の鈴木に触発され妙好人の研究を始めたさなか、宗悦は昭和二十三年（一九四八）十一月に吉田璋也を鳥取に訪ねた折に因幡の国の源左という妙好人を知ることになる。そして昭和二十五年（一九五〇）九月に源左の言行録を収めた『妙好人　因幡の源左』ほかの妙好人研究を残した。

妙好人の字義は白い蓮華を意味する梵語の訳語で、泥の中から生れながらも汚れない浄い花を咲かせる白蓮華に譬えて徳行の仏教徒をそう呼んだ。ただ日本においては一般的に「南無阿弥陀仏」の六字名号を称える浄土系仏教の篤信の信徒を指すのに用いられた。宗悦の「妙好人の話」（『全集』第十九巻所収）によれば、妙好人は田舎に見出される在俗の者で学問はなく、なかには文字すら読めない人もあった。多くは社会的身分の低い百姓で、それゆえ貧乏にして忍苦の一生を送らねばならない境遇だった。しかし彼らは「他力に任せた安心しきった心」を持して、真宗の教えを日常生活のなかで体現した存在だった。宗悦はその妙好人のすがたに自我への執着を脱しきった真の自由であるところの、「宗教的自由」（「宗教的自由」『全集』第十九巻所収）が見出されるとしていた。

宗悦が鳥取で聞いた妙好人源左のいくつかの言行のなかで、いたく心を打たれたのは一燈園の西田天香と源左の問答だった。大正十一、二年頃のこと、当地の有志が西田天香を招いて講演会を開いたことがあった。その折に源左も招かれていたが不都合が生じて時間に遅れた。やむなく源左は宿に天香を訪ねて聞きそこなった講演の内容を確かめてみた。これに快く応じた天香は、「ならぬ堪忍するが堪忍」と題して話したとしながら、主旨は堪忍ならぬことを堪忍するのが堪忍であり、そこに皆して堪忍し合ってなごやかに暮そうということだったと言った。すると源左は首をかしげながら、「有難うござんす、おらあにはなあ、堪忍して下さるお方があるで、する堪忍がないだがやあ」（「妙好人　印場の源左」『全集』第十九巻所収）とつぶやいた。

源左は浄土真宗の門徒であり、宗悦は「堪忍して下さるのは阿弥陀様だ。私などに為し得る堪忍はない、これがこの老人の心境である」（「堪忍の教え」全集第十九巻所収）と理解していた。そのうえで宗悦は、一方は自力をもってする道徳を述べていたが、一方は現世を越えた宗教を語っており、二元の世に彷徨うかぎりは堪忍の努力が要るが、他力門に活きれば堪忍の徳すら消え去ってしまうと観じていた。その場での西田天香ははじめ源左の言の意味がわからなかったが、解するとただ黙するほかなかったという。

源左は文盲だったが、真宗の「同行」からは無学の大学者と言われていて、何か話してくれとよくせがまれた。すると源左は、「何も知らんがなあ、たった一つよりないだなあ」と言ったという。宗悦は、その「一つは凡てを含む一つ」（前同所収「源左の一生」一六、以下同）と見ながら、源左が残した言葉をみると、「何もかもを凡て受容れてからの話だということが分る」のであり、自分を棄てた源左には、他に棄てるものは何もなく、「そうして捨てた源左でさえ拾われる源左であった」と述べていた。また、源左は自分の言葉を自らのものでないと言っているが、その源左の声は畢竟、仏の聲であり、それを「恐らく誰によりも自分に聞かせていた」としていた。

源左は「ようこそ　ようこそ、有難う御座んす」、「ようこそ　ようこそ、なんまんだぶ　なんまんだぶ」が口癖だった。甥の足利元治（源左の本名は足利喜三郎）によれば、源左はどんなに苦しいことをも、「南無阿弥陀仏」の六字名号で包んでしまったという。そうした源左の足跡をたどりながら宗悦は、「妙好人は真宗の園生に咲くいとも美しい花」（前同所収「源左の一生」二一）であり、真宗の面目は仏法を特に在家の民衆の手に渡したことにあると述べていた。その上で宗悦は、源左の「大」はさることながら、その大を顕しめた周りの「雰囲気」や「伝統の大」をも見逃してはならいのであり、「若し山根の村に篤信な善男善女がなかったら、よもや源左はその仏縁を結び得はしなかったであろう」と観じていた。そこに「源左は無数の信徒の結晶した姿」であり、逆にまた「それぞれの信徒に源左がいる」ことを見ることができるのだった。しかのみならず「凡ての人間の心には、源左の心がいる筈」であった。宗悦において宗教の有り難さは、それを只の民衆にも呼び覚ましてくれることにあった。ちなみに源左は昭和五年（一九三〇）に享年八十九歳で没した。

宗悦は昭和二十一年（一九四六）六月に、十五世紀天明年期の色紙和讃を京都の古書店で手に入れていたが、その悦びをもって「色紙和讃に就いて」（『全集』第十六巻『蒐集物語』所収）という一文を書いていた。宗悦はその浄土相を宿した仏書の美しさが、浄土真宗の信仰からきていると観るなかで、「民と信との結縁は、民と美との関連にも及ぶ」と観じていた。その「教義が物を通し目前にゆらぐ」さまを見せる色紙和讃をして、宗悦はこれを「妙好品」としたのだった。以降彼は、優れた民藝品をそのように呼ぶことになる。彼は「一」なる美の国の住人となる人間の姿を妙好人に見つめていたが、その篤信の「民」の実相を映している民藝品がすなわち妙好品だった。

「色紙和讃に就いて」は美（民藝）と宗教（信）をめぐる宗悦の思想を見るうえで欠かせない一文であった。浄土系仏教の研究において宗悦は、「法然この方、特に親鸞、覚如、存覚、蓮如と伝え来った法燈に信の深さ」を見ていた。しかしそこには次の展開で彼が浄土系仏教の最後の思索者と見ていた一遍の名はまだなかった。一遍が登場するのはおよそ二年後の、『美の法門』においてだったが、宗悦はその著で一遍の教えをもって「美」を「信」に結ぶ思想を完成させていくことになる。

先の鳥取行に先立つ昭和二十三年（一九四八）の七月から八月にかけて越中砺波（現在の富山県砺波市）の城端別院に滞在した際に宗悦は、『大無量寿経』（大経）の四十八願中の第四願に美の啓示を受けた。そこの法蔵菩薩の立願は、「若し私が仏になる時、私の国の人達の形や色が同じでなく、好《よ》き者と醜《みにく》き者とがあるなら、私は仏になりませぬ」（「美の法門」『全集』第十八巻所収　以下同）というものだった。これを「仏の国に於ては美と醜との二がない」＝「無有好醜」と読むなかで、宗悦は、「之によって美の一宗が建てられてよい」と観じていた。仏の国は「無上な国」であり、その「一相即ち無相」に支えられているのが「吾々の本性」だった。美醜を分ける「二相は仮相」であり、「美醜を越えたその本性に居れば、誰であろうと何ものであろうと、救いのなかに在る」。その久遠の昔に果されてしまっている「一」なる仏性に帰れ、と説くのが美の宗教としての「美の法門」であった。

はたして現世は、仏性を美醜の二相に曇らせ矛盾や反目、闘争のうちに沈んでいる。美の世界に止まらず、「二元以外に出られないのが、現世に於ける万物の命数」であった。しかし宗悦はそこに「二にあって一に達する道」を踏むことは「出来る」と考えた。答えは「大悲」、すなわち何ものをも迎え取ってしまう仏の「慈悲」を説く他力門の経文のなかにあった。他力宗は『大無量寿経』中の「念仏往生の誓願」である第十八願を「本願」としているが、その願は第四願をもって美の浄土を見つめていた彼においても動くものではなかった。即ち美もまた、自我意識を棄てきって南無阿弥陀仏の名号を称える境において、美醜未分の浄土に救われるものだった。

『美の法門』に次ぐ『南無阿弥陀仏』で宗悦は、法然、親鸞、一遍の三者をして「寧ろ一者」（同書「序」『全集』第十九巻所収、以下同）としながらも、民藝美論を一遍の教えによって揃っていた。浄土門において一遍は忘れられた存在であり、鈴木大拙の『日本的霊性』にも登場しない。しかし一遍上人は、「自己を洗い尽して、只六字の名号を丸彫」にし、「どこまでも他力門に徹することによって、自他一如の境」に達した聖であった。その境において一遍は「遂に信心を本と為す立場」（『美の法門』以下同）をも越えていた。一切の衆生の往生は「信不信を言わず、有罪無罪を論ぜず」、ひとえに南無阿弥陀仏の名号が決定する。一遍上人は機法一体を、「念仏が念仏する」、「名号が名号を聞く」と見極めていたが、宗悦はその一遍の境地に、「本分の美」の故郷である「美と醜とに煩はされない王土」、を見つめていた。そしてそこに彼は、その美の故郷は遥かなる彼岸にではなく、「実は彼岸が此岸に在る」と観じていた。

云うまでもなく「本分の美」を宗悦は、「妙好品」に見ていた。はたしてその美は「人自らの資格に依ったものではなく」、伝統などの「匿れた仏の計らい」によって成ったものだった。そうであればそこの美は、人というより、仏自らが美しくしていたということができた。真に「美しきものは、仏が仏に廻向しているその姿」であり、宗悦において「美の往生」もその場所で果たされる。往生は阿弥陀仏に帰入することであるが、「なんまんだぶつ」、「なんまんだぶ」、「なまんだぶ」とかの念仏称名は直ちに「聲」となり、そここそが「仏の大願力が働くその場所」（『南無阿弥陀仏』

「六　念仏」）であった。人の一聲は音となり、そこに解脱が果たされる。解脱とは「新しい世界に入ることではなく、元来の本文に帰ること」（前同「十四　往生」）であった。

宗悦は、「美しい民藝品は、下品成仏《げぼん》のまがいもない生きた実証である」（前同「因縁」以下同）と観じていた。「工人達は識らずして称名をし乍ら仕事をしているとも云える。焼物師が轆轤を何回も何回も廻すその音は、南無阿弥陀仏、南無阿弥陀仏と云っている音」であった。そこで思い起こされるのは、これより二十五年前の大正十五年（一九二六）に宗悦が越後タイムスに寄せていた「下手ものの美」（「雑器の美」）であった。その「序」で宗悦は浄土門の信徒が名号を口癖に何度も唱える様と、工人がひたすら轆轤を廻している姿を重ねるなかで、名号は既に人の聲ではなく神（仏）の聲と云われているが、陶工の手も既に彼の手ではなく、自然の手だと言い得るとしていた。これをもってみれば、あらためて、民藝思想は「はじめにコトバありき」をもってする思想であったことが解るのである。

「はじめのコトバ」は概念ではなく真理であり、「一」なるものを霊性的に直観する位相から発せられるものであった。それ故に必然、宗悦はその地点から演繹的に思想を展開していったということができるのである。宗悦の論稿は堂々巡りをしているかに見えることがある。しかしそれは、その時どきに彼に訪れた直観が概念化されたなかで、螺旋的弧を描き「はじめのコトバ」に摂取される姿を見せていた。「知は力なり」をもってする近代思想の対極において思想を切り開いていった彼の真骨頂がそこにあった。しかし時代のなかの進歩思想をもってその思想を捉えようとすると、そこに混乱が起る。

『美の法門』ははじめ、昭和二十三年（一九四八）十一月に京都相国寺で開かれた戦後二回目の日本民藝協会全国大会で講演された。寿岳文章もそこに参集していたが、そのとき講演前に寿岳を見つけた宗悦は興奮気味に、「君には是非聞いてもらいたいんだ」（『全集』第十八巻「解説」以下同）と声をかけてきたという。寿岳は得度していて、仏典に通じていた。しかし寿岳は、沽字になった『美の法門』をひもとくなかで、「率直に言って疑問に逢着することしばしばだった」と告白している。寿岳は「美醜は本来二分して存在するものではなく、仏によって既に作られ、久遠の昔に一つとなっており、今もなりつつあり、その区別にとらわれるのは人間の迷いである」と読み、そしてそこに、ではこれ以前に柳が熱っぽく美醜の別を論じていたのは何だったのかと疑問を呈していた。さりながらその上で寿岳は、「願をはたして正覚を取り、久遠の仏陀となった果位の菩薩の立場から、その内容を説いたのが、柳のこのユニークな美の法門論であると私は理解する」としていた。

寿岳文章の苦心のほどが窺われるというものだった。しかし寿岳は、既に仏界で決定されている美醜未分は、「今もなりつつ」あると読むなかで混乱していた。無論そうであれば、民藝論はそこに棄てられるほかないのである。しかし、柳宗悦において美醜未分の不二の相は、「なりつつある」といった進行形の次元において観相されるものではなかった。それは此岸における「永遠の今」の出来事として立ち顕れるものであり、解脱の境において自ずから顕現するものだった。そこの解脱は先にも見たように心境ではなく、人間の声や音といった身体的なるものによって果たされるものだった。昭和六年（一九三一）の論稿「工藝的なるもの」（『全集』第八巻所収）において宗悦は、工芸の範疇に言葉、動作、四股、仏像（聖像）、祈祷、宗教的音楽（グレゴリアン・チャント）、読経、茶道、花道、能、歌舞伎、武術他を入れていたが、それらの工芸的なるものを成し得るのは「玄人のみ」であった。

その十年後の『工藝文化』で宗悦は、玄人の仕事である沖縄の絣や津軽地方の「こぎん」などは、「真とか偽とか、美とか醜とか云う区別を越えた世界」でなされたことを見ていた。そしてその美の見極めのうちに彼は、「美も醜も未だ分れない以前の境地に溯ればいいではないか」と願を立てていた。そして戦後になって『大無量寿経』に接するなかで宗悦は、そこの第四願の啓示によって、自らが直観していた「一」なる美の世界がすでに「信」の世界で果たされていることに気付いたのだった。その結晶が『美の法門』だったが、そこで宗悦は、「美」と「信」の頂きは一つであることを告げていた。しかしこれを読み違えて、柳宗悦は『美の法門』をもって民藝論を放棄したと見る向きもあった。

ほとんど無意識的であったろうが、寿岳文章は、『美の法門』を、時系列的に読んで混乱していた。しかしそのことは、戦後的な進歩思想に依拠した柳宗悦論においてとりわけ顕著であった。そこでは柳宗悦の思想の根底に流れている「一」なる思想が顧みられることはなく、専ら成されたのはその進歩主義に則った思想分析だった。いわく民藝の思想は歴史認識を欠如させ、社会階級的民衆ではなく理念的な民衆像をもってするものといった決めつけがなされていた。いわんや妙好人にいたっては個我意識を欠いた一種の多幸症であって、民主主義の時代においては葬られるべき存在でしかなかった。歴史的に既定された自らの立ち位置を顧みることなく、戦後思想の安全地帯からなされた柳宗悦論がそこにあった。

おそらくは、そうした時代思潮を念頭に置いてか、宗悦は『美の法門』の「後記」で、美醜未分をもってする法門は、「余りにも唐突な奇異な考想と取られるかも知れぬ」と記していた。しかしその上で彼は、「美の国を建設したい志願」において成したこの一書は、民藝美論の基礎に置かれるもので「寧ろ之を新たな発足として前に進みたい」と覚悟をみせていた。その志をもって宗悦は、「美と信」の「二」を見つめる縁となる、「茶」の世界に再び眼を向けていった。昭和三十年（一九五五）十二月、宗悦は日本民藝館所蔵の道具を使って、同館で茶会を開いていた。その試みにおいて彼は、「茶」と民藝の世界は同義であることを示そうとしていた。

その趣旨をもって柳宗悦は、昭和三十二、三年にかけて盛んに茶道改革論を主張した。昭和三十三年（一九五八）十月に宗悦は、戦前の『茶と美』に次ぐ、『茶の改革』（『全集』第十七巻所収）を刊行していたが、そこで彼は初代の茶人達が拓いた「茶の道」を濁している茶道界の弊を糺そうとした。宗悦がみたところ「茶」の絶頂期は、「わび茶」の創始者といわれる（村田）珠光から武野紹鷗までであって、そこに彼が理想とする「貧の茶」はあった。「茶」と仏教には深い縁があり、「茶美は不二美」であった。「妙好品」たる茶道具は「美」と「信」とをよく結ぶのであった。ところで「茶」の世界では利休を「茶聖」とあがめたりするが、宗悦は利休を「茶」をもって「権門をあやつった」（前同「利休と私」）茶人とみて、低く評価していた。利休の茶は仏道が説く「貧の茶」とは縁遠いとみており、利休に連なる家元制度にも辛辣な批判を加えていた。

当時宗悦はしばしば心臓発作などを起して体調不良をきたしていた。しかしそれを押して彼は

「茶の改革」の試みと並行して、『美の法門』を解りやすくした『無有好醜の願』、また遂には序文のみに終わった『仏教美学の悲願』などを手がけた。そして昭和三十六年（一九六一）四月一日発行の雑誌『心』に、思想の根幹をなす「無対辞文化」（『全集』第十九巻所収）と題する一文を寄せた。そこで宗悦は「真の自由」が所在する無対辞の思想を踏んだ先人として、妙好人源左、「一」なるものに「離脱」してカトリック界から破門された神秘思想家エックハルト、そして宗悦の美の思想を導いたネオプラトニズムの創始者プロティノスの名を挙げながら、一文を次のように締めくくっていた。

人間は言葉の業の故に、果てしもなく無益などうどう廻りをする。いつ対辞の業から離れ得るのであろうか。私もこの辺で、筆を擱くべき時がきたように思う。（於病室）

まさしくその一文は宗悦の遺稿となった。昭和三十六年四月二十九日の午後に彼は脳出血を起こし、民藝館で椅子に座ったまま昏睡状態に陥り、翌五月三日早朝に没した。享年七十二歳だった。秘書を務めた浅川園絵によれば宗悦は倒れる直前まで意識はしっかりしていて、「無対辞文化」に筆を加えて一冊にまとめる準備をしていたという。

葬儀は五月七日に日本民藝館葬で執り行われた。柳家は父楢悦の代までは日蓮宗だったが、葬儀は宗悦が生前希望していた浄土真宗で行われた。弔詞を供えたのは宗悦が父とも仰いだ鈴木大拙だった。そこに大拙は宗悦を天才だったとして悼んでいたが、宗悦自らは天才を崇める思想の対極に立ち、人間存在が真に救済される、「人間が人間を棄て尽すその場所」(『南無阿弥陀仏』「十四　往生」)を此岸において探し求めた。兼子や長男宗理の回想にもあったように、宗悦は妙好人とは対照的な存在であった。まさにその自覚において彼は還相廻向の相を見せている「妙好品」に浄化をゆだねるなかで、「信」の世界に往生しようと念願したのだった。自らに課したその道を、宗悦はたしかに渡りきっていた。寿岳文章はそうした宗悦を菩薩と見ていたが、その姿を慕ってか弔問客は千二百名を数えたという。

柳宗悦　年譜

明治二十二年（一八八九）

三月二十一日、東京市麻布区で、父楢悦（五十六歳）、母勝子（三十三歳）の三男として生まれる。

明治二十四年（一八九一）一歳

一月十四日、父楢悦没（五十八歳）。

明治二十六年（一八九三）四歳

麻布幼稚園入園。

明治二十八年（一八九五）六歳

学習院初等学科入学。

明治三十四年（一九〇一）十二歳

学習院中等学科に進学。志賀直哉らとの交友始まる。

明治三十九年（一九〇六）十七歳

三月、『学習院輔仁会雑誌』に活字になった初めての文、「吾が疑い」を発表する。

明治四十年（一九〇七）十八歳

学習院高等学科に進学。鈴木大拙、西田幾多郎、神田乃武教授らに学ぶ。

明治四十二年（一九〇九）二十歳

郡虎彦らと回覧雑誌『桃園』発行。三月、バーナード・リーチ来日。柳らとの交友始まる。

明治四十三年（一九一〇）二十一歳

四月、学習院高等学科を銀時計授与の好成績で卒業。雑誌『白樺』創刊に参加。この頃、東京音楽学校在学中の中島兼子を知る。九月、東京帝国大学文科大学哲学科に入学。

明治四十四年（一九一一）二十二歳

十月、最初の著書、『科学と人生』（私家本）を上梓。

大正二年（一九一三）二十四歳

四月、中島兼子と婚約。七月、東京帝大を卒業する。卒業後、『白樺』に「生命の問題」、「哲学に於けるテムペラメント」を発表。ウィリアム・ブレイクの研究を始める。

大正三年（一九一四）二十五歳

二月、兼子と結婚。九月、千葉県我孫子町手賀沼に転居。浅川伯教の訪問を受ける。持参の李朝白磁に魅せられる。十二月、『ヰリアム・ブレーク』を刊行。この頃から西洋の神秘主義思想と禅の研究を始める。

大正四年（一九一五）二十六歳
二月、『白樺』に「哲学的至上要求としての実在」を発表。七月、リーチ北京に転居。十二月、浅川巧が兄伯教と初めて我孫子に柳を訪ねる。

大正五年（一九一六）二十七歳
八月、浅川伯教の案内で、初めて朝鮮、ついで中国の旅をする。このとき朝鮮在住の浅川巧宅に宿す。九月、北京にリーチを訪ねる。十二月、リーチ再来日し、年末、我孫子の柳邸内で築窯開始。翌年春に完成させる。

大正八年（一九一九）三十歳
二月、最初の宗教哲学論集、『宗教とその真理』を刊行。三月、朝鮮で三・一独立運動起る。四月、東洋大学教授（宗教科）となる。五月、『読売新聞』に「朝鮮人を想う」を発表。この頃濱田庄司を知る。

大正九年（一九二〇）三十一歳
五月、兼子、リーチらと渡朝し各地で講演会と音楽会を開く。六月、『改造』に「朝鮮の友に贈る書」を発表。リーチ、濱田を伴って帰英。十月、『改造』に「彼の朝鮮行」を発表。十二月、我孫子に浅川伯教・巧兄弟を迎えて、「朝鮮民族美術館」設立のことを話し合う。

大正十年（一九二一）三十二歳
一月、『宗教的奇蹟』を刊行。三月、東京市赤坂区に転居。五月、神田流逸荘で「朝鮮民族美術展」を開く。

大正十一年（一九二二）三十三歳
一月、朝鮮民族美術館設立準備のため渡朝。八月、光化門取り壊しに反対する、「失われんとする一朝鮮建築のために」を『改造』に発表。九月、『朝鮮とその芸術』刊行。十一月、『宗教の理解』刊行。十二月、陶磁器についての初の書、『陶磁器の美』（私家本）上梓。

大正十二年（一九二三）三十四歳
七月、『神に就て』を刊行。九月一日、関東大震災で長兄悦多没。雑誌『白樺』終刊。十一月、朝鮮で大震災罹災朝鮮人慰問の音楽会・講演会を開く計画を立てるが、兼子病気のため宗悦ひとり渡朝して講演会のみを開く。この年、東洋大学教授を辞任。寿岳文章を知る。

大正十三年（一九二四）三十五歳

一月、甲府で木喰上人作の木喰仏を発見。四月、朝鮮京城府の景福宮緝敬堂に「朝鮮民族美術館」を開設。京都に転居。濱田を介して河井寛次郎と会う。八月、大正十年から勤めた明治大学、女子英学塾を辞任する。この年頃から「下手もの」の蒐集を盛んにする。

大正十四年（一九二五）三十六歳

三月、研究誌『木喰上人之研究』第一号発行。四月、朝鮮民族美術館で木喰仏展を開催する。同志社大学講師となる。五月、同志社女子専門学校教授に就任する。八月、『木喰五行上人略伝』刊行。十二月、河井、濱田と紀州津を訪ねた際に、「民藝」という新語を思いつく。

大正十五年（一九二六）三十七歳

一月、河井、濱田と高野山西禅院に宿し、民藝美術館設立のことを話し合う。四月、『日本民藝美術館設立趣意書』を発表。九月、『越後タイムス』に「下手もの、美」を寄稿。

昭和二年（一九二七）三十八歳

二月、「工芸の協団に関する一提案」を執筆、頒布。三月、「上賀茂民藝協団」発足。四月、雑誌『大調和』に「工芸の道」の連載を始める。十二月から翌年一月にかけて河井、濱田と東北、山陰、九州の民藝調査の旅をする。このとき日田の小鹿田焼を知る。

昭和三年（一九二八）三十九歳

三月、上野公園での御大礼記念博覧会に「民藝館」を出展する。四月、兼子が音楽修行のためドイツへ。九月、外村吉之介を知る。十二月、『工芸の道』を刊行。「工藝館」は大阪の山本為三郎邸に移築され、「三国荘」となる。中旬、兼子帰国。

昭和四年（一九二九）四十歳

四月、濱田庄司とともにシベリア経由で欧州へ旅立つ。五月から英国で美術館巡りや、リーチを介して工芸家と交友する。仏、独、北欧にも旅行し、スエーデンの北方民族博物館も訪れる。八月、渡米し、招致したラングドン・ウォーナー宅に身を寄せる。間もなく転居、一人暮らしを始める。十月、ハーバード大学付属、フォッグ美術館で講義を始める。この頃、「上賀茂民藝協団」は解散。

昭和五年（一九三〇）四十一歳

一月、ハーバード大学で日英現代工芸展を開く。米国各地を旅行し、一方でホイットマンの文献を多数蒐集する。三月、兼子が渡米してくる。五月、大学での講義を終える。七月、兼子と帰国。

昭和六年（一九三一）四十二歳

一月、雑誌『工藝』創刊。ついで寿岳文章とともに研究誌『ブレークとホヰットマン』を創刊。四月、朝鮮の地で浅川巧が肺炎のため四十歳で死去。浜松の高林兵衛邸に「日本民藝美術館」を開設する。

昭和七年（一九三二）四十三歳

一月、東京西銀座で民藝店「港屋」開店。六月、鳥取で吉田璋也による民藝店「たくみ」が開店する。倉敷で大原孫三郎を知る。

昭和八年（一九三三）四十四歳

四月、『蒐集に就て』（私家本）を上梓。五月、東京市小石川区に転居。専修大学教授になる。浜松の日本民藝美術館が閉館。六月、ハワイ大学に招かれ、東洋の芸術と宗教について講義する。八月末帰国。十二月、民藝店「たくみ」の東京店が西銀座で開店。

昭和九年（一九三四）四十五歳

一月、九州、山陰、山陽地方の民藝調査を行う。三月、現代日本民窯展覧会を上野松坂屋で開催。日本大学講師になる。六月、日本民藝協会を設立し、初代会長に就任する。八月から九月にかけて、信州、越中、陸中、山陽、九州、東北、四国を巡る。十月、栃木の日光街道にあった長屋門を東京駒場の新居予定地に移築する。

昭和十年（一九三五）四十六歳

一月、東京市目黒区駒場に転居。五月、大原孫三郎より民藝館設立資金として、十万円の寄付申し出を受ける。十月、日本民藝館の建設起工。

昭和十一年（一九三六）四十七歳

一月、日本民藝館上棟式。十月、「新作工芸展」開催をもって開館。初代館長に就任する。

昭和十二年（一九三七）四十八歳

三月、民藝館で現代民窯展を開く。五月、民藝館で李朝陶器展、現代作家工芸展を開催。六月、『美の国と民藝』（私家本）を上梓。七月、日中戦争始まる。

昭和十三年（一九三八）四十九歳

この年、民藝館で琉球染織展、欧米古陶展、シャム・安南古陶展などを開催し、十二月から翌年にかけて初の沖縄旅行をする。

昭和十四年（一九三九）五十歳

一月、沖縄の民藝調査を行う。二月、民藝館で東北の蓑の展覧会開催。三月下旬から民藝協会同人らと第二回目の沖縄旅行をする。四月、沖縄各地で民藝調査をするが、この渡沖時に沖縄方言論争の発端となる発言が民藝同人から出る。同月、式場隆三郎編集の日本民藝協会の機関誌『月刊民藝』（のちに『民藝』と改称）創刊。十二月末、日本民藝協会主催の琉球観光団と第三回目の沖縄旅行に出立。

昭和十五年（一九四〇）五十一歳

一月、沖縄滞在中に言語政策をめぐって沖縄県庁と論争。一時官憲に拘束され取り調べを受ける。三月頃、民俗学と民藝をテーマに柳田国男と対談する。六月、内閣情報部（のちの情報局）、「新体制声明」発表。七月、第四回の沖縄行。九月、日本民藝協会、「新体制の手工芸文化組織に対する提案」を行う。十月、「新体制」運動の推進母体となる大政翼賛会発足。同月、「新体制と工芸美の問題」を『月刊民藝』に発表。河井、濱田、式場らと最後の中国・朝鮮行。朝鮮は二十一回目。十一月、民藝館で琉球工芸文化展を開催。十二月、朝鮮工芸文化展を民藝館で開催。

昭和十六年（一九四一）五十二歳

七月、『茶と美』刊行。九月、民藝館で初期大津絵・アイヌ民藝展を開催。十二月、「アイヌの見方」発表。太平洋戦争始まる。

昭和十七年（一九四二）五十三歳

一月、『工芸文化』を文芸春秋社から刊行。三月、「アイヌ人に送る書」を発表。五月、民藝館で第一回の樺細工伝習会を開催。六月、『私の念願』刊行。九月、館で現代民藝展を開催。

昭和十八年（一九四三）五十四歳

一月、工芸の統制機関、「大日本工芸会」が発足し委員となる。大原孫三郎没。二月、母勝子没。『日田の皿山』を日本民藝協会から刊行。七月、満州民藝協会・民藝館設立の計画起る。十月、民藝館で第二回樺細工伝習会を開く。『信と美』刊行。

昭和十九年（一九四四）五十五歳

一月、民藝館で日満支現在民藝展を開催。四月、専修大学教授を辞任。五月、芹澤銈介と秋田角館で樺細工の指導を行う。十二月、館で新作工芸展を開催。この頃、狭心症の症状が起る。

昭和二十年（一九四五）五十六歳

二月、雑誌『工藝』・『民藝』、戦局悪化のため発行不能となる。三月、民藝館を臨時閉館する。六月、館蔵品を疎開及び埋蔵する。八月、日本敗戦。十二月、日本民藝館再開。

昭和二十一年（一九四六）五十七歳

三月、米国教育使節団歓迎委員に委嘱され、多忙を極める。十二月、GHQより民藝館西館、および柳家住宅の接収命令が出る。

昭和二十二年（一九四七）五十八歳

三月、占領軍の接収命令解除。七月、鈴木大拙らと北陸地方を講演旅行。十月、天皇・皇后を民藝館に迎える。十二月、第一回日本民藝協会全国協議会を民藝館で開催。『民藝館案内』刊行。

昭和二十三年（一九四八）五十九歳

三月、鈴木大拙の松ヶ丘文庫の理事長となる。六月、『手仕事の日本』刊行。八月、「美の法門」執筆。十一月、京都相国寺で開催された第二回日本民藝協会全国協議会で、「美の法門」を講義する。

昭和二十四年（一九四九）六十歳

三月。『美の法門』（私家本）上梓。十月、私有の土地家屋、および蔵品の全てを日本民藝館に寄贈する。

昭和二十五年（一九五〇）六十一歳

九月、『妙好人因幡の源左』を刊行。

昭和二十六年（一九五一）六十二歳

一月、雑誌『工藝』は百二十号をもって終刊。八月、「南無阿弥陀仏」を『大法輪』に連載開始。

昭和二十七年（一九五二）六十三歳

五月末から、毎日新聞社文化使節として志賀直哉、濱田庄司とともに渡欧。

昭和二十九年（一九五四）六十五歳

二月、春秋社から『柳宗悦選集』刊行始まる。九月、『日本民藝館』（私家本）上梓。

昭和三十年（一九五五）六十六歳

十二月、民藝館ではじめての茶会を開く。

昭和三十一年（一九五六）六十七歳

十二月、心不全で入院。翌年六月にかけて入退院を繰り返す。

昭和三十二年（一九五七）六十八歳

七月、退院。沖縄タイムス社より感謝状を受ける。十一月、文化功労者に推奨される。

昭和三十三年（一九五八）六十九歳

六月、著作権の一切を日本民藝館に移譲する。『茶の改革』刊行。七月、『民藝四十年』刊行。

昭和三十四年（一九五九）七十歳

五月、『心偈』（私家本）上梓。十一月、民藝同人三宅忠一、日本民藝協会から離れ、「日本民芸協団」を設立。

昭和三十五年（一九六〇）七十一歳

一月、朝日賞受賞。

昭和三十六年（一九六一）七十二歳

四月、「無対辞文化」を『心』に寄稿。二十九日、脳出血を起し昏睡状態になる。五月三日死去。七日、日本民藝館葬。

言葉なきコトバ——あとがきにかえて

最近ではそういうことは絶えてないが、焼物づくりを始めた当初、家業でもない世界に飛び込んだ理由や動機などについて聞かれることがよくあった。とりあえずは、東京で働いていたころ、たまたま百貨店で開催されていた九州の古陶磁展に魅せられたのがきっかけと返事していた。嘘ではなかったが、御多聞に漏れず仕事のこと、そして当時かかわっていた反戦運動のなかで生じていたもやもやなどが転職の動機となっていた。

コンピューターの仕事をしていた。二進数が基本のルーチンワークで、命題がAでもありBでもあるという思考は許されなかった。多かった残業よりも仕事そのものに馴染めなかった。そもそも子供のころから理系は苦手で、文系の分野を志望していた。しかしその道はすでに親の意に沿った高校受験の時点で踏み外していて、その後の青春の抗いも空しく、結局は進んだ工業高校の専攻分野の仕事に就いたという次第だった。二十歳のときだったが、以来その会社で五年間働いた。

一方、仕事や来し方の憂さ晴らしであったろうか、会社勤めのかたわら反戦デモがあれば出かけた。その際知り合った新左翼の活動家にオルグされ、彼が所属する組織傘下の反戦青年委員会に入った。だが上部組織については、私は早くから違和感を懐いていた。組織の機関紙には「世界同時革命」のスローガンが踊っていたが、イデオロギー先行のインターナショナリズムは空しいばかりだった。しかも運動が退潮期に入ると、何のつもりか私たちメンバーは組織が決めた偽名で呼ばれることになった。見知らぬ名を示されると言い知れぬ怒りがこみ上げてきた。

コンピューターも新左翼の理論も、情報や人間存在を記号化することにおいては同じだと思った。そこの理路整然は怪しかった。小学生の頃の話で恥ずかしいが、同級生との間で或ることがあって、本当のこと＝真実とは何だろうという想いに駆られたことがあった。そこで子供向けの哲学入門書を漁ったなかで、プラトンという哲学者の名を知った。「洞窟の比喩」をもってするプラトンによれば、私たちが眼にしているのは真実の影であり、人間はそれを自らの目で視ることはできないらしかった。よくわからず、もやもやは晴れなかったなかで、とりあえずは小学校の卒業文集に尚も「真実一路」と記して中学に進んだ。しかしおそらくそのことがあって私は脳裏のどこかに、人間は自らの理屈や都合で真実を語ることはできない存在だという考えを住まわせてきたように思う。

私はおよそ七年ぶりに帰郷することを決めた。そして焼物づくりをしたいと思った。その仕事はロクロで成形しながらも、仕上げは人間の手の及ばない焼成を経てはじめてモノになる。その工程がとても魅力的に映った。身にまとう余計なものが焼き尽され、素のすがたをもって人知を超えた大いなる世界に包まれる。そんなイメージだった。

先の東京の展覧会で目を引いたのは古い黒薩摩の甕だった。聞けば産地の苗代川焼は今も在るということで、その民陶の窯に弟子入りしたいと願った。ほどなく帰郷した私は、当時何かと相談に乗っていただいていた郷土史家のSさんと、工高同窓の親友Mと連れだって鹿児島は東市来町の窯を訪ねた。幸いにも窯元からは、半年後でよければ受け入れるとのよい返事をもらった。だが年齢的に焦っていた私は留保を願い、郷里福岡の星野村で作陶されていたYさんに相談した。その伝手をたよって弟子入りを果したのが、福岡県朝倉郡の小石原焼の窯元だった。二十六歳のときだった。おかげをもって当地での三年にわたるやきもの修行は、私にとって経験したことのない充実した日々となった。

江戸期から続く当時の小石原焼は、高度経済成長の余波で、いまだ歴史的に例をみない活況に沸いていた。標高五百メートルほどの盆地に冬場に訪れる客は稀だったが、春ともなると民陶愛好家がどっと押し寄せた。賑わいは粉雪が舞いはじめる十月中旬まで続いた。しかしその賑わいのなかで失われていくものがあることをみていた愛陶家もいた。私が弟子入りする十数年前に、早くもそのことを指摘していたのが柳宗悦だった。昭和三十五年（一九六〇）末か、最晩年の翌年早々に書かれたと思われる「小鹿田窯への懸念」（全集第十二巻所収）という一文で柳は、兄弟窯である小鹿田焼と小石原焼は、「浅い趣味の茶人達や利己的な商人の介入」によって「歴史の曲がり角に立っている」と述べていた。そして「幾ら金銭的に保護されても、益々品物が悪くなる危険」が迫っているのであり、そのことの反省が地元になければ、「此の窯に毒を流す」ことになると「懸念」していた。

その懸念の背景として考えられるのは、時代の状況もさることながら、かつて『工芸の道』を読み感動し、民藝の有力同人として戦前戦後を歩みながらも、昭和三十四年（一九五九）に柳らと決別して独自の運動をしていた実業家の三宅忠一の存在である。柳は『工芸の道』の論稿の後段で、すでに失われてしまった民藝の理念が活きる「来たるべき工芸」を遠望していた。そこで柳はもうひとつの美の世界に至る道を灯す、選ばれた個人作家の役割があることを告げていた。しかし三宅は民藝思想の前段をのみ捉え、あくまでも民窯の生産活動を担う工人に重きを置くべきと主張した。その三宅が産地振興策の拠点にしたのが小石原だった。三宅は東京の日本民藝館と競い、大阪で自ら設立した日本工芸館に拠っていたが、小石原焼伝統の地の皿山地区にあった小石原工芸館はその分館だった。

同館は三宅忠一と小石原焼の蜜月ぶりを物語っていたが、私が弟子入り出来たのは、あるいはそうした三宅の小石原焼振興策あってのことだったかも知れない。ところが私たち弟子連の眼には、柳の忠告をいれて伝統を守っていた小鹿田焼の方が真っ当にみえた。高度経済成長という日本近代のある到達点で、それまでに失ってきたものがあることを告げていたのが民藝の思想であった。産地振興の名のもとに、商業主義が見え隠れするようなことになれば思想は自壊する。柳は「懸念」と書き付けていたが、実際はそれ以上の危機感に駆られていたはずである。兼子は、三宅忠一は民藝運動を事業と考えていたように思うとみて、「宗悦が嫌いな質《たち》の人」（「兼子夫人に聞く」）と回想していた。

昭和三十年代中葉の実情はいざ知らず、私の修行時代の皿山地区の態様は次のようであった。まずは少数ながら、伝統的な生産様式を貫いて、民藝の理念を指針にしていた窯があった。そこの窯の一つに日本民藝館の田中雍子さんがよく見えていて、歓迎の宴には私も呼んでいただくことがあった。ありがたい思い出であるが、私が弟子入りしていたのは数としては多かった別様の窯だった。そうした窯に共通していたのは従来の登り窯に加えて、ガス窯や石膏型成形の機械ロクロが導入されていたことだった。職人のほかに近所のおばさん連が働いていて、彼女たちはもっぱら機械成形に携わっていた。必然、そこの窯には玄人手と、これとは明らかに異なる製品が産されることになる。私たちはこれが不満だったのだが、そうした窯の経営が三宅忠一の産地振興策の所産だったことは明らかだった。しかし私の親方は弟子に機械成形やガス窯の仕事をさせるようなことはなかった。おかげで私は熟練工と親方からロクロ成形と登り窯の焚き方を学ぶことができた。

その点は感謝しつつ、職人の玄人仕事を前提にした「美」と「多」と「廉」が紐帯する民藝の思想を振り返ってみると、「多」を担う工人の仕事が機械で代替されれば、多産と廉価の相関はともかく、肝心の民藝美をそこに見出すことは困難になる。当時、皿山とは別地区に多くあった新興窯では、土産の民芸品工場と化したような窯も現われていた。民藝論に照らせば論外のことで、そうした便乗主義に三宅忠一が関係していたとは思わない。しかし民藝美論の根幹部分を押さえず産地振興を優先したとき、三宅の本意は別として、そこに思想の本末転倒が生じる場面があったことは見ておかなければならないだろう。

ここに、「金が仇（敵）の世の中で……」というような歌のフレーズが聞こえてきたりするとつい感応してしまう私がいる。そうした心性がどうして身に沁みついたのかはわからない。思い当たるのは、幼少年期の周囲の大人たちのなかに同じような感性があったということである。おそらくそのことは、資本主義的近代との遭遇において生じた違和感の表れであった。そうみれば、高度経済成長期に民藝運動が隆盛したのは、前近代的な感性を民藝の思想が掬い得たからだったということができる。その場面で民藝運動はたしかに文化革命運動となり得ていた。しかし日本近代において失われたものが何であったかを問うような問題意識は、今や昔のことである。さりながらではあるが、私にとって柳宗悦は、今なお魂を揺さぶって止まない思想家であり続けている。

本書は、『道標』の二十八号（二〇一〇年春）から五十八号（二〇一七年春）にかけて連載させてもらった全十五回の、『柳宗悦ノート』を下敷きにしている。私自身は雑誌連載の完結をもって、これを一本にして刊行することなどは考えていなかった。ところが、恩師と仰ぐ渡辺京二さんに出版のことを強く薦めていただいた。のみならずお預けしていた悪文の原稿を、知らぬうちに校閲して下さっていた。望外の歓びであり、感謝の言葉もないのである。またそのうえで旧知の弦書房の小野静男さんには、無理をおして刊行を引き受けていただいた。『道標』の編集スタッフや家人もいれて、私はどこに、どう頭を下げていいのかわからない。ここに至っては、自らの裡にただ「ありがとうございます」のコトバを刻みつづけるほかに術はない。

二〇一八年三月

松竹洸哉

主要参考文献

■柳宗悦著作

柳宗悦全集（第一巻〜第二一巻、筑摩書房一九八〇年〜九二年）
『民藝四十年』（岩波文庫、一九八四年）
『南無阿弥陀仏』（岩波文庫、一九八六年）

■参考著作

寿岳文章『柳宗悦と共に』（集英社、昭和五五年）
本田秋吾『「白樺」派の文学』（新潮社、昭和四一年）
関川夏央『白樺たちの大正』（文芸春秋、二〇〇三年）
高階秀爾『日本近代の美意識』（青土社一九七八年）
種村季弘『ヴォルプスヴェーデふたたび』（筑摩書房、一九八〇年）
小野二郎『装飾芸術ウィリアム・モリスとその周辺』（青土社、一九七九年）
熊倉功夫『民芸の発見』（角川書店昭和五三年）
鶴見俊輔『柳宗悦』（平凡社選書四八一九七六年）
長与善郎『わが心の遍歴』（青空文庫）
水尾比呂志『評伝柳宗悦』（ちくま学芸文庫、二〇〇四年）
西田幾多郎『西田幾多郎哲学論集Ⅰ』（岩波文庫、二〇〇〇年）
中村雄二郎『西田幾多郎Ⅰ』（岩波現代文庫、二〇〇一年）
鈴木大拙『日本的霊性』（大東出版社、二〇〇八年）
今村純子『前キリスト教的直観』（法政大学出版局、二〇一一年）
高橋宗司『朝鮮の土となった日本人』（草風館、一九八二年）
浅川巧『日記と書簡』（草風館、二〇〇三年）
浅川巧『朝鮮民芸論集』（岩波文庫、二〇〇三年）
浅川巧『朝鮮陶磁名考』復刻版（草風館、二〇〇四年）
山辺健太郎『日本統治下の朝鮮』（岩波新書、一九七一年）
熊倉功夫・吉田憲司共編『柳宗悦と民藝運動』（思文閣出版、二〇〇五年）
出川直樹『民芸』（新潮社、一九八八）
中見真理『柳宗悦時代と思想』（東京大学出版会、二〇〇三年）
中見真理『柳宗悦「複合の美」の思想』（岩波新書、二〇一三年）
伊藤徹『柳宗悦手としての人間』（平凡社、二〇〇三年）
柳田国男『底本柳田国男集』（筑摩書房、昭和五八年）
吉本隆明『ナショナリズム』（筑摩書房、一九七〇年）

大杉栄『大杉栄選労働運動論集』（現代思潮社、一九七〇年）
荒畑寒村『反体制を生きて』（新泉社、一九六九年）
有馬学『「国際化」のなかの日本』（中央公論新社、一九九九年）
岡倉覚三『茶の本』（岩波文庫、二〇〇七年）
河井寛次郎『炉辺歓語』（東峰書房、昭和五三年）
外村吉之助『民芸遍歴』（朝日新聞社昭和四四年）
外村吉之助『続・民芸遍歴』（朝日新聞社昭和四九年）
吉田守男『日本の古都はなぜ空襲を免れたか』（朝日文庫、二〇〇二年）
赤澤史郎・北川賢三編『文化とファシズム』（日本経済評論社、二〇〇一年）
北川賢三『国民総動員の時代』（岩波ブックレット、二〇〇八年）
伊藤隆『大政翼賛会への道』（講談社学術文庫、二〇一五年）
保坂正康『五・一五事件橘孝三郎と愛郷塾の軌跡』（中央公論新社、二〇〇九年）
林茂編『ドキュメント昭和史1』（平凡社、昭和五〇年）
栗屋憲太郎編『ドキュメント昭和史2』（平凡社、昭和五〇年）
松竹洸哉『富本憲吉論—工芸と思想』（雑誌「暗河」四四号、一九八八年）
松竹洸哉『富本憲吉論—思想と作品』（雑誌「道標」一号、二〇〇一年）

■翻訳書

『リルケ全集5—美術論・エッセイ』（弥生書房、昭和四八年）
『ブレイク詩集』（寿岳文章訳、弥生書房、昭和五六年）
『ホイットマン詩集草の葉』（上）（杉木喬・鍋島能弘・酒本雅之訳、岩波文庫、一九七六年）
『プロティノス「美について」』（斉藤忍随・左近司祥子訳、講談社学術文庫、二〇〇九年）
アンソニー・ブラント『ウィリアム・ブレイクの芸術』（岡崎康一訳、晶文社、一九八二年）
カール・ポランニー『大転換』（吉沢英成・野口健彦・長尾史郎・杉村好美訳、東洋経済新報社、昭和五三年）
ベルグソン『時間と自由』（中村文郎訳、岩波文庫、二〇〇一年）
W・ジェイムズ『純粋経験の哲学』（伊藤邦武編訳、岩波文庫、二〇〇四年）
W・ジェイムズ『宗教的経験の諸相』（下）（舛田啓三郎訳、岩波文庫、二〇一〇年）

『エックハルト説教集』（田島照久編訳、岩波文庫、二〇〇二年）
I・イリイチ『シャドウ・ワーク』（玉野井芳郎・栗原彬訳、岩波現代選書、一九八六年）

■雑誌・図録その他

『パウラ・モーダーゾーン＝ベッカーとヴォルプスヴェーデの画家たち』（伊丹市立美術館、二〇〇五年）
『柳田國男研究』（特集柳田国男と柳宗悦）（季刊柳田國男研究　第三号、昭和四八年）
『芸術新潮』（李朝の美を教えた兄弟）（新潮社、一九九七年五月号）
『木喰展』図録（神戸新聞社発行、二〇〇八年）
『浜松の民芸運動の現代的評価に向けて』（静岡文化芸術大学研究紀要一三、二〇一三年）
『民俗学研究』六四・四（日本民俗学会、二〇〇〇年）
『新体制早わかり』（内閣情報局発行、昭和一五年一〇月七日発行）
『朝日百科日本の歴史近代Ⅱ』一一一号〜一一六号（朝日新聞社、昭和六三年）

ほ

み

む

め

も

や

よ

ら

り

ろ

主要人名索引

〈著者略歴〉

松竹洸哉（まつたけこうや）

一九四六　福岡県八女郡（現筑後市）生
一九六四　福岡県立八女工業高　電気通信科卒
一九七三　職業遍歴を経て福岡県小石原焼早川窯、ついで上野焼英興窯で焼き物の修行をする
一九七六　熊本県菊池市で独立開窯
　一九九〇年代まで個展、グループ展、公募展等で作品発表。二〇〇〇年以降は個展のみ

〈陶磁器関係論文・エッセー〉
「富本憲吉論―工芸と思想」（雑誌『暗河』四四号　一九八八年）
「富本憲吉論―思想と作品」（雑誌『道標』創刊号　二〇〇一年）
「茶碗屋と前衛・八木一夫論」（雑誌『道標』三号　二〇〇二年）
「陶郷にて」（雑誌『道標』一八号　二〇〇七年）
「柳宗悦ノート」（雑誌『道標』第二八号〜第五六号まで連載十五回）

柳《やなぎ》宗悦《むねよし》・「無対辞《むたいじ》」の思想

二〇一八年五月一〇日発行

著　者　松竹洸哉《まつたけこうや》
発行者　小野静男
発行所　株式会社　弦書房
（〒810・0041）
福岡市中央区大名二―二―四三
ELK大名ビル三〇一
電　話　〇九二・七二六・九八八五
FAX　〇九二・七二六・九八八六

印刷
製本　シナノ書籍印刷株式会社

ISBN978-4-86329-168-3　C0095